Dilemas

Coordinación editorial:
DÉBORA FEELY

Diseño de tapa:
DCM DESIGN

FABIANA GADOW

Dilemas

La gestión del talento
en tiempos de cambio

GRANICA

BUENOS AIRES - MÉXICO - SANTIAGO - MONTEVIDEO

© 2010 *by* Ediciones Granica S.A.

BUENOS AIRES   Ediciones Granica S.A.
Lavalle 1634 - 3º G
C1048AAN Buenos Aires, Argentina
Tel.: +5411-4374-1456
Fax: +5411-4373-0669
E-mail: granica.ar@granicaeditor.com

MÉXICO   Ediciones Granica México S.A. de C.V.
Cerrada 1º de Mayo 21
Col. Naucalpan Centro
53000 Naucalpan, México
Tel.: +5255-5360-1010
Fax: +5255-5360-1100
E-mail: granica.mx@granicaeditor.com

SANTIAGO   Ediciones Granica de Chile S.A.
Padre Alonso Ovalle 748
Santiago, Chile
E-mail: granica.cl@granicaeditor.com

MONTEVIDEO   Ediciones Granica S.A.
Scoseria 2639 Bis
11300 Montevideo, Uruguay
Tel: +5982-712-4857 / +5982-712-4858
E-mail: granica.uy@granicaeditor.com

www.granica.com

ISBN 978-950-641-570-9

Hecho el depósito que marca la ley 11.723

Impreso en Argentina. *Printed in Argentina*

Gadow, Fabiana
    Dilemas : la gestión del talento en tiempos de cambio . -
1a ed. - Buenos Aires : Granica, 2010.
    344 p. ; 22x15 cm.

    ISBN 978-950-641-570-9

    1. Administración de Empresas. I. Título
    CDD 650

Para mis adorados talentos Facu, Juampi y Mati.
Sus palabras, abrazos y besos, sonrisas y miradas,
me iluminan e inspiran, recordándome cada día
lo maravilloso de ser "mamá".

ÍNDICE

AGRADECIMIENTOS

A Deloitte, que me permitió delinear y encauzar en la firma una estrategia de talento en la que se gestionan los dilemas abordados aquí.

A Santiago Lazzati, que me motivó a concretar este proyecto, y a Lucrecia Peña que me acompañó y ayudó desde el inicio.

A todos aquellos mentores, profesores, jefes, colegas y colaboradores que a lo largo de mi carrera profesional me han guiado con sus consejos y ejemplo, me han enseñado a pensar y a actuar en forma independiente e innovadora, y a gestionar una disciplina estratégica y a su vez relativamente nueva: la de recursos humanos.

A mi madre y mi padre, modelos morales, emocionales, intelectuales y profesionales de mi hermana y míos.

Sobre todo, a mi gran amor Esteban y a mis hijos Matías, Juan Pablo y Facundo, quienes con su generosidad, cariño y paciencia me acompañan en el desafío de desarrollar y disfrutar de una excelente carrera y al mismo tiempo de una maravillosa familia, que ha sido y será siempre el pilar y motor de mi vida.

PRÓLOGO

En repetidas ocasiones, y a lo largo de muchos años, cuando escucho hablar a alguien o leo un texto, me pregunto: **"¿cuál es la cuestión aquí?"**. Y no pocas veces siento la frustración de quedarme sin respuesta, ya sea por las características del mensaje, o debido a mi propia incapacidad para detectar la cuestión central.

Dicha pregunta suele ser clave en el ámbito del trabajo, porque la mayor parte de la información que uno recibe debe destinarse a resolver algún problema; o sea, a tomar una decisión.

Existe una *cuestión* cuando caben opciones razonables en el análisis de la problemática o el desarrollo de cursos de acción, planteos que enfrentamos permanentemente. A su vez, cada opción ofrece sus pros y sus contras, cuya evaluación pretende conducir a la elección acertada. Y esta evaluación depende, en gran medida, de factores situacionales. De manera que lo adecuado en determinadas circunstancias puede no serlo en otras.

En el campo de la administración de empresas, particularmente de la gestión de los recursos humanos, la porción más importante del conocimiento valioso es inherente a tal proceso: cuestión - opciones - pros y contras de cada una - evaluación - elección. La mayoría de las generalizaciones absolutas, algunas del tipo de recetas, constituyen reduccionismos falsos o perogrulladas inútiles. Lamentablemente, estas generalizaciones abundan en mucho de lo escrito en la materia.

En cambio, esta obra de Fabiana, estructurada en términos de dilemas, responde plenamente al esfuerzo por generar conocimiento valioso a partir de la reflexión y el análisis de posibilidades. Cada dilema entraña una cuestión crucial en la gestión del talento. La mitad de ellos surgen principalmente de los retos que ofrece el mundo de hoy: el rol de las mujeres en el trabajo, la aceleración de las diferencias generacionales, la calidad de vida laboral, el aprovechamiento del networking, las relaciones virtuales, la movilidad global. Los otros representan desafíos más tradicionales, pero que siguen siendo muy relevantes: la gestión de la crisis, la importancia del clima, el beneficio de escuchar, el coaching, la motivación, el desarrollo del potencial humano.

En las organizaciones, el éxito de la gestión del talento radica en tres grandes factores:

- el lugar que ocupan la atracción, el desarrollo y la retención del talento como parte de la estrategia;
- el comportamiento gerencial, incluyendo el liderazgo, en todos los niveles;
- la función organizacional de gestión de los recursos humanos.

Por su parte, esta función se plasma en su contribución a la estrategia, en el apoyo personal que brinda a todas las áreas y a sus miembros, y en el desarrollo de los sistemas correspondientes a los procesos. El libro de Fabiana, para cada dilema, analiza muy bien los aspectos pertinentes de dichos factores.

La calidad superior de esta obra refleja los méritos de su autora. Fabiana ha sabido aprovechar al máximo su formación y experiencia para convertirse en una profesional que combina aptitudes difíciles de encontrar en una misma persona: expertise técnica y habilidades de liderazgo; capacidad conceptual y sentido práctico; y coherencia, por un lado, entre sus pensamientos y sentimientos y, por otro, entre estos y su accionar. He tenido la oportunidad y el gusto de interactuar con ella en su labor actual como directora de Recursos Humanos Regional LATCO de Deloitte, y sé que ha sabido volcar toda esa riqueza personal en un libro que será muy útil para sus lectores y, sin duda, sabrá cautivarlos.

Santiago Lazzati

INTRODUCCIÓN

En las últimas décadas, los temas vinculados con las personas han ido creciendo, y esto da fe del interés y preocupación que revisten para quienes tienen a cargo o desarrollan un negocio, para aquellos que lideran o coordinan a otros en un ámbito laboral, y para quienes contribuyen con su pasión y competencias en su trabajo diario. Esta evolución se refleja también en la denominación utilizada para su gestión, que ha pasado de *personal* a *recursos humanos*, y de allí a *talento* y *capital humano e intelectual*.

La palabra **talento**, del griego τάλαντον (*tálanton*), originalmente significaba balanza o peso. Ha sido una unidad monetaria utilizada en la antigüedad que conserva en su acepción moderna la noción de valor. En el mundo laboral se utiliza el término para representar a la gente, a todo aquel que más allá de su formación, especialidad, función y jerarquía, es un valor en sí mismo y lo aporta desde su puesto o rol.

En un sentido general, es la suma de las dotes naturales y competencias: habilidades, conocimientos y actitudes de un individuo. En definitiva, el amplio espectro de trabajadores o empleados constituye parte del capital intangible de una organización, y a eso me referiré cuando emplee la palabra talento. Se diferencia de lo que llamaré alto potencial, talento crítico, o alto talento, considerado como el que despliega atributos diferenciales y que, de alguna manera, brilla en el ejercicio de su tarea.

Por otra parte, ¿por qué este libro se desarrolla en torno a **dilemas**? Muchos de estos temas tienen un alto contenido de subjetividad e involucran al ser humano con su imprevisibilidad, particularidad y hasta misterio, propios de su naturaleza biológica, psicológica, social y espiritual. Se suma a esto la complejidad de los factores vinculados con el trabajo y el entorno laboral.

Al respecto es difícil encontrar una única postura u opinión válida y no es aconsejable aplicar moldes o recetas ni trasplantar políticas y prácticas. Recordemos que se entiende por dilema una situación problemática, cuya solución requiere la toma de dos o más decisiones opuestas o complementarias, que pueden o no ser aceptadas por los demás, lo que exige tolerancia a la ambigüedad y reflexión y análisis para elegir y actuar en consecuencia. El camino seleccionado para encarar la dificultad, que muchas veces constituye una apuesta, conlleva riesgos y responsabilidades que deben asumirse. El beneficio es que los dilemas generan ideas y pensamientos, y estimulan el diálogo y la creatividad.

Esto implica que el libro que aquí comienza no espera aportar soluciones, sino plantear disyuntivas y ayudar a pensarlas y a identificar alternativas de abordaje. Los dilemas rondan sobre temas vinculados con los recursos humanos que no son nuevos para especialistas ni para curiosos. La forma de enfrentarlos sí trata de ser diferente. Las temáticas se trabajan a partir de preguntas que se plantean en la vida real de la gestión del talento y su desenvolvimiento laboral en una organización o institución, corporación multinacional o local, pyme, o emprendimiento familiar o personal.

¿Por qué en **tiempos de cambio**? Los cambios en tanto modificaciones graduales de creencias, estructuras, sistemas y comportamientos son cíclicos, producen desafíos complejos y, en cierto sentido, son disparadores de crecimiento y evolución. Los asuntos relacionados con el talento, cada vez más variados y sofisticados, son los protagonistas y principales afectados por estos cambios.

El cambio, que es permanente, significa para algunos adrenalina, desafío y oportunidades; mientras que para otros encarna parálisis, inseguridad y temor a lo desconocido. Debido a que el cambio, con la incertidumbre que lo caracteriza, es hoy un dato innegable de la realidad, la propuesta que se hace en estas páginas es reflexionar, analizar, gestionar posibilidades, intentando contextualizar y acotar de alguna manera las dimensiones del cambio y dar cierto sentido a las acciones que se encaren en la gestión laboral del talento.

¿Y el **liderazgo**? Dada la importancia de esta dimensión en la gestión del talento, subyace y se menciona en cada uno de los dilemas tratados. Cobra un rol muy importante en el planteo, análisis y tratamiento de las disyuntivas que se presentan en el ámbito laboral. El líder es protagonista en tanto modelo y motor de visión y cambio. Es disparador y parte de los dilemas propios del mundo del trabajo. Sus competencias son clave para entender la dinámica y los desafíos que día a día enfrenta el talento.

Esta obra está dirigida tanto a profesionales o técnicos de Recursos Humanos, como a aquellos que, ajenos a esta disciplina, se interesan o necesitan incursionar en ella. De aquí este breve aporte para quienes buscan seguir pensando, aprendiendo y encontrando nuevas pistas para moverse en el apasionante y versátil mundo del talento en el ámbito laboral de las organizaciones.

La secuencia en que aparecen los dilemas no tiene necesariamente una lógica definida, ya que se vinculan, condicionan e influyen entre sí. Cada uno puede leerse en forma independiente, abstrayéndose de aquellos que se mencionan antes o después, e incluso es posible pasar de uno a otro según la sensibilidad e interés del usuario, pero en el intento de facilitar la lectura, los he organizado en tres secciones que desarrollan dilemas según distintos puntos de vista:

- aquellos dilemas que se focalizan en aspectos contextuales y generales de una organización, empresa o institución y que requieren ser incluidos en su agenda de trabajo sobre el talento: *dilemas organizacionales*;
- los que apuntan a analizar problemáticas de las relaciones entre las personas o grupos y su incidencia en el mundo laboral: *dilemas interpersonales*;
- los que se refieren a disyuntivas de los individuos consigo mismos, inquietudes que muchas veces coinciden con algunas organizacionales e interpersonales, pero que requieren tomar decisiones sobre el propio vínculo con el trabajo o con sus consecuencias: *dilemas personales*.

Deseo aclarar que este libro es simplemente el fruto de la experiencia combinada con la reflexión, la lectura y el estudio. Es el resultado de mi optimismo y pasión por trabajar las dimensiones del ser humano en las organizaciones. No es un tratado académico ni la profundización de un tema en particular. Vivir situaciones reales a lo largo de muchos años de trabajo me ha ayudado a volcar en palabras pensamientos y aprendizajes, que he ido recogiendo y ordenando para aportar un granito de arena a este maravilloso mundo del talento y para colaborar con quienes, como yo, enfrentan día a día dilemas no sencillos de transitar.

I. DILEMAS ORGANIZACIONALES

En esta parte se analizan algunos de los dilemas organizacionales más habituales, entendiéndolos como aquellas disyuntivas que se presentan en una empresa o institución y que impactan en la gestión de los talentos y de los equipos. No todos los aspectos de los dilemas son negativos, ya que nutren y generan ideas, pensamientos y diálogos, estimulan la indagación y enriquecen a los participantes.

Las instituciones son matrices complejas de relaciones de las que el ser humano es núcleo. No hay organización sin talento, y, por su parte, el talento necesita ámbitos en los cuales poner de manifiesto esa necesidad básica que es el trabajo y desplegar sus competencias. Es natural que se presenten obstáculos y oportunidades en el camino de conciliar intereses. La interacción entre organizaciones y personas contribuye a una mejor convivencia y consecución de objetivos compartidos.

Trabajar algunos de los dilemas invita a reflexionar e identificar alternativas de análisis y abordaje.

Las siguientes son las temáticas que se describen en esta sección y que son parte de la **agenda de la gestión del talento**.

Dilema 1. Gestión del talento en tiempos de crisis e incertidumbre: ¿problema, u oportunidad?

¿La **gestión del talento** está en la agenda de las organizaciones, cualquiera sea su contexto y situación interna? ¿Las prioridades se mantienen en momentos de cambio? ¿Qué efecto tienen en los talentos las crisis y las condiciones inciertas? ¿La estrategia definida puede ser ajena al impacto emocional que tiene una situación de cambio?

De las problemáticas que se plantean en este libro, esta es la que posee un carácter más general y abarcador. Desarrolla el marco contextual en el que se despliegan todos los demás dilemas propios de la vida laboral y del gerenciamiento del talento, entre otros la escucha, el coaching, la motivación, la administración de la diversidad, el rol de los altos potenciales, el cuidado del ambiente de trabajo, y la gestión de nuevas modalidades de interrelación y de comunicación social.

Dilema 2. Clima: ¿percepción, o realidad?

Se habla mucho actualmente de la necesidad de desarrollar y conservar un ambiente satisfactorio de trabajo que comprometa al talento. Pero, ¿es posible para los líderes desarrollar un buen entorno laboral y que, al mismo tiempo, el negocio sea rentable y competitivo? ¿Este intangible llamado clima tiene valor para ambos, el talento y la empresa? ¿El concepto de clima es una realidad, o simplemente una percepción de los talentos? ¿Qué es concretamente el clima, cómo se relaciona con la satisfacción de las personas y con la cultura organizacional? ¿La construcción y mantenimiento del clima impacta en la salud organizacional, y debe incluirse en la agenda de **gestión del talento**?

Dilema 3. Hombres y mujeres: ¿diversidad, o igualdad?

La inserción de la mujer en el ámbito laboral es una de las dimensiones de la diversidad más relevantes en la actualidad, pues implica un cambio cultural y de paradigma en la agenda de la **gestión del talento**. ¿Tantas son las diferencias que vuelcan al ámbito laboral las mujeres? ¿Pueden gerenciarse de la misma manera que los hombres, o requieren un enfoque particular? ¿Cómo perciben ellas su acceso a puestos laborales antes reservados a los hombres? ¿Qué efecto tiene en ellos este cambio? ¿La aparición más activa de las mujeres en las empresas trae aparejadas oportunidades de negocio?

Dilema 4. Generaciones diversas: ¿objetivos compartidos, o contrapuestos?

Uno de los cambios demográficos de los que se habla en el mundo del trabajo es el de las diferencias de perfil y estilo que incorporan las nuevas generaciones a la realización de la tarea y a los vínculos laborales. La rapidez con que se modifican las características y la brecha entre una generación y otra preocupan y ocupan un lugar en la agenda de la **gestión del talento**. ¿Es posible compatibilizar las fortalezas y complementar las debilidades de todas las generaciones? ¿Cuán fácil o difícil es encontrar valores y objetivos compartidos? ¿Es particular la estrategia para liderar a los jóvenes? ¿Qué sucede con las generaciones mayores? ¿Se puede aprender a convivir y mejorar el entendimiento mutuo entre las diversas generaciones?

GESTIÓN DEL TALENTO EN TIEMPOS DE CRISIS E INCERTIDUMBRE: ¿PROBLEMA, U OPORTUNIDAD?

Los cambios, y entre ellos los turbulentos, pueden tomar el rumbo de crisis. Son inevitables y cíclicos, van y vienen dejando secuelas positivas y algunas negativas. Se han sucedido a lo largo de toda la historia de la humanidad y fueron disparadores por un lado de incertidumbre y, por otro, de evolución e incluso de mejora. El desafío está en abordarlos de tal manera que se resalten las oportunidades que pudieran generar en lugar de esperar pasivamente a que se resuelvan, aun cuando es inevitable que generen angustia y desconcierto. Durante estos tiempos, el talento no puede dejar de estar incluido en la agenda de toda organización moderna. Más allá del tipo de empresa y negocio, la gente siempre es una de las dimensiones que impactan en la estrategia y en los resultados. La organización es su gente, y esta cumple un rol clave cualquiera sea la situación del entorno.

Entre los dilemas propios de trabajar con talento, este enmarca a los demás. Algunas de las cuestiones que revela son las siguientes.

¿La gestión del talento deja de ser una prioridad en momentos de incertidumbre?

¿Las problemáticas a abordar continúan siendo las mismas que en un contexto de calma o crecimiento?

¿Es compatible la modalidad de trabajo de las nuevas generaciones con un contexto de desaceleración?

¿Qué efecto tienen las turbulencias en el talento y en el clima laboral?

¿Administrar gente pasa a ser un problema, o puede ser visto como una oportunidad?

¿Tiene algún impacto este contexto en la percepción de los empleados sobre su contrato laboral? ¿El talento tiene las mismas necesidades y preocupaciones en situaciones críticas de cambio?

Las competencias que los líderes necesitan, ¿son las mismas en contextos de crisis?

¿Los líderes dejan de preocuparse y ocuparse de estos temas?

Para empezar… ¿crisis e incertidumbre?

Crisis (del latín *crisis*, a su vez del griego κρί σι ζ) es una coyuntura de cambios en cualquier aspecto de una realidad organizada, pero inestable, sujeta a evolución. La Real Academia Española la define como la situación de un asunto o proceso cuando está en duda su continuación, modificación o cese. Una crisis, entonces, incluye en su esencia un proceso de cambio. De aquí que mucho de lo que se discute y se pone en funcionamiento para enfrentar los cambios es aplicable a toda situación de crisis.

En general, las organizaciones revisan su estrategia cuando se modifica el escenario y aparecen indicadores que llevan a tomar medidas de cautela y restricción en todas las áreas de gestión. Uno de los primeros cuestionamientos que se hacen los empresarios es en relación con el talento. Este representa un porcentaje importante de sus costos y por lo tanto debe ser revisado y recortado. No hay crisis, más allá de su origen e impacto, en la que no esté involucrada, de una u otra forma, la gente.

Las crisis no son hoy una novedad, en todas las geografías, industrias y culturas se han atravesado y atraviesan situaciones turbulentas, modificaciones radicales y a veces imprevistas. Los períodos de crisis son cíclicos, y pueden responder a situaciones contextuales así como también a realidades propias de la compañía. La experiencia particular, con sus errores y logros, y la mirada sobre otras situaciones exitosas, ayudan a manejar mejor los desafíos propios de una crisis o un cambio significativo. Los empresarios hoy saben que deben ser conservadores pero, al mismo tiempo, arriesgar cierta inversión en el talento, por ser una dimensión fundamental que permitirá por un lado atravesar la crisis y por otro estar mejor preparados para enfrentar los desafíos del futuro.

Situaciones críticas: impacto sobre el talento

Durante situaciones de crisis, términos como desaceleración, cambios en parámetros económico-financieros, recesión y, en el plano de los empleados, recortes, despidos y desempleo, se convierten en palabras corrientes. Los cambios inesperados, en general, se viven con un ánimo negativo y pesimista. Generan incertidumbre personal y organizacional, entendida esta como la falta de conocimiento seguro o confiable sobre la situación actual y futura; crea inquietud e impacta en la creatividad, la capacidad de poner foco, la productividad y las relaciones, entre otras dimensiones.

Esto tiene un fuerte efecto en la gestión de los recursos humanos. Cómo liderar, motivar y desarrollar con éxito el capital humano en tiempos de transformación es un tema de discusión y de análisis en todas las organizaciones. La forma en la que se aborde esta problemática determinará en buena medida su mejoramiento o perjuicio futuro.

En este marco, en qué medida introducir o no en la agenda cuestiones vinculadas con el talento se convierte en una decisión importante. Los entornos de crisis son siempre temporales y prescindir del cuidado de la gente puede convertirse en un error estratégico a mediano y largo plazo, si el objetivo es preservar y hacer crecer el negocio. Claramente las condiciones se modifican en un entorno de crisis y esto incide en las expectativas de los empleados y en su percepción del valor de su trabajo. Asimismo, cambian las lentes con las que los empresarios analizan las variables laborales (que, en ocasiones, descuidan el largo plazo). Nadie duda de que muchas prioridades dejan de ser urgentes y que algunas estrategias deben acomodarse a una realidad inexorablemente diferente.

En contextos de crecimiento y optimismo, la problemática del talento, en general, se centra en cómo afrontar la escasez de recursos en el marco de la *guerra por el talento*[1] y en la dificultad de retención de los empleados, especialmente aquellos con perfil diferencial. En cambio, en situaciones de crisis, las preguntas pasan a ser: ¿es necesario continuar atrayendo y seleccionando personal calificado? Si es que continúo capacitando, ¿qué tipo de entrenamiento implemento? ¿Podré seguir ofreciendo oportunidades de desarrollo y carrera a todos los que las ameritan? ¿Recorto salarios y jornadas de trabajo, implemento retiros voluntarios, despido personal, pongo foco en la gestión de outplacements? ¿Sigo mejorando el clima de trabajo, o ya no necesito retener al talento por el achicamiento del mercado laboral? ¿Mantengo informado al personal, o espero que se aclare el panorama?

---

1. Michaels, Ed; Handfield-Jones, Helen; Axelford, Beth (Ed.): *La guerra por el talento*. Grupo Norma, Bogotá, 2003.

¿Cuáles pasan a ser los desafíos en la gestión del capital humano?

Aparecen nuevos desafíos en las actividades de la gestión de los recursos humanos. En general los procesos son los mismos, y no deberían suspenderse, pero se modifican el foco y las prioridades en el marco de la estrategia del negocio. Se pueden revisar las estrategias de reclutamiento, las modalidades salariales en general y ejecutivas en particular, hacer cambios en la organización del trabajo: flexibilidad, trabajo a distancia, reducción de jornadas; incrementar la movilidad de los talentos para potenciar las capacidades donde más se requieran; acordar licencias o interrupción del vínculo laboral, etc. Toman relevancia principalmente las cuestiones relacionadas con la eficacia del trabajo y el desarrollo de capacidades y competencias específicas.

También pasa a ser un objetivo acompañar la crisis tratando de minimizar efectos no deseados: impacto en el clima laboral, en la motivación y compromiso de los talentos críticos y en la productividad. Se trata de ser más proactivos y de buscar herramientas para obtener el máximo de flexibilidad organizativa e individual, así como para contribuir a la solución de conflictos.

Mucho hay escrito y analizado sobre las principales temáticas que deben abordar las organizaciones en épocas de crisis. Me concentraré en aquellas que considero les crean más disyuntivas tanto a los empresarios como a los trabajadores. Se pueden organizar y sintetizar en los siguientes ejes.

- ¿Cómo hacer que las acciones focalizadas en la optimización de costos laborales y de gestión sean lo menos traumáticas posible? Esta reducción de gastos y racionalidad en el uso del presupuesto no necesariamente debe girar en torno a reestructuraciones o planes de desvinculación, sino que puede trabajarse también en proyectos de reingeniería, revisión de procesos, planificación eficiente, tercerización, reducción de costos no prioritarios o superfluos, etc. La clave de la efectividad de estas medidas no se basa tanto en qué hacer sino en cómo. En la medida en que sean prudentes y no drásticas, y se cuide la transparencia y comunicación, el resultado será más positivo.

- ¿Puedo prescindir de altos potenciales o descuidar su captación y retención? Estos pasan a ser esenciales, necesarios para colaborar en nuevas estrategias, procesos de cambio, contagio de optimismo proactivo y búsqueda de oportunidades. La superación de contextos de crisis requiere la identificación constante y precisa de talento clave, ya sea por buen desempeño, conocimiento crítico del negocio y/o alto potencial para desarrollar y formar cuadros futuros.

- ¿Se producen cambios en las percepciones y comportamientos de los empleados, especialmente en las generaciones jóvenes? Seguramente estas (ver Dilema 4) pueden encontrar en la crisis una oportunidad de maduración. La oferta laboral no abunda y se debe revalorizar la función o actividad actual, y recuperar cierta visión a largo plazo. En los mayores puede generar angustia la dificultad de planificar a futuro, la incertidumbre con relación a las condiciones de trabajo y la estabilidad laboral.

- La gestión de cambios profundos propios de una crisis adquiere una complejidad adicional. ¿Cómo salir de la natural parálisis inicial de la gente que se refugia en su puesto actual? ¿Se puede trabajar sobre el proceso y sobre las competencias tanto actitudinales como operativas necesarias para que la transición sea más efectiva y menos traumática?

- El liderazgo efectivo cobra singular importancia. Los líderes, ¿dejan de hacer lo que venían haciendo? ¿Cuáles son las habilidades clave que se les empiezan a exigir? ¿Deberán estar preparados para fortalecer su capacidad de tomar decisiones, comunicar, contener y promover el trabajo en equipo complementando habilidades y conocimientos en un marco de diversidad?

Cada empresa, según su negocio, estrategia y vulnerabilidad a la crisis, podrá poner foco en uno o varios de estos ejes, siempre teniendo en cuenta la necesidad de buscar eficiencia, innovar e identificar nuevas oportunidades. El rol de los líderes pasa a ser clave, especialmente el de aquellos que son visualizados como modelo, tienen la capacidad de aprender, solicitan la participación de sus colaboradores y comparten información en temas relevantes.

Veremos en más detalle algunos de los mencionados focos de abordaje sobre temas de talento con vistas a enfrentar en forma más competitiva contextos de crisis e incertidumbre.

Flexibilidad e innovación: la clave para aumentar la eficiencia y reducir los costos

Uno de los principales dilemas que se plantean las organizaciones en estos contextos es: ante la incertidumbre y perspectivas de restricción, ¿conviene priorizar el recorte de gastos sabiendo que los laborales constituyen un importante porcentaje, o bien, sin descuidarlos, incentivar la innovación para identificar nuevas oportunidades que permitan atravesar el período de incertidumbre y cambio? Estas opciones no son contrapuestas, sino que se pueden identificar espacios de recorte y ajuste y, al mismo tiempo, generar una cultura donde se valore y ponga en funcionamiento una maquinaria de búsqueda de alternativas de superación.

Con relación a la mirada sobre presupuestos, todas las empresas se plantean dónde priorizar, qué recortar y cómo hacerlo. La reacción más normal en un contexto de crisis es la búsqueda de reducción de costos laborales, *ajustando las capacidades productivas a la contracción de la demanda. El principal error que suelen cometer algunas empresas es tomar decisiones de ajuste sin un análisis previo de dónde deben y pueden hacerse. Se busca más el ajuste cuantitativo que el identificar los aspectos mejorables para intervenir. Las crisis necesitan análisis globales*[2].

Si no se hace un análisis de la situación en profundidad (mercado, competitividad de los productos, capacidad de innovación, etc.), la medida de reducción por sí sola no resolverá el problema. Muchos estudios han demostrado que las empresas que toman decisiones teniendo en cuenta el rol del talento, buscando soluciones creativas, obtienen mejores respuestas y resultados.

Por esto es importante promover la flexibilidad como condición necesaria para adaptarse a los cambios, alentar y estimular las actividades emprendedoras en la organización, conocer cuáles son las capacidades distintivas de la empresa, innovar para aprovechar nuevas oportunidades, y sostener competencias, expertises y puestos que representen el corazón del negocio, mantener productivo el negocio (capacitación, enriquecimiento de bases de datos para futuros candidatos, reconocimiento a quienes se destacan y logran resultados, etc.); todo esto al menor costo posible.

Cuidar el clima y el compromiso

La consecuencia a corto, medio y largo plazo que pueden tener las decisiones que impactan en la estabilidad de la fuente de trabajo o en la interrupción repentina de activi-

---

2. Dolan, Simon L., y Valle Cabrera, Ramón: *Cómo atraer, retener y desarrollar con éxito el capital humano en tiempos de transformación.* McGraw-Hill, Madrid, 2007.

dades habituales del personal, especialmente si están mal comunicadas e implementadas, es el bajo rendimiento de los empleados que se ven afectados. El clima laboral empeora y la motivación disminuye. Una de las prioridades que debe sostenerse aun en los contextos de crisis, es mantener un ambiente de trabajo comprometido y productivo (ver Dilema 2). No puede evitarse que el clima general cambie y las expectativas de la persona bajen. Esto puede incrementar los índices que miden la satisfacción en el trabajo, porque disminuyen las expectativas y la estabilidad por sí misma pasa a ser lo más valorado. Aun así, para superar las turbulencias e incertidumbres, si el talento se considera componente clave del negocio, se requiere gente satisfecha, comprometida con sus objetivos y tareas, moral alta y entusiasmo, en un ambiente tranquilo y focalizado.

Un aspecto adicional y no menor a considerar en procesos de reducción de plantilla es el cuidado de los que permanecen en la compañía. Es común que se ponga mucha atención en aquellos a los que debe comunicarse su desvinculación o reubicación, pero estas decisiones impactan directamente en aquellos que conservan su fuente de trabajo. Quedan atemorizados y hasta paralizados esperando al próximo de la lista. Contenerlos, informarles, tranquilizarlos, asegurarse de que no han comenzado a buscar otro trabajo, ayudarlos a que se concentren en la tarea contribuye al clima, a la productividad y a la salida exitosa de la turbulencia.

Identificación y retención del alto potencial

Sin duda, la única manera de dar lugar a soluciones flexibles e innovadoras para sobrellevar una crisis, obtener ventaja de una situación de cambio y delinear el futuro, es con personalidades y mentes preparadas y dispuestas. En general, se trata de altos potenciales (ver Dilema 10), aquellos que además de conocimiento técnico, también demuestran alta capacidad de aprendizaje y autodesarrollo, habilidad de adaptación, relacionamiento y visión (estar siempre mirando adelante). Destellan una luz diferenciadora. Incluso muchos cuentan con una especialización fundamental que podría escasear en el nuevo mercado.

Antes de la aparición de los síntomas de la crisis es el mejor momento para aprovechar la inversión que se ha hecho en talento, fomentando la retención y el desarrollo de aquellos que poseen un alto potencial y/o conocimientos críticos. Según Simon Dolan[3], es el momento de generar novedad, de combatir la amenaza de la crisis con mucho más talento del que ya existía. La rotación continúa pero con menor volumen y seguramente focalizada en los mejores.

El primer paso es identificar el capital humano de la empresa que demuestra habilidad estratégica, ingenio, capacidad de adaptación y visión sobre las nuevas necesidades de los clientes, y gestión de la eficiencia. La escasez de los talentos excepcionales continuará y las empresas tendrán que dar algunos pasos para hacer frente a esta problemática. Las compañías deberán aprovechar las fortalezas de aquellos que sobresalen en su performance, posibilidades y calificación. Son ellos quienes en principio contribuirán a superar los momentos de ambigüedad. Puede ser que la empresa no cuente con estos recursos; ¿se suspende toda acción de atracción y reclutamiento? Quizá parte de las soluciones está en manos de profesionales con los que no cuenta la organización; en este caso, encontrarlos, captarlos e incorporarlos será una oportunidad y una inversión.

El capital humano de una empresa se mide por su capacidad de aportar valor y por el grado en que posee conocimientos determinantes para la competitividad. Esto pasa a tener especial relevancia en contextos críticos.

---

3. Ibídem.

Cuando se tiene identificados a los talentos clave (ya sean de alto desempeño y/o performance excepcional) y se los gestiona adecuadamente, se está en mejores condiciones para enfrentar la crisis, y las probabilidades de superarla serán mayores que las de los competidores.

Los altos potenciales y buenos performers aportan experiencia y competencias relevantes para crear a su alrededor una cultura orientada al manejo de contextos complejos y a la gestión positiva de las crisis. Contribuyen con trabajo en equipo, mirada optimista y proactiva, capacidad de diálogo, gestión del conocimiento y mejora de las sinergias e interacciones entre distintas áreas de la empresa: elementos clave para acomodarse en forma ágil, inteligente y rápida a los cambios que imponen las crisis.

La capacidad de rodearse de los mejores es el factor más importante para el éxito[4].

El camino hacia el respeto y la complementariedad. El caso de las nuevas generaciones

Otro de los aspectos que seguramente se empiezan a percibir en los contextos de crisis, es un mayor equilibrio entre las expectativas y demandas de los trabajadores de la generación Y (ver Dilema 4), y la percepción que sobre ellos tiene la supervisión junto con su capacidad de conducirlos.

El nombre "generación Y" es una categorización social para ayudar a entender a un grupo de personas que comparten expectativas, experiencias y estilo de vida diferentes basadas en:

- estar insertados en una economía de consumo globalizada,
- ser parte de familias que han cambiado su configuración,

---

4. Fernández Aráoz, Claudio: *Rodéate de los mejores*. Editorial LID, Madrid, 2008.

- tener una vasta exposición a la tecnología y un acceso continuo a la información y la interconexión.

Todo ello los hace hábiles en la realización de tareas múltiples, flexibles ante situaciones de cambio, altamente calificados para la creación de redes sociales y actividades grupales, innovadores a la hora de buscar soluciones, y poseedores de una visión multidimensional de las oportunidades. La crisis los encontrará dotados de habilidades que los ayudarán a afrontarla y al mismo tiempo les permitirá desarrollar otras competencias como la disciplina, la respuesta a las exigencias, el cuidado de la fuente de trabajo, el respeto y la escucha activa de aquellos mayores que ya vivieron este tipo de situación.

Por otro lado, la percepción que se tiene de este grupo es que sus miembros maduran más tarde, son ansiosos y cortoplacistas, tienen otro tipo de compromiso y cuidado de su vida personal y pueden desmotivarse fácilmente. En este sentido, atravesar un mercado laboral más competitivo y con menos oportunidades, recibir tanta información sobre la crisis, sumada a los mensajes de sus hogares y trabajos, seguramente los ayudará a mirar y valorizar en forma diferente lo que su actual empleador les ofrece, ser cautelosos antes de cambiar rápidamente de trabajo, mirar con más detenimiento las ofertas que les surjan y evaluar también la estabilidad y las posibilidades futuras de carrera.

Dado que ningún grupo generacional es mejor o peor que otro, el contexto de cambio e incertidumbre será una gran oportunidad para todos, cualquiera sea la edad, de transitar el camino de aprender a complementarse desde las fortalezas y debilidades de cada grupo, de dialogar de manera flexible y de trabajar colaboradora y positivamente en equipo con una visión y objetivo comunes: superar la crisis y beneficiarse con ella.

Todas las generaciones podrán identificar intereses comunes, contribuyendo con la eficiencia, la superación de los obstáculos, la competitividad de sus ámbitos laborales y el enriquecimiento de la sociedad.

Manejo de contextos complejos de cambio

No es la más fuerte de las especies la que sobrevive, ni la más inteligente, sino la que mejor responde al cambio[5]. Esta frase de Charles Darwin grafica uno de los ejes fundamentales de la gestión del talento en épocas de crisis: la capacidad que tenga el grupo humano de una organización, institución y hasta sociedad, de responder proactivamente al cambio que una crisis impone.

Hoy por hoy el cambio se ha convertido en la fuerza que cualquier persona y cualquier negocio deben aprender a manejar.

El mundo en el que las organizaciones existen y en el que operarán por mucho tiempo se encuentra en cambio permanente: cambios en las relaciones entre los países, instituciones, empresas y organizaciones, cambios en los valores dominantes y en las normas que gobiernan a las sociedades, cambios en la naturaleza y la cultura de los negocios, cambios en la forma en que se realiza el trabajo, en las prioridades y en el sentido que se le otorga al tiempo y a la vida en general.

Los cambios, y especialmente los provocados por situaciones de crisis, generan una primera sensación de caos. La reacción natural es la parálisis y la angustia. De aquí que un factor de éxito es no dejar pasar mucho tiempo. Las empresas, a través de sus líderes, deben intervenir para alinear a sus equipos y movilizarlos hacia nuevas prioridades y horizontes. Se busca un rápido acomodamiento de la gente que acompañará durante la crisis.

---

5. Darwin, Charles: *El origen de las especies. Por selección natural.* Alianza Editorial, Barcelona, 2009.

Así las cosas, un asunto clave para los ejecutivos es cómo mantener la estabilidad en sus organizaciones y a la vez brindar respuestas de adaptación a estas fuerzas externas. Cómo ser eficiente sin dejar de estimular la innovación. Cómo cambiar los modelos mentales, reformular tecnologías, métodos de trabajo, roles, relaciones y la cultura en sí.

Debido a la naturaleza de estos cambios, los líderes necesitan habilidades y formas de comprensión que no eran tan habituales años atrás. Además de habilidades técnicas para manejarse en nuevos contextos críticos en lo económico, político y social, deberán ampliar sus conocimientos y comprensión de la naturaleza humana. Ahora, los líderes deberán entender cómo ha cambiado la forma de concebir el trabajo, cuáles son los nuevos motivadores de las personas en relación con su tarea, la naturaleza y el papel que juegan los valores y la cultura en un proceso de cambio.

Básicamente, un proceso de cambio ante un contexto de crisis comprende tres etapas:

- la visualización de un estado futuro esperable al que se deberá conducir a la organización,
- un conocimiento cabal del estado de cosas presente y,
- la forma de conducir a los equipos en el recorrido de la transición del estado actual al deseado, en el que la organización trazará sus estrategias y acciones para realizar el pasaje, anticipándose a oportunidades y obstáculos.

Cada etapa plantea desafíos y características diferentes. Sin embargo, es preciso aclarar que este recorrido no es un proceso secuencial, lineal y absolutamente ordenado. Debido a la complementariedad de las etapas, ejercerán efectos mutuos, y del buen cumplimiento de cada una dependerá el éxito de la siguiente.

Este recorrido no será posible sin el compromiso de todos los miembros de la empresa –en especial de sus talentos clave– y sin una clara conducción por parte de sus líderes.

¿Qué factores son importantes para que una organización sobrelleve el cambio de manera efectiva?

- Desarrollar la visión de lo que la organización debería ser y parecer ante un nuevo escenario. Este objetivo debe ser claro, y a su vez habría que fijar metas intermedias que orienten y motiven en el avance. Identificar a las personas clave que ayuden a llevar a cabo las decisiones.
- Confeccionar mapas precisos y detallados con escenarios posibles.
- Conservar el sentido claro de los valores e identidad de la empresa (la razón de ser). Una crisis no debe distorsionar la esencia del negocio.
- Comprender las relaciones de interdependencia de la organización con el medio externo (la competencia, la tecnología, los recursos, etc.).
- Armar estructuras organizacionales lo suficientemente flexibles como para manejar con eficiencia el tipo de trabajo requerido por las condiciones de mercado.
- Conocer profundamente las capacidades y habilidades con las que cuenta el talento para encaminar el cambio. Estimular y obtener la mejor performance posible.
- Implementar mecanismos para comprometer a la gente, hacerla parte de los problemas y de la solución, protagonista de los cambios y oportunidades.

Manejar el cambio en contextos complejos es como conducir un barco en la tormenta. Si el barco se dirige a un puerto y el viento sopla en dirección contraria, se deben tomar algunas decisiones críticas. Se puede ir directamente contra el viento y no desviarse: el barco pierde velocidad y rumbo, aunque probablemente supere la tormenta pero no en las mejores condiciones. Por el contrario, si el viento lleva al barco sin que este oponga resistencia, puede darlo vuelta o hacerle perder el curso.

Si se decide mantener el curso a toda costa y no desviarse, se podría innovar para así llegar a destino, aun cuando el viento pueda romper las velas y hasta quebrar el mástil. El verdadero capitán sabe cómo manejar estas opciones, las conoce, las informa para guiar a su equipo y las usa para avanzar a favor o en contra del viento, según las condiciones.

Maniobrar en contextos complejos es casi un arte, pero aun los artistas poseen técnica, herramientas, conocimiento y experiencia. Obviamente es un arte complejo y delicado, una responsabilidad frente a todos los públicos de interés: accionistas, proveedores, comunidad, clientes y empleados que, ante todo, son personas. También constituye una gran oportunidad cuyo aprovechamiento dependerá de la capacidad y, especialmente, de la actitud de la empresa y de sus líderes.

Percepción de los talentos ante la crisis

¿Las crisis cambian las expectativas sobre el desarrollo profesional y la carrera?

¿Se empiezan a valorar otras dimensiones del trabajo? ¿Se modifica la manera en que se cuida el puesto de trabajo? ¿Y la forma en que se busca trabajo o nuevas oportunidades?

¿Reaccionan en forma disímil las generaciones que conviven en el espacio laboral?

¿Se trata de aprender habilidades distintas, no necesarias quizá en momentos de crecimiento?

¿Aparecen nuevas fuentes de aprendizaje?

Las crisis también afectan a los empleados. El sentimiento de que las cosas se enrarecen tiende a instalarse. En situaciones de incertidumbre, las expectativas de encontrar trabajos alternativos se reducen. La posibilidad de perder el empleo hace a la gente más cautelosa, conservadora y resistente al cambio. Se sabe que sólo tenderán a moverse aquellos que tienen una alta calificación y preparación profesional. La percepción de una eventual reestructuración y el efecto sobre la propia persona genera angustia. La estabilidad laboral pasa a tener un peso relevante y se revaloriza el lugar de trabajo y la tarea misma. De todas formas, al igual que en las empresas, estas situaciones de crisis también generan oportunidades para los talentos. Les permiten aprender nuevas habilidades de manejo de la ambigüedad y gestión de presupuestos, de entendimiento y adaptación a nuevos contextos, de conducción de equipos en situaciones de vulnerabilidad, y de coaching (ver Dilema 6) de los talentos para identificar y reforzar aquellas aptitudes que se necesitan colectivamente. La confianza en sí mismos es crucial para salir de la parálisis y motorizarse para colaborar en adaptarse rápido a nuevas tareas.

La gente, ante la modificación de las reglas de juego y la incertidumbre que genera, empieza a sentirse insegura, temerosa y, por lo tanto, insatisfecha, y esto tiene un costo muy elevado para las empresas pues disminuye la motivación y la productividad. Las empresas deben entender, respetar y acompañar estos sentimientos.

Los líderes pasan a tener un rol protagónico para ayudar a los trabajadores y, en consecuencia, a la empresa. Deben estimular el aprendizaje de habilidades de manejo del cambio, fomentar la interacción entre los empleados para que se apoyen mutuamente, comunicar con asiduidad, e incentivar actividades emprendedoras.

Y los talentos, ¿qué rol juegan durante un cambio o crisis?

Una reacción natural es que los empleados deleguen en sus jefes o en los líderes de la organización la responsabilidad de afrontar efectivamente situaciones de cambio que también los afectan.

El optimismo, la flexibilidad, la reflexión y la gestión son pilares para enfrentar una crisis y contribuir a que la empresa supere los obstáculos, se sostenga en el tiempo, en beneficio de los resultados y por ende de ellos mismos.

Participar, involucrarse, buscar información, solicitar feedback, comprometerse, son responsabilidad de cada uno, en cualquier entorno, pero aún más en uno cambiante, generador de incertidumbre pero a la vez de oportunidades, donde se destacan los valientes que pueden identificarlas y aprovecharlas.

Una extraordinaria oportunidad para los líderes

En momentos de crisis la inteligencia absoluta no es tan valiosa como la sensatez, la calma y el autoconocimiento, por lo que los líderes tendrán que ser cada vez más conscientes del mundo que los rodea. En la actualidad, los líderes exitosos se caracterizan por ser inclusivos, receptivos, calmos y maduros, y las organizaciones se tornarán más poderosas en la medida en que la gente que trabaja en ellas se vuelva colectivamente más sensible al impacto de sus acciones, es decir, cuando tomen mayor conciencia sobre el mundo en general.[6]

Stephen Covey recomienda *diferenciar lo urgente de lo importante. La mayoría pasa la mitad de su tiempo haciendo lo primero, que por regla general tenemos que hacer solos, antes que lo segun-*

---

6. Goleman, Daniel: *La inteligencia emocional.* Javier Vergara, Buenos Aires, 1997.

do, en lo que hay que tomar una iniciativa e interactuar con otros, y advierte que *si se tiene una visión clara de la situación, es más fácil jerarquizar para tomar decisiones urgentes sobre cosas importantes. El verdadero valor del líder reside en su integridad y seguridad. Ahí es donde nace la sabiduría, la creatividad y la flexibilidad para afrontar cualquier situación.*[7]

El líder debe seguir siendo lo que hasta ahora: la fuente de inspiración de un equipo, y velar para que las debilidades de unos sean compensadas con las fortalezas de otros. En esta tarea, si la tempestad no permite ver con claridad, Covey recomienda que el ejecutivo trabaje sobre la confianza en sí mismo, más como persona que como directivo: *tiene que identificar el problema y establecer esos pequeños pasos para el corto plazo y que supondrán grandes soluciones a largo plazo.*[8]

El cambio se ha convertido en la fuerza que cualquier negocio debe aprender a manejar, y los desafíos de un camino en crisis ponen a prueba la capacidad de los líderes de anticiparse y responder a las futuras demandas del mercado, de sus equipos y de la sociedad.

Competencias requeridas. ¿Con qué recursos cuentan los líderes?

Pareciera que el dilema se plantea porque la primera reacción de un líder ante un situación incierta y de crisis puede ser recurrir al tradicional abordaje gerencial de planificar en detalle, organizar y controlar, que resultará en una rigidez no apta para responder rápidamente a un entorno que requiere innovación, flexibilidad y apertura. Sin embargo, más que nunca hace falta un fuerte liderazgo.

---

7. Covey, Stephen: *Los 7 hábitos de la gente altamente efectiva.* Paidós, Buenos Aires, 1996.
8. Idem.

De todos modos, si bien muchas de las competencias que hacen al buen desempeño de un líder no varían, algunas de ellas cobran especial relevancia. Estas competencias son esenciales para los líderes que conducen el cambio, pero también los talentos que se comprometan con este proceso deberían preocuparse por desarrollarlas y ponerlas en juego.

- Inspirar a las personas para comprometerlas a acompañar el proceso.
- Comunicar e informar a clientes y empleados, reforzando el posicionamiento de la marca en el nuevo contexto y contener temores de los empleados.
- Minimizar obstrucciones y factores desalentadores.
- Impulsar el aprendizaje y/o el despliegue de habilidades necesarias para acomodarse y ser proactivo ante el cambio. Asimismo, es un momento ideal para que los colaboradores pongan en funcionamiento todas sus fortalezas. El líder debe garantizar que la empresa ofrezca oportunidades de crecimiento a veces en áreas nuevas o no exploradas antes.
- Promover y ser modelos de flexibilidad, cooperación multidisciplinaria y trabajo en equipo. En estos momentos más que nunca, las soluciones no provienen de una persona o de un sector, sino de toda la empresa. Solicitar opiniones y escuchar con humildad.
- Innovar en forma focalizada y aplicada buscando nuevas oportunidades.
- Generar un clima de preocupación optimista y activa.
- Tener sentido de urgencia. La gestión del cambio no puede esperar. La capacidad de trabajo y el esfuerzo no dejan de ser importantes.
- Correr riesgos y tomar decisiones con una agresividad acorde con las circunstancias.

- Acompañar todo lo anterior con tranquilidad y, sobre todo, confianza en uno mismo.

En definitiva, gestionar situaciones críticas de cambio requiere, en términos de Daniel Goleman, de inteligencia emocional y social. Implica tener la habilidad de manejar la ambigüedad, los conflictos; una preocupación profunda y sincera por las personas y su potencial; la habilidad de mantener un equilibrio entre los planes estratégicos formales y la intuición y, sobre todo, plasmar la visión a través de los equipos.

El dilema en síntesis

Las crisis entendidas como una coyuntura de cambios que ponen en duda la continuidad, modificación o cese de una realidad organizada son una constante en el mundo de hoy. La incertidumbre empieza a ser una pieza inevitable del rompecabezas laboral.

Las empresas, e incluso las mismas personas que las conforman, llegan a preguntarse si es necesario seguir poniendo energía en los recursos humanos, que además constituyen una importante proporción de sus costos. Pero en el momento concreto de ocuparse de superar los desafíos y obstáculos que les impone la crisis, aparecen imperiosamente en las agendas las cuestiones vinculadas con el talento.

- Priorizar la mirada sobre los costos y la eficiencia. En lo que hace a la gente, la solución no está necesariamente en las reestructuraciones, despidos y disminuciones de salarios. Las medidas deben ser cuidadosamente planeadas teniendo en cuenta el impacto general. Dichas decisiones condicionan el clima, la motivación y la productividad, y no terminan siendo efectivas en el corto –y menos aún en el largo– plazo una vez superadas las turbulencias. Otras acciones, con igual efecto sobre los gastos, suelen ser mejores en una primera etapa.

- Generar condiciones para que los equipos se adapten al cambio y aporten nuevas oportunidades a través de sugerencias e implementación de ideas innovadoras.
- Identificar a aquellos colaboradores que por su potencial, excelente desempeño y/o expertise pueden poner foco en la superación exitosa de la crisis.
- Capitalizar el cambio en el contexto externo o interno como excelente oportunidad para que las diferentes generaciones que conviven en un mismo entorno laboral encuentren espacios comunes y aprendan a partir de la diversidad. Los jóvenes, si nunca han vivido una crisis, encontrarán en esta un disparador de maduración en su estilo de vínculo con el trabajo y con los supervisores.
- Asumir que el cambio es hoy una constante, y que el manejo apropiado por parte de todos los miembros de una organización, bajo un liderazgo fuerte y creíble, constituye una importante ventaja competitiva.

Los cambios, crisis e incertidumbres han pasado a ser una realidad, una constante.

Su adecuada gestión puede ser una oportunidad de acomodamiento y de revisión de muchas prácticas que se mantenían en un statu quo. Permiten aprender y madurar. Los líderes deben ser el ejemplo, y el talento, el protagonista.

CLIMA:
¿PERCEPCIÓN, O REALIDAD?

Mucho se habla, dentro del concepto de clima organizacional, de la necesidad de desarrollar y conservar un ambiente satisfactorio de trabajo que contribuya con el compromiso del talento, la productividad y la competitividad de la
empresa. En el campo del clima, tan grande es el poder de
la percepción, que de esta se derivan ideas y preferencias.
"La percepción es realidad" es una frase frecuentemente
mencionada por mercadólogos y administradores de imagen. La percepción es realidad cuando es colectiva, y está
fundamentada con evidencia empírica. ¿No es acaso, de
alguna manera, lo que sucede con el clima laboral? En este
capítulo se reflexiona sobre algunas incógnitas que se plantean en relación con este concepto.

¿Es compatible incluir en la agenda de trabajo de los
líderes el desarrollo de un buen entorno laboral, y al mismo
tiempo ser rentable y competitivo?

¿Tiene valor para ambos, el talento y la empresa, ese
intangible llamado clima?

¿Cuál es la relación entre clima y cultura?

¿En una organización hay tantos climas como personas o grupos?

¿Por qué se habla tanto de clima y compromiso como si fueran un único concepto?

¿La construcción y mantenimiento del clima impacta en la salud organizacional y en el desempeño de la empresa?

¿La medición del clima de manera relativamente objetiva es en realidad posible? ¿Para qué y cómo medirlo?

¿El clima es sólo responsabilidad de la empresa?

Ese intangible llamado clima

El clima organizacional constituye uno de los aspectos más sutiles y complejos de la gestión de los recursos humanos, cuyo estudio y análisis ha tomado cada vez más relevancia por ser la forma más efectiva de diagnosticar la satisfacción del talento y su compromiso con la estrategia de la empresa. En el mundo globalizado de hoy, la adecuada gestión de los intangibles (marca, clientes, know-how, talento, clima, etc.) comienza a identificarse como una clara ventaja diferencial del negocio. Su incidencia en la productividad, los resultados, los riesgos, etc., puede ser un factor decisivo en el posicionamiento con respecto a la competencia.

Supervisar periódicamente ese intangible llamado clima permite saber qué está funcionando bien y por qué, y qué prácticas necesitan ajustarse, cambiarse o mejorarse; es uno de los medios para diagnosticar la percepción y las sensaciones de los empleados en un momento determinado.

¿Clima organizacional?

Según Jorge Etkin, el clima en una organización puede definirse como *la representación interna y compartida que tienen los empleados acerca de las condiciones bajo las cuales están traba-jando y sus expectativas sobre las posibilidades futuras*[1]. Constituye una evaluación que refleja las apreciaciones subjetivas y los estados de ánimo respecto de la organización y qué moviliza u obstaculiza los desempeños individuales. Por ende, tiene un impacto directo en la efectividad y los resultados de la organización.

¿De qué depende la representación que tienen los talentos del clima de la empresa?

La percepción sobre el clima resulta de componentes subjetivos y objetivos.

- Factores individuales: nivel jerárquico, salario, puesto; pero también factores exclusivamente personales tales como motivos, cultura, valores, creencias, personalidad y entorno familiar. Aquí influye la apreciación del individuo sobre:

  - empatía (por ejemplo, relaciones interpersonales, trabajo colaborativo, grupo cercano de trabajo),
  - claridad (por ejemplo, compartir y entender claramente los objetivos a seguir),
  - participación (por ejemplo, integrar a las personas en el proceso de toma de decisiones, alineación con los objetivos),
  - aprendizaje y desarrollo (por ejemplo, reconocimiento, retroalimentación, oportunidades, exposición),
  - estilo de relación con el supervisor directo, uno de los factores determinantes de la apreciación de los talentos, en tanto mediador de muchas de las dimensiones de la empresa, y responsable de aspectos directos del trabajo y de los vínculos de equipo.

---

1. Etkin, Jorge: *Capital social y valores en la organización sustentable.* Granica, Buenos Aires, 2007.

- Factores estructurales u organizacionales: condiciones objetivas como tecnología, definición de roles, mecanismos formales de recompensas, perfil de supervisión, organización, relaciones formales de autoridad. Estos tienen íntima relación con la calidad de vida laboral (ver Dilema 12).
- Estados futuros que en la organización se consideran como deseables, que se manifiestan en proyectos, objetivos y estrategias.
- Contextuales: el entorno y la proyección de la empresa en el mercado (marca, competencia) y el vínculo con los diversos públicos de interés (entes reguladores, accionistas, sindicatos, comunidad).

El clima, entonces, refleja la interacción entre características personales, organizacionales y contextuales. El comportamiento y la satisfacción de un empleado no es sólo resultante de factores existentes, sino que también depende de las percepciones que él tenga acerca de las actividades, interacciones y experiencias con la empresa.

El clima depende del peso relativo de la realidad, de factores estructurales como marco de referencia estable y objetivo, y de la construcción por parte de las personas de un sistema de expectativas respecto de las consecuencias de sus actos y de las respuestas esperadas por los otros. De aquí que en el abordaje del clima, el entendimiento de las expectativas personales, aunque muchas veces no contemplado o subestimado, sea un factor fundamental.

Realidad y percepción

El concepto de clima refiere a las apreciaciones de las personas sobre el entorno laboral. En cierto sentido, los individuos amoldan y adoptan sus actitudes y comportamientos en función de su percepción de la realidad.

Por un lado, el clima como "percepción" es una construcción individual, una forma de interpretar la realidad según filtros, valores y creencias propios. Pero, al mismo tiempo, la suma de actitudes, sentimientos y conductas termina caracterizando la vida en una organización. En un proceso cíclico, las creencias, actitudes y comportamientos inciden en el clima organizacional y, a su vez, este moldea las actitudes y comportamientos.

En definitiva, realidad y percepción interactúan e influyen una en la otra. Existe una realidad objetiva constituida por los elementos estructurales de una organización, sus políticas, tecnología, etc. Sin embargo, pueden ser percibidos en formas diferentes por distintos individuos, debido a las expectativas y particularidades de cada uno.

Puede existir convergencia o divergencia entre percepción y realidad. La diferencia es generalmente fuente de disfunción. Se necesita trabajar sobre la realidad, modificándola o mejorándola y, al mismo tiempo, actuar directamente sobre las expectativas de los empleados.

¿Percepción o realidad? En síntesis, el clima es un concepto pluridimensional; constituye un sistema interdependiente y altamente dinámico en el que la interacción entre factores individuales, organizacionales y contextuales condiciona las percepciones de sus miembros que, a su vez, inducen a adoptar comportamientos y actitudes en la organización que también afectan o influyen en el clima.

¿Tipos de clima? Si bien cada empresa tiene un proceso propio de socialización que apunta a coordinar las formas de entender o significar la cultura laboral (en el sentido de "el modo en que se piensan las cosas aquí"), los individuos también tienen sus experiencias personales, que van desarrollando en el trabajo en forma de expectativas y proyectos. Las necesidades, creencias y valores individuales se conjugan con factores estructurales formales e informales, a partir de las interacciones con el entorno, y dan por resultado un determinado tipo de clima.

Un "buen clima de trabajo" es una apreciación subjetiva. Al igual que en el campo meteorológico, el clima en sí mismo no es bueno ni malo, sino que depende de la expectativa y percepción de cada uno (por ejemplo, la lluvia puede ser desagradable para quien no tenga dónde refugiarse, pero beneficiosa para el campo tras una sequía). Según sean las percepciones, vivencias, expectativas, el clima puede caracterizarse como abierto, participativo, benigno, propicio, ideal, facilitador si la experiencia es más o menos positiva, o como hostil, enrarecido, intimidante, tensionante, amenazante si es percibido en forma negativa. De esta manera impacta positiva o negativamente en la performance de los talentos.

¿Es realmente importante el clima?

Las investigaciones de las últimas décadas demuestran que mejorar el clima del entorno laboral es indispensable para lograr que los empleados se comprometan y así obtener mejoras a largo plazo en la productividad y en los resultados del negocio. El simple hecho de cumplir con su trabajo es, a menudo, insuficiente. Las personas disfrutan cuando pueden contribuir al éxito de la organización de una manera significativa y cuando pueden ser responsables de este éxito.

¿Por qué es importante el clima para el análisis y la gestión organizacional? En el plano de lo humano, porque hace a la calidad de vida (ver Dilema 12) y el grado de satisfacción de los individuos en su trabajo. En el plano de la organización, porque influye sobre su desempeño, sobre la posibilidad de cumplir con sus propósitos. De manera que el concepto de clima como elemento de la gestión no es solamente un tema vinculado con los rendimientos o la eficacia, sino que hace a la preservación y desarrollo del potencial humano que sostiene a la organización a futuro.

¿Cuáles son las características que definen la importancia del clima?

- Se desprende de la cultura y por lo tanto tiene cierta permanencia; define la idiosincrasia organizacional, a pesar de experimentar cambios por situaciones coyunturales.
- Ejerce un fuerte impacto sobre los comportamientos de los miembros de la empresa y, a su vez, es afectado por ellos.
- Afecta el grado de compromiso e identificación de sus integrantes con la empresa.
- Es afectado por diferentes variables (estructura, proceso, políticas, etc.) que, a su vez, pueden ser condicionadas en su definición y cumplimiento por el clima.

¿Clima versus competitividad?

En el mundo actual de los negocios, los principales desafíos de las empresas son la innovación, la productividad, la competitividad y la sustentabilidad, en los que el clima laboral puede ayudar eficazmente. Esto ha llevado a interesarse por esquemas de motivación, de incentivos, de internalización de los valores de la organización y por ayudar a los trabajadores a buscar cómo contribuir con el éxito de la empresa.

Los esfuerzos para mejorar el clima del entorno laboral constituyen gestiones sistemáticas que llevan a cabo las organizaciones no sólo para que los empleados estén más satisfechos sino también, y fundamentalmente, para proporcionarles oportunidades de optimizar el desempeño de sus funciones, en un ambiente de mayor confianza y respeto, con el fin de sostener la competitividad a largo plazo.

El deterioro del ambiente laboral lleva a mayores niveles de ausentismo, tasas de rotación y renuncias. También genera lentitud, desgano, indiferencia y baja productividad, y favorece la actitud de cumplir reactivamente lo mínimo requerido.

La gran limitación es la dificultad de encontrar una manera sencilla y efectiva de medir el impacto del clima laboral sobre la productividad y los resultados. Esto se puede convertir en una presión para justificar y explicar la implementación de acciones de mejora, y para fundamentarlo como una inversión, más que un gasto, con incidencia en el mediano y largo plazo.

El impacto económico no es factible de obtener con exactitud y en forma rápida. Se deben indagar y complementarse con otros indicadores, tales como el costo del ausentismo, de la rotación, de la dificultad de atraer candidatos. Aun así, nada asegura que estos sean sólo resultantes del clima laboral. Los índices de clima, a partir de mediciones profesionales, como se analizará más adelante, son un camino inicial para monitorear variables que hacen al compromiso de los empleados, con sus consecuencias en la atención de los clientes y la efectividad en sus labores.

Conceptos asociados

La apreciación que los talentos tienen sobre el clima de la organización está íntimamente vinculada con otras dimensiones de su vida laboral. No es el objetivo aquí describirlas en profundidad, sino orientar en el entendimiento de términos que pueden parecer similares o muy diferentes, pero que en definitiva apuntan a lo mismo: el estudio de la percepción que tiene el talento de su vínculo con la tarea y la organización, y al modo en que esta impacta en su desempeño y en los resultados. La posibilidad de gestionar este efecto es uno de los desafíos que ocupan a las organizaciones.

Contrato psicológico laboral

Es el acuerdo tácito, no explicitado ni documentado, que define hipotéticamente lo que cada parte –empleado y empleador– está dispuesta a ofrecer a la otra y lo que ambas obtendrán a cambio. Como no está escrito, ninguno conoce los términos que el otro considera válidos y, aun cuando los conocieran, estos términos cambian con el tiempo. ¿El contrato abarca las expectativas de ambas partes? Así es, y las expectativas son las primeras condicionantes de la satisfacción, la motivación y el clima de trabajo en la empresa. La frustración aparece si las expectativas son muy altas en relación con lo que se recibe o se cree recibir de la otra parte.

Es esperable que, cuando el contrato psicológico comience a tomar vida, surjan muchas más divergencias que convergencias a causa de lo no dicho. Las posibilidades de desentendimiento, desilusión, frustración y resentimiento son altas. El supervisor directo, como mediador del vínculo del talento con la organización, cumple un rol vital en ir dilucidando y acordando, a lo largo de la vida laboral, los componentes de este contrato.

Cualquier actitud por parte de la organización que pueda ser percibida por el empleado como una violación a este contrato o como una promesa incumplida afectará directamente al clima y tendrá consecuencias en el desempeño de la empresa.

Satisfacción

Como se ha mencionado, la satisfacción depende de la confrontación de la realidad con las expectativas, de lo que se tiene con lo que se quiere. Evaluar el clima intenta reducir la diferencia entre la percepción sobre la situación y propuesta de la empresa, y las aspiraciones de las personas.

Se sabe por ejemplo que la magnitud de la diferencia existente entre realidad y percepción aumenta a medida que se desciende en la escala jerárquica. Se sabe también que cuanta mayor información sobre la organización o acceso a esta se tenga, la brecha entre percepción y realidad se estrecha.

Para entender mejor este concepto, podemos pensar en la existencia de tres niveles de satisfacción, asociados con niveles de motivaciones de las personas (ver Dilema 9).

Las expectativas básicas, que dependen de cada persona, deben estar contempladas, de otra forma habrá una natural insatisfacción. Algunos ejemplos son: respeto, trato digno, buen equipo de trabajo. El principal problema asociado con la detección de necesidades básicas tiene que ver con que generalmente no son explícitas e incluso ni siquiera reconocidas por los mismos que las experimentan.

En el segundo nivel, se encuentran las necesidades que se conocen y pueden verbalizarse. Cuantas más expectativas haya de este tipo, mejor. En la medida que se explicitan, ambas partes pueden trabajar para conseguirlas. Algunos ejemplos: un salario adecuado, estabilidad, un buen jefe, capacitación.

Por último están las expectativas que responden a necesidades de las cuales las personas no están conscientes, pero que cuando son satisfechas producen una reacción de complacencia. Ejemplos: un nuevo beneficio, una oportunidad anticipada de promoción de carrera.

Las organizaciones que consiguen brindar respuesta a las necesidades explicitadas por sus miembros, y ocasionalmente los sorprenden satisfaciendo alguna necesidad latente, tienden a instalar un buen clima de trabajo. El problema radica en que el contrato psicológico evoluciona con el correr del tiempo: una vez que se da respuesta a las necesidades no reconocidas, estas pasan a ser esperadas, y se convierten en expectativas básicas. Por eso hay que estar permanentemente monitoreando y comprendiendo las necesidades de los empleados, lo que requiere comunicación continua, flexibilidad y predisposición de ambas partes.

Cabe resaltar que satisfacción y resultados no están forzosamente relacionados; una persona puede estar satisfecha y no ser productiva, sino indiferente en relación con la organización. En general, ante una situación de insatisfacción en el trabajo, la persona adopta necesariamente una estrategia de adaptación que puede traducirse en rebelión, renuncia, resignación. Por el contrario, el autoconocimiento, el autocontrol y la proactividad contribuyen con el círculo virtuoso: mayor satisfacción, más motivación, productividad y resultados, mayor satisfacción, y así siguiendo.

Compromiso y retención

El compromiso es una dimensión de mayor complejidad utilizada por las empresas y es más que un buen clima. Se refiere al poder de identificación y lealtad que tiene un empleado con su trabajo y la organización, su grado de internalización de la marca y el negocio. Es el indicador de pertenencia y valoración de la persona respecto de la empresa en la que se desempeña. Conceptualmente, el compromiso se caracteriza por:

- fuerte convicción y aceptación de los valores y objetivos de la compañía;
- voluntad de esforzarse proactivamente en beneficio de la empresa;
- deseo de participar en la definición y materialización de la estrategia del negocio;
- fuerte interés en ser parte de la organización en el corto y largo plazo.

La satisfacción no alcanza para garantizar un excelente desempeño individual y organizacional. Tener empleados felices y complacidos no asegura la lealtad, el buen servicio a los clientes ni los más altos rendimientos. En la actualidad, lo que interesa a las compañías es determinar cómo se puede facilitar un entorno y una cultura en los que los empleados se sientan involucrados y motivados a realizar tareas de calidad superior y valor agregado.

Se puede hablar de compromiso cuando a la satisfacción se añade el orgullo de pertenecer al grupo, el deseo de lograr la trascendencia en la organización a través de las propias contribuciones con entusiasmo y consagración al objetivo. Lo que mejora la productividad, la eficiencia, la calidad de los servicios y productos y el rendimiento general de la organización es el clima óptimo junto con la adhesión individual y participación efectiva de los talentos.

Según Perryman y Hayday, *el compromiso se caracteriza por una actitud positiva y de orgullo hacia la organización, la creencia en sus productos y servicios, una percepción de que la organización habilita a sus empleados para que estos se desempeñen bien, un deseo de comportarse altruistamente y ser un buen jugador en equipo, un entendimiento más amplio y más estratégico del negocio, y el deseo y voluntad de ir más allá de los requerimientos del puesto. Los empleados comprometidos son respetuosos y colaboradores con sus colegas, y se mantienen actualizados en su campo de especialidad* [2].

El concepto de compromiso es bidireccional: las organizaciones gestionan en cierta dirección para involucrar a sus empleados, quienes a su vez optan por actuar con cierto grado de compromiso y obtienen así beneficios indirectos en reconocimiento, sensación de logro y pertenencia.

El compromiso es resultado entonces del equilibrio entre dos variables:

---

2. Perryman, Robinson D., y Hayday, S.: *Report 408, The Drivers of Employee Engagement. Institute for Employment Studies.* April 2004.

- **la satisfacción intelectual**, esto es, la percepción de los empleados de que obtienen por parte de la empresa algo justo a cambio del esfuerzo que realizan; está constituida por la opinión de los talentos sobre diferentes variables que los afectan o les interesan, como la organización y su liderazgo, el rol de su supervisor, las condiciones laborales, la calidad de vida (ver Dilema 12), la disponibilidad de recursos, la implementación equitativa de prácticas de capacitación, carrera, compensación; es el resultado del análisis que hacen de que lo que reciben de la organización se corresponde o no con el tiempo y energía que le dedican;
- **la satisfacción afectiva** entendida como el grado en que las percepciones y experiencias de un empleado han creado un sentido de pertenencia o lazo con la empresa. La combinación de los sentimientos positivos o negativos condiciona las competencias que la persona desplegará y el valor agregado que ofrecerá a la organización. El vínculo emocional tiene que ver con el esfuerzo discrecional que los empleados brindan a la tarea y la empresa en forma de tiempo extra, dedicación y energía. Es fundamental que las personas se sientan involucradas y escuchadas (ver Dilema 5).

¿Cómo impacta el compromiso en la retención de los talentos?

El nivel de compromiso con el líder, la tarea y la organización es uno de los predictores de retención, preocupación habitual de los empresarios, especialmente si esta afecta a los altos potenciales (ver Dilema 10). En general, se considera que si la persona está satisfecha con aquellas condiciones racionales y objetivas que le ofrece la empresa, permanecerá más tiempo en ella. Sin embargo, el vínculo emocional con el líder, los valores, la marca y la estrategia constituyen el factor más importante de retención.

Por supuesto que el mercado laboral opera como una variable importante, pero su impacto se minimiza cuando la pertenencia emocional es mayor. La percepción sobre nuevas oportunidades laborales es más filtrante y se vuelve más crítica y exigente.

Atender las políticas y prácticas de gestión de los recursos humanos es absolutamente necesario, pero no suficiente para retener al talento. El mundo se vuelve cada vez más complejo y permanentemente se presentan distintas realidades que operan sobre esta variable y exigen modificaciones. Un nuevo beneficio se convierte en derecho adquirido en cuanto se instala; puede satisfacer al principio, pero luego pasa a ser un dato más de la realidad.

En cambio, trabajar sobre el componente emocional y afectivo tendrá un efecto poderoso en la percepción positiva del clima y en la lealtad a largo plazo. Un ambiente percibido como hostil, la falta de comprensión de la estrategia, la incompatibilidad entre valores personales y organizacionales, no sentirse parte, la falta de liderazgo serán, casi por definición, obstáculos para generar compromiso afectivo e identificación con la organización.

El objetivo de los líderes y de los mismos talentos debe ser el desarrollo de sentimientos positivos para que las personas deseen promover su bienestar y crecimiento, y actuar a favor de los intereses propios y de la empresa. Clima y compromiso adquieren así una significación vinculante y se necesitan mutuamente.

Motivación

La motivación (ver Dilema 9) con la que se desempeña una función laboral condiciona la energía de la organización. Es uno de los recursos esenciales que el talento aporta a la empresa para alcanzar sus objetivos. De aquí lo importante que resulta identificar las motivaciones y motivadores principales.

Con la perspectiva de estudio del clima, se intenta comprender el fenómeno de la motivación a la luz de que los motivadores, su intensidad y foco, son complejos y varían mucho de persona a persona y de momento a momento. Apuntar a movilizar la motivación de todos los integrantes de una organización es un desafío que sólo se supera con el protagonismo de los talentos y sus líderes. Cuanto mayor el grupo de personas motivadas, más posibilidades de que el clima de trabajo sea apropiado y se genere un desempeño extraordinario.

¿Cuál es la relación entre clima y cultura?

El concepto de clima organizacional, tal como se viene describiendo, se refiere a las percepciones compartidas por los miembros de una organización respecto de diferentes dimensiones de la misma. El clima organizacional es un componente importante de la cultura en una organización. Se entiende por cultura al patrón general de creencias, valores y conductas compartidos por sus miembros. La cultura es en buena parte determinada por los empleados, ya que las percepciones sobre la organización condicionan las creencias, mitos, conductas y valores que la conforman.

En cierto sentido, la cultura es la construcción social de la identidad: las personas que habitan una organización construyen significados, dándole un sentido particular a los hechos que definen dicha identidad.

Muchos son los estudiosos y muchas las teorías sobre el tema. Se describen algunas de ellas de manera de enmarcar la relación entre este concepto y el de clima.

Edgar H. Schein define la cultura *como un modelo de presunciones o creencias básicas inventadas, descubiertas o desarrolladas por un grupo dado, al ir aprendiendo a enfrentarse con sus problemas de adaptación externa e integración interna, que hayan ejercido la suficiente influencia como para ser consideradas válidas y, en consecuencia, ser señaladas a los nuevos miembros como el modo correcto de percibir, pensar y sentir. Esas presunciones básicas,* dice Schein, *operan inconscientemente y definen la visión que la empresa tiene de sí misma y de su entorno*[3]. Según este autor, en la cultura existen dos niveles: el *núcleo,* de presunciones básicas que son las que realmente pueden explicar los comportamientos organizativos, y la *periferia,* donde se observan las manifestaciones superficiales de la cultura; a partir del análisis de ambos, podrá descubrirse el verdadero sentido de dichas presunciones básicas.

Para Andrew Mayo la cultura, entendida como la manera que tiene cada organización de hacer las cosas, es el resultado de la interrelación de seis factores de naturalezas muy diversas, entre los que se mezclan algunos intangibles y de difícil observación, con otros que se explicitan en documentos internos y en comportamientos observables. Estos componentes de la cultura que apunta Mayo son:

- los valores y las creencias,
- las normas de comportamiento,
- las políticas escritas de la organización,
- la motivación,
- los sistemas y procesos formales e informales, y
- las redes internas existentes en la organización.

El clima es parte de la cultura. Ambos están profundamente asociados y afectan tanto el desarrollo profesional como los resultados organizacionales. El clima es considerado como la superficie o la cara de la cultura. Puede ser medido y modificado con programas de desarrollo organizacional, mientras que la cultura es más difícil de medir directamente y modificar hacia una dirección deseada.

---

3. Schein, Edgar H.: *Psicología de la organización.* Prentice Hall Hispanoamericana, México, 1996.

Mientras la cultura es más estructural, el clima posee un carácter más temporal, pues los factores internos o externos que actúan sobre él pueden cambiar con mayor fluidez.

La cultura y el clima afectan el desempeño profesional y, en consecuencia, los resultados organizacionales. Están estrechamente ligados, y lograr que sean positivos, y por lo tanto contengan valores y creencias alineados a la estrategia, requiere una evaluación permanente para que, cuando haya desvíos, la empresa pueda accionar.

Rol del líder y el talento

Los líderes juegan un papel clave en el éxito del negocio, ya que son responsables de asegurar las condiciones para un trabajo exitoso en el marco de un buen clima laboral. Pero estas condiciones no son sólo responsabilidad del líder, sino también de los talentos.

A veces, aun cuando la organización pueda ofrecer un proyecto desafiante, estabilidad y buenos beneficios económicos, muchos profesionales terminan desvinculándose por una mala relación con sus líderes y por falta de iniciativa para mejorarla. Algunos estudios demuestran que la gente tiende a comprometerse más con los líderes que con la empresa; por eso, una de las principales dimensiones evaluadas en un análisis de clima organizacional debe ser la del liderazgo. En las empresas modernas, la tendencia muestra que muchos de los planes de acción de mejora del clima y el compromiso están vinculados con estilos y modalidades de gestión de sus líderes y con el compromiso de sus liderados.

¿Por qué es importante "medir" el clima?

Según Alexis P. Gonçalves, *el conocimiento del clima organizacional proporciona retroinformación acerca de los procesos que determinan los comportamientos organizacionales, permitiendo además, introducir cambios planificados tanto en las actitudes y conductas de los miembros, como en la estructura organizacional o en uno o más de los subsistemas que la componen[4].*

Los diagnósticos periódicos resultantes de las mediciones de clima permiten:

- efectuar intervenciones innovadoras de mejora organizacional;
- reorientar planes de acción relativos al talento y a los negocios;
- poner foco en ciertas áreas de la empresa o dimensiones de gestión, optimizando costos y energía;
- generar conciencia en los líderes sobre qué pueden o deberían cambiar y en qué están bien encaminados.

Las posibilidades de aprovechar estos resultados siguen descubriéndose y su potencial puede incrementarse aún más:

- abrir un canal efectivo de comunicación hacia y desde los empleados;
- manifestar el valor que para la empresa tiene el aporte de opiniones, la escucha (ver Dilema 5) y la participación como herramientas potentes de cambio;
- evitar conflictos antes de que causen malestar;
- expresar el interés de la empresa en su gente, en el ambiente en el que transcurren muchas horas de sus vidas.

Las iniciativas de medición constituyen una de las representaciones de la escucha organizacional y presentan la ventaja de encauzar directamente la información del emisor al

---

4. Gonçalves, Alexis: *Fundamentos del clima organizacional.* Sociedad Latinoamericana para la calidad (SLC), 2000.

receptor, sin correr peligro de deformarla o de alterarla a través de intermediarios.

Escuchar es, además, dar muestra de estima, reconocer a todo colaborador como un ser con opiniones valiosas. Constituye uno de los retos de la gestión del talento y una de las condiciones esenciales para el establecimiento de un clima favorable y estimulante.

¿Cómo se mide el clima?

El concepto de clima es complejo, sensible y dinámico. Complejo, porque abarca un sinnúmero de componentes; sensible, porque cualquiera de ellos puede afectarlo; y dinámico, porque se puede mejorar estudiando la situación de sus elementos y aplicando las medidas correctivas que resulten necesarias. De aquí el desafío y al mismo tiempo el valor de medirlo. La preocupación organizacional y personal sobre la calidad del ambiente de trabajo en el que transcurre gran parte de la vida, conlleva también preguntas tales como: ¿cómo hacerlo?, ¿es objetiva esta medición?, ¿con qué se comparan los resultados de manera de entender la situación presente?, ¿se mide sólo por orgullo empresario de mostrar al mercado lo bien que se está, o por real creencia en que vale la pena mejorarlo?

Cualquier medición apropiada del clima laboral puede resultar una confirmación de hipótesis que todos los miembros de la organización ya tienen sobre lo que sucede, se sabe y se piensa acerca de lo que brinda la empresa, de lo que sucede entre los empleados y de las condiciones de trabajo.

Si se cuenta con capacidad de observación, buena predisposición y apertura, es posible medir informalmente el clima en el día a día, en cada contacto de los supervisores con sus equipos, en los rumores de pasillo, en la observación de elementos tales como carteles, disposición del mobiliario, miradas y tonos de voz de los empleados, tipos de mensajes y conversaciones, etc.

Los abordajes más comunes son los métodos *cuantitativos* o auditorías de clima y los métodos *cualitativos* o perceptivos. Al primer grupo corresponden los cuestionarios, las encuestas y todos los instrumentos que aseguran cierta rigurosidad en las mediciones, que permiten realizar un verdadero balance de la situación e identificar los problemas que dan origen a oportunidades sobre las que se decide trabajar o profundizar. Al segundo, corresponden las entrevistas, los cuestionarios a personas que se van de la empresa, los focus groups y espacios de intercambio cuyo registro de información no permite ser cuantificado en forma numérica.

El dilema que se presenta es: ¿cuál es mejor o más efectivo que el otro? Ambos deben enfocarse desde la complementariedad de miradas y desde las ventajas y desventajas que cada uno tiene para aportar a los objetivos de la organización, la finalidad que se persigue y otras variables que definen su aplicación. Adicionalmente, cada vez más se apunta a que las evaluaciones cuantitativas vayan acompañadas de una fase cualitativa de corroboración o profundización.

La encuesta de clima, la brújula que orienta las acciones

Uno los instrumentos más difundidos y completos para medir el clima es la *encuesta,* que permite conocer las actitudes, expectativas y necesidades de la gente en relación con la organización general y con su trabajo en particular, y comparar resultados en el tiempo y entre grupos sobre los que se aplica.

Funciona como una brújula, ya que ayuda a enfocar y direccionar la gestión de los intangibles, como la motivación y las expectativas que todos los seres humanos ponen en juego en la relación laboral.

¿Cómo y cuándo utilizar una encuesta?

Un buen diseño de encuesta debe tener en cuenta los siguientes aspectos metodológicos:

- qué factores van a medirse y cuál es su relevancia;
- cuáles son los indicadores que se obtendrán y si corresponden a lo que se desea evaluar;
- si las preguntas tienen sentido para los empleados, y utilizan el lenguaje de la cultura social y organizacional;
- si se realizará sobre la población total o sobre una muestra; en este caso, debe ser representativa y aleatoria;
- si es anónima o no, lo que cambia la metodología y el tratamiento de los resultados.

Es fundamental entender la encuesta como un proceso y no como un hecho aislado. El feedback recibido guía las acciones de mejora, a través de planes de trabajo que responden a necesidades reales y concretas.

¿Implementar la encuesta cada uno, dos o tres años? La dispersión debe pensarse en función de los objetivos que se persiguen. Algunas organizaciones la usan en forma aislada, para diagnosticar el clima ante una situación particular, y otras la implementan como herramienta de diagnóstico periódico para la mejora de la gestión. Muchas la utilizan como un indicador más de medición del desempeño de los líderes. La frecuencia responde a una decisión local o internacional de cada organización, puede coincidir con mediciones del mercado laboral, o realizarse según interés particular en un momento específico. La frecuencia más habitual es anual, o bianual, para que los empleados puedan percibir los cambios generados en comparación con los resultados de la encuesta previa.

La entrevista

La entrevista es un procedimiento de orden cualitativo que permite llegar más al fondo de los problemas que la encuesta, dado que el entrevistador tiene la posibilidad de volver a preguntar y poner sobre la mesa las respuestas de sus interlocutores. Es interesante para detectar tendencias y auscultar el terreno en cuestiones muy concretas o sensibles.

Como en el caso de la encuesta, la entrevista también debería ser conducida por personas no pertenecientes a la empresa para que el entrevistado tenga una confianza total en el interlocutor.

Este método también presenta algunas reservas, tales como que su calidad depende de la confianza reinante entre los protagonistas. Una de las desventajas es que se trata de un procedimiento pesado, largo y costoso, y su práctica no permite extenderse más que a una pequeña muestra de empleados, poniendo en riesgo la representatividad de los resultados obtenidos.

Las entrevistas se pueden hacer en forma individual o grupal, en algunos casos hasta telefónicamente, con una guía escrita o mediante una actividad experiencial o lúdica. Más allá de la metodología, lo importante es que queden claras las reglas de juego para quienes participan y que se les garantice el anonimato.

No de cualquier manera...

Muchas empresas se ven tentadas, por practicidad o desconocimiento, a realizar la medición en forma rápida y con los menores recursos posibles. Sin embargo, algunas reglas son insoslayables independientemente del método que se elija, de manera de asegurar el éxito de la operación. Lo importante es no condicionar la aceptación y la honestidad de los participantes.

¿Qué pasa con los respondientes? Si estos no colaboran, el desarrollo del proceso de relevamiento se verá perturbado, los resultados falseados, y el clima, en definitiva, deteriorado. Responder implica una responsabilidad y así debe transmitirse y asumirse. Los resultados tendrán impacto en los empleados, el ámbito de trabajo y en el negocio, e intervendrán en los planes de acción posteriores.

Los cuatro principios que se sugiere que rijan toda encuesta, cuyos riesgos implícitos muchas veces no se toman en cuenta, son los siguientes.

1. La no manipulación. La intención de quien la propone no debería ser comprobar sus propios preconceptos o demostrar el éxito o la necesidad de una teoría o proyecto.
2. La voluntariedad. Esto significa que la participación no puede ser obligada y debe existir ausencia de cualquier presión, o la sospecha de que negarse a responder puede ser un riesgo.
3. El anonimato. Lo que se busca son testimonios sinceros que den cuenta de la relación que cada individuo establece con las diferentes dimensiones de la empresa. Cada persona responde al cuestionario en forma totalmente anónima, o participa de una entrevista en la que se le asegura confidencialidad.
4. La transparencia. El objetivo del relevamiento, la metodología y el posterior uso de los resultados debe ser claro para todos los participantes. El diagnóstico es de y para todos.
5. La pertinente comunicación de todo el proceso –la convocatoria a participar, los resultados y las medidas posteriores–, de la que depende la credibilidad, la difusión y el éxito de las futuras acciones del mismo tipo.

En general, las empresas –excepto que cuenten internamente con equipos formados y creíbles– contratan los servicios de terceros especializados, asegurándose de que se cumplan los principios anteriores. Esta medida mejora las probabilidades de éxito del proyecto.

Obstáculos y riesgos

Es útil tener en cuenta algunos de los riesgos potenciales que toda evaluación de clima presenta: sobredimensionar algunos fenómenos, infravalorar otros, partir de prejuicios, sacar a la luz tensiones ocultas sin un plan de acción predeterminado, etc. Siempre hay imprevistos cuando se trabaja con el ser humano, y donde surge lo subjetivo y lo imprevisible, aspectos difícilmente reductibles a la objetividad de los datos numéricos.

A continuación, se mencionan algunas dificultades o disyuntivas que pueden darse en cualquier medición de clima, por más apropiada que haya sido la metodología utilizada.

- La forma de planteo de las preguntas puede influir en las respuestas. De ahí el sumo cuidado que hay que poner al redactarlas.
- La magnitud de la distancia entre lo deseado y lo existente registrada en los resultados de la medición puede no guardar necesariamente correlación con la estrategia y posibilidades de la organización.
- La sinceridad es la objetivización de la percepción de los respondientes. Los participantes pueden ser totalmente sinceros, pero injustos o revanchistas. Las críticas pueden ser fundadas o no. Mientras no se pruebe lo contrario, las percepciones constituyen la verdad para los respondientes, determinan sus comportamientos, y deben tenerse en cuenta para trabajarlas en los planes de acción. Cuando se conocen los resultados, los líderes y los talentos son los más aptos para

juzgar, con la mayor honradez posible, si la imagen reflejada es fiel o no y elegir las medidas correctivas apropiadas.

- El cuidado de las acciones posteriores a la medición del clima. Hay que avanzar prudentemente, no querer cambiar demasiadas cosas en forma inmediata. Entender que el error es factible, tanto en la medición como en las etapas posteriores, y no constituye un fracaso que invalida los planes posteriores. El objetivo no es impactar, sino mejorar paulatinamente aspectos acotados y puntuales.

La medición: el día después

Cualquiera sea la metodología utilizada, son tan importantes como la medición misma el seguimiento de los resultados, la comunicación, la implementación de planes de acción y el alineamiento del proceso a la estrategia del negocio. El feedback recogido debe guiar los esfuerzos de mejora e identificar nuevas oportunidades.

Comunicación de resultados: una etapa fundamental

La encuesta de clima constituye un compromiso psicológico con los colaboradores, que implica que ellos tienen derecho a conocer los resultados. Esto genera confianza y apertura entre los empleados, que gracias a ello reciben la encuesta con buena actitud porque la consideran un canal de comunicación útil para brindar una opinión sincera. En cambio, la falta de devolución y de planes de acción frustra a los talentos y confirma pensamientos del tipo: "¿Para qué voy a participar si mis opiniones no van a ser tenidas en cuenta y ni siquiera me voy a enterar de para qué las quieren?". Lo más importante es que las personas se sientan escuchadas.

Construcción del compromiso

Si la encuesta es interpretada como una actividad de rutina y, además, se hace en forma esporádica, las personas tenderán a dejar de participar. Por el contrario, cuando perciben que se analizan los resultados y que hay continuidad en la medición, se mejora su percepción del clima y de las condiciones ofrecidas por la empresa.

En la medida en que en todo el proceso se advierta la conexión entre la voluntad de diagnosticar el clima para intervenir sobre él, y los objetivos y estrategia del negocio, es más probable obtener un alto compromiso para que los talentos de todos los niveles jerárquicos actúen consecuentemente con su protagonismo en la construcción del ambiente de trabajo.

Finalmente, es imprescindible que la medición y la gestión del entorno laboral sean sostenidas en el tiempo, sean entendidas como un proceso, más que una actividad aislada. El feedback recogido y la identificación de oportunidades no deben quedar en informes archivados, sino servir para guiar los esfuerzos de enriquecimiento del clima y la cultura organizacional.

El clima se construye

La mejora del clima es siempre posible; sin embargo, se requiere de cambios en más de una variable para que sea duradera, es decir, para conseguir que se estabilice en la dirección deseada.

No existe el clima óptimo. La heterogénea naturaleza de sus componentes se refleja en la variada velocidad de modificación en el tiempo. Los factores estructurales objetivos (misión y estrategia, marca, estructura, políticas, etc.) suelen presentar un mayor grado de permanencia (o dificultad de remoción) ya que tienen el sentido de dar estabilidad y predictibilidad a la organización, en comparación con los factores que dependen de las actitudes o apreciaciones personales.

Si bien se puede actuar desde la estructura para construir un clima esperado, esto por sí solo será insuficiente si se desvincula del perfil y las aspiraciones de los individuos, de sus experiencias cotidianas en la empresa, de sus expectativas y del entorno social y cultural.

La naturaleza de la actividad de la organización, la fase por la que atraviesa en su ciclo madurativo y el contexto de negocio plantean demandas también específicas en cuanto al ambiente de trabajo esperable y requerido. El clima se construye sobre realidades dinámicas, por lo tanto a veces impensadas y no vislumbradas al momento del planeamiento de la medición y de las acciones a implementar.

El clima se construye desde cada uno con las actitudes, comportamientos y relaciones en el trabajo. Los niveles de supervisión tienen un rol fundamental en este sentido: son parte y, a su vez, modelo. Todos aportan su granito de arena para generar un mejor clima en beneficio mutuo. No depende de "los demás", sino de todos, y se puede empezar por uno mismo. Un buen entorno de trabajo es un importante intangible que beneficia a los talentos y a la organización: los hace productivos y facilita el trabajo y la convivencia del día a día.

El abordaje del clima ayuda a todos los miembros de una empresa a delinear el rumbo de gestión de la dimensión humana del negocio.

El dilema en síntesis

En el mundo de los negocios se ha empezado a vislumbrar que las mejores empresas donde trabajar son también las mejores empresas donde invertir. El capital humano y el indicador sobre el clima laboral empiezan a influir en el valor de la empresa.

El clima organizacional interviene en el comportamiento manifiesto de los miembros, pues es resultado de sus percepciones que filtran la realidad y condicionan los niveles de motivación laboral y rendimiento profesional, entre otros.

El clima es resultado de percepciones colectivas, y se convierte en un diagnóstico de una realidad intangible que ayuda a los resultados de la empresa. Es percepción y al mismo tiempo realidad.

La medición del ambiente de trabajo es un excelente canal de comunicación con sus miembros, y contribuye con la confianza y la apertura. Si es bien implementada y utilizada, se convierte en una herramienta clave para entender qué está sucediendo y cómo mejorar.

El contrato psicológico laboral es el acuerdo entre empresa y empleado sobre qué esperan ambos dar y recibir. Es el primer paso para identificar expectativas que serán el ingrediente fundamental de la satisfacción. En la medida en que las expectativas acuerdan con lo que se percibe recibir de la realidad laboral, la satisfacción es adecuada. Pero el compromiso es más que satisfacción, aunque esta es condición necesaria. Implica la identificación con las creencias, valores y estrategia de la empresa, es ser proactivo aportando más de lo que se espera, es la sensación de pertenencia y de permanencia. Refleja un superior grado de motivación hacia el trabajo y la contribución con los resultados del negocio. Esto demuestra la intrínseca relación entre satisfacción, compromiso, motivación y competitividad en un contexto cada vez más complejo. Se debe trabajar cada vez más sobre esa variable intangible para diferenciarse y sostenerse. El buen clima es resultado de una percepción, pero se convierte en una clara realidad personal y organizacional, de alegría contagiosa y de interesada productividad.

DILEMA 3

HOMBRES Y MUJERES:
¿DIVERSIDAD, O IGUALDAD?

La inserción de la mujer en el ámbito laboral es una de las dimensiones más relevantes de la diversidad de los últimos años. Implica un cambio cultural que naturalmente impacta en la agenda de la gestión del talento y en la mirada de la realidad laboral tanto de hombres como de mujeres.

¿Tantas son las diferencias que vuelcan al ámbito laboral las mujeres?

¿Pueden gerenciarse de la misma manera o requieren un enfoque particular? ¿Tienen un estilo de liderazgo diferente?

¿Cómo perciben las mujeres su acceso a puestos laborales antes reservados para los hombres? ¿Qué efecto tiene en estos?

¿La aparición más activa de las mujeres en las empresas trae aparejadas nuevas oportunidades de negocio?

¿Cómo es percibida por las nuevas generaciones la perspectiva de la inclusión de la mujer en el trabajo?

¿Tanta es la diferencia en los valores y el estilo de trabajo entre ambos géneros?

¿Cuál es la intención y necesidad que subyacen a los reclamos laborales de las mujeres: igualdad en todas las dimensiones del trabajo o respeto por la diversidad?

¿La mujer refuerza las estrategias de diversidad?

Mucho escuchamos en los últimos tiempos sobre diversidad y el rol de las mujeres en los negocios. Pero, ¿cuánto hay de mito y cuánto de realidad? ¿Es un tema de negocios o de gestión de las personas? ¿Es una moda o tendrá efectos en el futuro? La transformación del mundo laboral es el disparador principal de muchos de los dilemas que venimos describiendo en este libro. La agenda del talento no puede mantenerse ajena, pues es indiscutible el impacto de las nuevas tendencias demográficas, la tecnología, la presencia de cuatro generaciones conviviendo en un mismo espacio laboral, el ingreso creciente de las mujeres, la convivencia de orientaciones religiosas divergentes.

Esto desafía a contar con estrategias de diversidad que atiendan las necesidades de diferentes grupos y perfiles presentes tanto en los trabajos propios como en el de los clientes y proveedores. Asimismo exige a los talentos la flexibilidad necesaria para aceptar y respetar modalidades posiblemente distintas de trabajo. El género constituye una de las variables a tener en cuenta dentro de una estrategia de diversidad; otra es la edad, que será analizada en el próximo dilema.

El ingreso de la mujer al mundo de las empresas empieza a ser masivo, así como su participación en las carreras terciarias y universitarias. Si bien sabemos que aún su representatividad es baja en niveles jerárquicos, trae consigo capacidades, actitudes y expectativas que vale la pena explorar y considerar.

¿Qué es la diversidad?

La diversidad es el conjunto de valores, visiones, culturas, saberes organizacionales, metodologías y conocimientos que cada grupo trae consigo para ponerlo al servicio del aprendizaje mutuo y la competitividad empresaria. Comprender el desafío de la diversidad va mucho más allá de reconocer la necesidad de incorporar empleados de distintas edades, razas, géneros, estilos de vida, religión y/o intereses e inquietudes. La diversidad comprende todas las diferencias que hacen únicos a los seres humanos y las similitudes que los conectan.

¿Por qué colocar la diversidad en las agendas corporativas?

Los desafíos son crecientes, pero, ¿cuáles son?

Los cambios demográficos a nivel mundial. El talento será escaso y existirá una mayor competencia por empleados destacados debido al envejecimiento de la fuerza laboral, las tasas de nacimiento más bajas y reguladas en algunas sociedades, y la creciente movilidad.

Para dar sólo un ejemplo, por primera vez en la historia de los Estados Unidos la cantidad de empleados jóvenes que ingresan al mercado laboral no será suficiente para reemplazar a los que se retiran[1].

El ingreso creciente de grupos diversos: mujeres, minorías, generación Y. Mundialmente el ingreso de la mujer a la fuerza laboral no sólo está aumentando sino que, además, llega con muy buena educación y mayor predisposición a la carrera que en años anteriores. Por primera vez en la historia, cuatro generaciones conviven en el trabajo. Se requerirán habilidades específicas para administrar y gerenciar este variado pool de talento.

---

1. Global Deloitte Consulting HC, Diversity and Inclusion Best Practices Report. www.deloitte.com, 2008.

En general, los datos sobre la inserción de la mujer en el mundo laboral muestran deficiencias y brechas en alcance y calidad con relación a la situación de los hombres. Sin embargo, considerando que recién a partir de mitad del siglo XX la mujer empieza a incursionar formalmente en el espacio masculino, puede afirmarse que la evolución ha sido muy positiva.

Dado que los datos se modifican permanentemente, y teniendo en cuenta que la situación de la mujer en el trabajo varía en forma considerable de país en país y de continente en continente, se pueden dar sólo algunos datos significativos a modo de ejemplo.

- En los Estados Unidos, casi el 60% de los graduados universitarios son mujeres. Más del 40% de las maestrías son cursadas por mujeres[2]. Se proyecta que la cantidad de graduadas crecerá 16% en la próxima década, mientras que la de hombres crecerá sólo un 1,3%[3].
- En 2008, las mujeres y las minorías representaron el 70% de los nuevos ingresos a la fuerza laboral de los Estados Unidos[4].
- Desde hace varias décadas, la tasa de participación laboral femenina en Latinoamérica y el Caribe tiene una clara tendencia ascendente, en la que influyen la reducción de la cantidad de hijos y la mayor educación de la mujer, así como la necesidad de generar más ingresos para la familia. También ha influido el crecimiento de algunas ramas de actividad donde tradicionalmente tiene más participación la mujer, como

---

2. *New York Times*, www.nytimes.com, 9 de julio de 2006.
3. *Harvard Business Review on Women in Business*, Harvard Business School Publishing Corporation, www.hbral.com, Boston, 2005.
4. Global Deloitte Consulting, 2008. www.deloitte.com.

comercio, restaurantes y hoteles, servicios comunales, sociales y personales, y la industria manufacturera como la textil. A esto se suma la creciente incursión en otras áreas de negocio. La tasa de desocupación en esta región ha pasado entre 2003 y 2008 de 14% a 10%, disminuyendo aproximadamente un punto por año, reducción más marcada que en los hombres. Esto no implica desconocer la realidad femenina en esta región en lo que hace al trabajo informal y en puestos de menor categoría, pero esta tendencia paulatinamente va mejorando a partir de políticas públicas y privadas[5].

Como conclusión, un mundo en el que los negocios avanzan sin fronteras, en el que la premisa es brindar servicio y soluciones a clientes muy variados, y donde se requieren habilidades y expertises diferentes y sofisticadas, es necesario contar con una estrategia de inclusión que ubique a las empresas y a las personas en una posición de ventaja competitiva alineando perspectivas y contribuciones hacia un propósito común. Contar con una estrategia de diversidad brinda una mayor habilidad para competir en mercados que también se están volviendo diversos y entender la diversidad de los clientes desde la propia. Una fuerza laboral multicultural se traduce en una variedad de prácticas de innovación provenientes de la conexión entre grupos de distintas culturas, especialidades e industrias.

En palabras de Tom Peters, las nuevas ideas proceden de las diferencias. La creatividad es un producto de la diversidad y esta es la clave del futuro[6].

---

5. Organización Internacional del Trabajo, Oficina Regional para América Latina y el Caribe: *Panorama laboral 2008: América Latina y el Caribe.* Lima, 2009. www.ilo.org/public/spanish.
6. Peters, Tom: *Triunfar en un mundo sin reglas.* Nowtilus Gestión, Madrid, 2002.

Las mujeres representan una gran oportunidad

Numerosas investigaciones demuestran que la participación cada vez mayor y protagónica de la mujer en la economía mundial –como un segmento en crecimiento del mercado laboral y del consumo, como portadora de capacidades hoy muy necesarias, como decisoras de compras–, contribuye con el fortalecimiento de la performance de los talentos y de las empresas.

Nuevas habilidades para un nuevo escenario laboral

Las mujeres representan una oportunidad no sólo por su participación creciente, sino también por poseer atributos y destrezas complementarias a las tradicionalmente denominadas habilidades masculinas. Hasta los años '60 los hombres y las mujeres recibieron distintas señales de lo que se esperaba de cada uno. De las mujeres, que fueran esposas, madres, voluntarias en la comunidad, maestras y enfermeras, emocionales, afectivas y vulnerables. Sus habilidades se centraban en cooperar, apoyar, ofrecer respaldo, comprender y brindar servicio a los demás, mientras que de los varones se esperaba que fueran competitivos, fuertes, decisores y que mantuvieran el control. Estas expectativas, que operaron fuertemente en la construcción de modelos predominantes y en la socialización, explican algunas de las diferencias que todavía hoy podemos hallar.

Las mujeres se encuentran bien posicionadas por poseer atributos y destrezas interesantes para el contexto laboral actual. Las que siguen son sólo generalizaciones para entender tendencias y perfiles, pero pueden existir diferencias individuales que dependen de muchos factores. En general, los estudios coinciden en que las mujeres están:

- capacitadas para el *multitasking*, es decir, para hacer varias cosas a la vez;

- orientadas a desarrollar relaciones, a la colaboración y el networking, y preocupadas por fomentar el trabajo en equipo;
- propensas a la delegación y a la formación de colegas, por el rol tradicional de educadoras que se les ha confiado;
- conscientes de la motivación intrínseca, por lo que tienden a evaluar el panorama no tanto en virtud sólo de los resultados sino también de los elementos que provocan satisfacción personal;
- apasionadas por el trabajo, en parte porque este representa un novedoso horizonte que valoran y no quieren perder;
- organizadas, con exigencia personal y constantes deseos de superación;
- preocupadas por el desarrollo profesional, sin desatender sus necesidades familiares/maternales.

Otra característica que se puede observar es que presentan patrones distintivos de manejo del cambio y procesamiento de la información. Judy B. Rosener[7], experta en el estudio de la mujer en el entorno laboral, sostiene que tiene un estilo de liderazgo interactivo, cooperativo, inclusivo y personal. Las habilidades femeninas para enfrentar los cambios y adaptarse a ellos derivarían, entre otras, de la mencionada capacidad para hacer varias cosas a la vez, vinculada con su doble rol de profesional y ama de casa. La misma autora sostiene que los patrones de procesamiento de información difieren: mientras que los hombres procesan la información de modo secuencial, las mujeres la almacenan en forma no lineal como holograma, recogiendo

---

7. Flower, Joe: "Differences Make a Difference. Excerpts from a conversation with Judy B. Rosener". En *The Healthcare Forum Journal*, Vol. 35, N° 5, sept./oct. 1992.

información de aquí y de allá, y al pensar la relacionan con experiencias, hechos, visiones e imágenes. Esta posibilidad de "fusión" de la información alimentaría la intuición y las haría particularmente aptas para lidiar con la ambigüedad y las diferencias culturales.

¿Existen motivaciones femeninas distintas de las masculinas en el ambiente de trabajo?

Las clásicas teorías sobre la motivación no hacen diferencia alguna por género. Claramente el ser humano tiene características únicas en general, y en relación con los motivadores en particular (ver Dilema 6). Sin embargo, se puede decir que hay algunos elementos que atañen a las mujeres particularmente, producto de su historia y experiencias. Según Jane Cunningham y Philippa Roberts[8] algunos de ellos son:

- creación de ambientes seguros,
- esfuerzo continuo por mejorar el estado de las cosas y de su entorno,
- intuición y agudeza de percepción sensorial,
- deseo de conectarse, solidarizar y empatizar,
- profundidad y cuidado del detalle, y
- compromiso de generar mayor valor y oportunidades.

¿Sólo las mujeres enfrentan desafíos complejos?

A pesar de la masiva incorporación de la mujer al mercado laboral y según el grado de desarrollo de cada sociedad particular, todavía enfrenta obstáculos y barreras a la hora

---

8. Cunningham, Jane, y Roberts, Philippa: *Inside her pretty little head: A New Theory of Female Motivation and What it Means for Marketing.* Marshall Cavendish Limited & Cyan Communications Limited, Books, London, 2006.

de compatibilizar su carrera con otras obligaciones, lo que le exige mayor energía y esfuerzo en el ámbito del trabajo.

¿Cuáles son algunos de estos obstáculos?

1. Las diferencias operan aún en muchas culturas en todos los niveles, no sólo en la cima.

Existen estadísticas que dan cuenta de que se promueve a los hombres mucho más rápido que a las mujeres con las mismas calificaciones. Aún operan actitudes, estereotipos y prejuicios negativos sutilmente arraigados en modelos corporativos históricamente diseñados por hombres. De todos modos, también ellos a veces perciben estas diferencias, ya que los preconceptos y la subjetividad invaden muchas de las decisiones de carrera que también los afectan a ellos.

2. Las demandas de la vida familiar imponen un mayor desafío.

Las responsabilidades de la vida familiar continúan siendo una de las causas de la interrupción o desaceleración de la carrera de la mujer. Necesitan más días de licencia, o prefieren trabajar part-time. Como resultado, acumulan menos años de experiencia laboral y menor cantidad de horas de trabajo, lo que afecta negativamente el progreso de sus carreras y disminuye sus ingresos.

Las mujeres continúan siendo el centro de la vida familiar, con toda la carga que esto implica en términos de dedicación de tiempo y de respuesta a la ecuación trabajo más familia. Según el grado de avance en la comprensión de estas temáticas, aún persisten sociedades en las que la decisión de promover a la mujer a posiciones demandantes está basada en las responsabilidades que tienen o no como madres. Esta sobrecarga impide también el ejercicio de actividades importantes para su desarrollo profesional, como el networking y la socialización con colegas, que, consideradas accesorias, son dejadas de lado aunque contribuirían al progreso de la carrera profesional.

Pero los hombres, en muchas sociedades, han aumentado notablemente su participación en actividades como las tareas domésticas y la crianza de los hijos. Incluso buscan dedicar tiempo a estas actividades para acompañar la carrera de su pareja, o porque disfrutan y necesitan vivenciar el crecimiento de los niños. Sienten una discriminación diferente: que pueden ser mal vistos por los jefes y el grupo laboral en general si evidencian o requieren este tipo de espacios familiares. ¿Existe entonces un estilo de vida ideal, o la tendencia general en hombres y mujeres es la de equilibrar más las dimensiones laborales y familiares? (ver Dilema 9).

3. En cualquier momento y en cualquier lugar: el modelo de movilidad y disponibilidad imperante.

Otro de los obstáculos más comunes es el modelo de negocios que identifica el liderazgo y el alto potencial con la disponibilidad absoluta y la movilidad: "en cualquier momento y en cualquier lugar". Esta práctica no es fácil de conciliar en la vida real para las mujeres con doble responsabilidad laboral y familiar. Requiere, además, un progreso lineal de la carrera que a veces no contempla los recesos propios de la maternidad. Sin embargo, tampoco todos los hombres tienen valores, personalidad o prioridades compatibles con este modo de vida corporativo. Muchas veces se sienten obligados por el entorno a mostrarse disponibles, cuando en realidad no lo están, ya sea por situaciones familiares o preferencias personales.

4. Necesidad de identificarse con un estilo de liderazgo propio.

Las mujeres enfrentan el desafío de conciliar con el modelo social de liderazgo masculino las conductas y actitudes que las investigaciones y la imagen colectiva valoran y asocian con ellas: intuición, preocupación por el otro, sensibilidad. Les preocupa encontrar un estilo de liderazgo personal compatible y aceptado en las organizaciones predominantemente masculinas.

En general más predispuestas a brindar confianza y apoyo a sus subordinados, las mujeres enfrentan la paradoja de ser penalizadas o mal vistas cuando se comportan en forma más asertiva, asociado mayoritariamente al estilo masculino.

A la hora de construir y estimular un estilo personal y auténtico de liderazgo, en un contexto en el que la mujer en puestos directivos es un hecho reciente e incluso novedoso, pueden ayudar algunas de las siguientes consideraciones.

- Focalizarse en la carrera y los objetivos personales. Sentirse cómoda y segura con la propia identidad y múltiples roles. Desde ese lugar, tratar de ignorar las creencias o los preconceptos que los demás pueden tener.
- Entender las reglas de juego del mundo masculino –implícitas y explícitas– para estar en condiciones de maniobrar efectivamente en distintas situaciones.
- Ser firmes y decisivas sin imitar modelos masculinos. El estilo se construye a partir de muchos factores personales e institucionales.
- Conquistar el respeto trabajando con inteligencia, desplegando conocimientos y habilidades fruto de la experiencia y de la preparación.
- Rodearse de los mejores, construir coaliciones y alianzas. Establecer una importante y variada red de relaciones basadas en la confianza y el respeto profesional.
- Esforzarse permanentemente por compatibilizar los distintos roles: maternal, personal y de carrera. El éxito

depende de la creatividad en el manejo de los sentimientos internos, en especial la culpa. La familia incluye a la pareja y allí las negociaciones también son parte del juego.

- Entender que posibles críticas o subestimaciones por parte de otros (que pueden provenir tanto de hombres como de otras mujeres) no necesariamente responden a actuaciones o estilos de gestión. Se deben en muchos casos a la visibilidad a la cual están expuestas en un mundo nuevo para ellas, que las obliga al sobreesfuerzo, la excelencia, los superlogros y el sobrerrendimiento.

Pero también a los hombres se les presenta el desafío de cómo comportarse, qué decir y qué no, de ajustar su estilo de conducción en un entorno donde cada vez hay más presencia femenina, y de desarrollar un estilo con el que las profesionales y ellos mismos se sientan cómodos. No es propio de un solo género identificar una cualidad de liderazgo personal. Todo talento que espere tener una carrera exitosa debe conocerse y valorarse, entender el entorno en el que se desenvuelve.

Pareciera que ante esto la clave no está en buscar un estilo de liderazgo propio o complementario, sino en ser auténtico, pero al mismo tiempo muy respetuoso, flexible y abierto a las diferencias.

5. Dificultades para identificar modelos, valorar sus competencias y confiar en los posibles caminos de su carrera profesional.

La ausencia de roles femeninos para imitar, la dificultad para encontrar mentores, y la menor experiencia histórica en posiciones directivas, les colocan una piedra en el camino a la hora de promover sus competencias. Esto, sumado a todos los obstáculos antes mencionados, alimenta la propensión de las mujeres a subestimar sus propias contribuciones al negocio y a ser menos proclives a reconocer y apreciar su performance. ¿Las mujeres son víctimas de todas estas circunstancias, o realmente no tienen la misma ambición por la carrera profesional? Lo que no deja dudas de que les demanda mayor esfuerzo es la indelegable maternidad y el foco en su familia. Esto converge, para muchas, en la decisión de discontinuar o suspender por un tiempo la carrera corporativa optando por emprendimientos personales que les permitan mayor flexibilidad, o por dedicarse a sus hijos hasta que estén en edad para cuidarse solos o con terceros.

Pero, ¿es adecuado afirmar que algunos hombres no son inseguros sobre sus propias capacidades, que necesitarían contar con licencias más prolongadas cuando pasan a ser padres, o que desearían trabajar menos tiempo para desarrollar otras actividades o hobbies?

6. Las mujeres, ¿deben pagar un precio más alto por el éxito profesional en términos de carrera vertical?

Las investigaciones demostrarían que sí, que hoy las mujeres tienden a abrirse paso en las posiciones más altas de una organización, sobre todo en ciertos campos o especialidades profesionales, siguiendo los mismos patrones que los hombres y haciendo las mismas elecciones impuestas por el modelo dominante. Pero no podrían hacerlo sin relegar o postergar intereses personales o sin encomendar a otros obligaciones familiares.

Sin embargo, cabe aclarar que tampoco todos los hombres que aspiran a una exitosa carrera profesional lo logran sin sacrificio alguno. Primero se requieren competencias diferenciales (ver Dilema 5), y además es imposible lograrlo sin rigurosidad, disciplina y resignando tiempo dedicado a la familia, aun a costa de perderse instancias valiosas del crecimiento de los hijos.

El modelo femenino de carrera

Pareciera no existir un patrón femenino lineal o único de carrera, sino que los giros, transiciones, cambios y compromisos hacen difícil encuadrarla en un modelo estándar. Es interesante comprender que el concepto de carrera para una mujer procede de la visualización más general de su mundo, incluye la familia, los amigos y la comunidad. A menudo, las mujeres sacrifican sus propias necesidades para hacer ajustes en su carrera que les permitan incluir las variables mencionadas.

Avances científicos y estudios de comportamiento dan cuenta de que la mujer y el hombre operan con diferentes lógicas y perspectivas a la hora de comprender y moverse en el sinuoso camino del crecimiento profesional. Los roles históricamente asignados a cada género han reforzado esta diferencia. Mientras que las mujeres entienden el mundo a partir de las relaciones, conexiones, vínculos y la ayuda que brindan, los hombres operan en forma más independiente y autónoma. Mientras que el desarrollo masculino comienza con el reconocimiento de la individualidad y de ahí se mueve hacia la conexión con los demás, la secuencia en la mujer es al revés: comienza con la necesidad de vincularse, y gradualmente se va dirigiendo hacia la singularidad.

A partir de los estudios mencionados, sumados a los roles históricamente asignados, y más allá de todas las diferencias y similitudes que pudieran existir entre ambos géneros, surgen las siguientes conclusiones a la hora de pensar la carrera de la mujer.

Biológicamente la mujer enfrenta mayores opciones, lo que le da un espectro más amplio a la hora de decidir por su carrera y manejarla.

La necesidad de conectarse, relacionarse, comunicarse y cuidar a los demás delinea su forma de entender y procesar su mundo: es muy probable que a la hora de tomar decisiones, estas consideraciones sean muy importantes. En general, colocan las consideraciones familiares antes que sus planes profesionales, a veces hasta el punto de postergar su crecimiento para acomodarse a las necesidades de quienes están relacionados con ellas. Incluso para las que no tienen hijos ni pareja y han forjado una carrera en el mundo corporativo, el compromiso con sus seres queridos ocupa un lugar importante. Las decisiones acerca de su carrera y su ambición por el éxito también gravitan alrededor del sentido de relación con sus familiares, amigos y actividades personales.

De todos modos, no se pueden hacer suposiciones acerca de lo que las mujeres y los hombres quieren o esperan de sus trabajos, sino sólo hacer estimaciones a través de investigaciones científicas y estadísticas, pero sin olvidar que cada ser humano es único.

¿Qué pueden hacer las organizaciones? ¿Existe un frente único de intervención?

Una sola iniciativa no basta. Las organizaciones necesitan intervenir en varios frentes con miras a favorecer no sólo la carrera de las mujeres, sino también la convivencia y la equidad entre ambos géneros.

Una consideración importante a tener en cuenta es evitar el riesgo de discriminar a los hombres cuando estas prácticas están destinadas o son utilizadas sólo por las mujeres. Por ejemplo, la implementación de licencias de paternidad o el trabajo part-time son beneficios en los que los hombres desearían participar activamente para lograr compartir las responsabilidades de la vida familiar. Las iniciativas, si bien se focalizan en una necesidad especial del género femenino, deben posicionarse atendiendo la estrategia general de lograr un entorno más inclusivo para beneficio de todos y diseñado con criterios objetivos.

En este marco, algunas posibles iniciativas a implementar por las organizaciones, pero también por los talentos que se desempeñan en ellas, para mejorar el escenario laboral futuro, son las que siguen.

1. Complementar las fortalezas y las posibles diferencias en los estilos de liderazgo, enriqueciendo el ambiente laboral.
2. Evaluar y recompensar la productividad por objetivos y no por la cantidad de horas de trabajo. En este sentido, corresponde diseñar procesos de evaluación del desempeño que contribuyan a minimizar prejuicios en los criterios de los evaluadores.
3. Aumentar la participación de la mujer como una de las vías para superar las barreras inherentes al modelo masculino predominante. En la medida de lo posible, incluir a más de una mujer en cualquier equipo de trabajo. Cuando las mujeres se sienten mejor representadas en número, tienden a defender posiciones menos estereotipadas y más alineadas con sus competencias laborales. La citada Judy Rosener[9] señala "la regla de tres", como secreto para lograr un cambio en la organización: la participación de por lo menos tres mujeres en puestos de influencia constituye la masa crítica para que algún cambio sea posible.
4. Estimular programas de mentoring, networking (ver Dilema 7) y actividades que permitan a las mujeres establecer redes para hacer su trabajo. La escasez de tiempo generada por sus responsabilidades familiares debe estar contrabalanceada por iniciativas que

9. Flower, Joe: "Differences Make a Difference. Excerpts from a conversation with Judy B. Rosener". En *The Healthcare Forum Journal*, Vol. 35, N° 5, sept./oct. 1992.

fomenten este tipo de actividades, fundamentales a la hora de aumentar su valoración y su desarrollo, y su contribución al negocio.

5. Brindar asignaciones de trabajo que permitan a las mujeres desarrollar capacidades para ocupar posiciones de liderazgo. Esto puede ayudarlas a tomar conciencia de que los obstáculos en el manejo de sus carreras en un escenario todavía dominado por prácticas masculinas, responde muchas veces a limitaciones que se imponen a sí mismas.

6. Apoyar a los talentos (tanto hombres como mujeres) con responsabilidades familiares significativas, especialmente aquellos con capacidades diferenciales (ver Dilema 10). Por ejemplo, acompañar a las mujeres durante la interrupción de sus carreras para tener hijos y asegurar que este hecho no ejerza un impacto negativo para su progreso profesional, asegurando así su compromiso y retorno al escenario laboral.

7. Establecer programas de *alumni* para aquellas que necesitan dejar el circuito laboral, y contactarlas con frecuencia para demostrarles que su retorno es posible.

8. Instrumentar parámetros e indicadores de diversidad según género. Diagnosticar el escenario mediante indicadores clave tales como: participación en cada área, en cada categoría, escalas salariales, rotación de hombres y mujeres en funciones similares, proporción de mujeres promocionadas. Monitorear estos indicadores, en tanto no tienda a forzar decisiones, genera conciencia y revela las brechas en las que necesita trabajar la organización.

9. Implementar y promover prácticas orientadas a fomentar el equilibrio entre vida, trabajo y otras actividades personales, tales como: trabajo remoto, part-time,

flex-time, etc. Cada organización debe investigar cómo adaptar estas prácticas a su cultura y necesidades.

10. Adaptar y flexibilizar los procesos de gestión de los recursos humanos. Revisar los procedimientos de reclutamiento, gestión del desempeño y desarrollo de carrera para asegurarse de que sean lo suficientemente flexibles para incluir el talento femenino. Los departamentos de recursos humanos juegan un rol vital en crear conciencia y sensibilizar a la organización para identificar prejuicios que puedan afectar las decisiones que promuevan la carrera de la mujer.

La diversidad es un tema de negocios

Una fuerza laboral global, diversa, móvil y con expectativas y perfiles cada vez más variados, propone el desafío de comprender, apreciar y potenciar las diferencias.

Para las empresas, atender la diversidad las ubica en una situación de ventaja competitiva porque permite posicionarse mejor ante distintos clientes, anticipar y prevenir los múltiples conflictos y malestares que pueden originar algunas de sus dimensiones (género, distribución geográfica, edades, estilos de trabajo, etc.), y aprender a valorar los aportes complementarios. Las estrategias de diversidad optimizan el clima laboral y promueven el compromiso.

Para el talento, en tanto la diversidad –incluyendo las mujeres– llegó para quedarse, la única manera de desarrollarse y crecer personal y profesionalmente es aceptarla y enriquecerse. Las nuevas generaciones nacieron en un mundo donde la presencia de la mujer en el trabajo ya era un hecho y en el que la diversidad constituye un valor intrínseco. Esto las ubica en un escalón superior en el camino hacia el diálogo y la aceptación mutua.

El rol de los líderes es estar al frente promoviendo el diálogo sincero como plataforma del cambio cultural y realizando acciones que hagan del ambiente laboral un espacio inclusivo, colaborativo y de respeto mutuo. Una cultura en la que las personas se sientan cómodas porque se incentivan las diferencias, no porque unos sean mejores que otros, sino porque pueden complementarse y potenciarse, favorece la productividad y un entorno de compromiso.

La diversidad es una buena estrategia de negocios porque, además, permite extender la práctica de conductas éticas y socialmente responsables hacia toda la comunidad.

El dilema en síntesis

Estas conclusiones no son producto de corrientes feministas, sino una manifestación del fenómeno de la diversidad que invade a las empresas e instituciones, y la vida laboral de los talentos.

Si bien el tema de las diferencias en los estilos femenino y masculino está presente hace años en el ambiente laboral, históricamente fueron consideradas como un déficit para la mujer. Recién a partir de fines del siglo XX se ha comenzado a comprender el valor de las cualidades y atributos femeninos y se han encuadrado en la perspectiva más amplia del respeto por la diversidad en general, el aprecio por los talentos heterogéneos y complementarios.

A medida que las organizaciones enfrentan cambios constantes, más incertidumbres y mayores complejidades, se comienzan a necesitar habilidades adicionales a las tradicionales más vinculadas con la cultura corporativa masculina. Cualidades imperiosas tienden a ser la flexibilidad, el manejo de la ambigüedad, el manejo de variables y tareas simultáneamente, la solidaridad, entre otras. En este contexto, el estilo femenino, caracterizado por brindar perspectivas integradoras, empatía, construcción de confianza y habilidad de establecer y preservar relaciones, pasa a ser especialmente apto y necesario para enfrentar los desafíos actuales de los negocios.

Si bien las mujeres pueden aportar con nuevos atributos resultados de su historia y aprendizaje, muchos de los obstáculos y problemáticas no son exclusivos de ellas. Su incursión en el mercado laboral también enriquece a los hombres.

El dilema no es sólo para las mujeres, sino también para los hombres, que enfrentan cambios demográficos, sociales y familiares, y las organizaciones, que más que nunca deben enfrentar los desafíos de la diversidad.

El equilibrio entre la vida familiar y la búsqueda de nuevos estilos de trabajo, actitudinales y de liderazgo parece ser la clave de muchos de los dilemas aquí presentados. Veremos más adelante que, además, el respeto y la complementariedad en el espacio laboral también coinciden con el paradigma de los jóvenes. Pareciera que estas disyuntivas intrínsecas a la convivencia de perspectivas diferentes representan un desafío propio del mundo actual más que de alguna generación, grupo cultural, social o demográfico.

DILEMA 4

GENERACIONES DIVERSAS: ¿OBJETIVOS COMPARTIDOS, O CONTRAPUESTOS?

El acceso a la tecnología y la globalización han generado uno de los cambios demográficos más significativos de los últimos años en el mundo de las organizaciones. El inicio de la incorporación al mundo laboral de generaciones con paradigmas diferentes acerca de su vínculo con el trabajo está revolucionando la gestión de los recursos humanos y los estilos de conducción. Hoy, talentos de distintos grupos de edad tienen el desafío de encontrar espacios de convivencia y de trabajo compartido. El achicamiento de la brecha temporal que separa a una generación de otra y las diferencias significativas en perfiles, intereses y objetivos no pueden dejar de ocupar un lugar en la agenda del talento.

¿Es posible complementar las fortalezas y las debilidades de todas las generaciones?

¿Existen valores y objetivos compartidos? ¿Pueden aprender unos de otros?

¿Se puede fortalecer el entendimiento mutuo entre las diversas generaciones?

¿Las preocupaciones son las mismas, pero se priorizan de diferentes maneras?

¿Es simplemente un fenómeno actual que con el tiempo se diluirá? ¿No ha habido diferencias generacionales a lo largo de la historia?

¿Será este el comienzo del ingreso periódico al mundo laboral de generaciones muy disímiles?

Estas son algunas de las preocupaciones y problemáticas que se les plantean tanto a los trabajadores como a las organizaciones, y sobre las que se reflexionará a continuación tratando de esclarecerlas. Mucho se ha escrito y discutido sobre este tema; el objetivo aquí no es juzgar al bueno y al malo de esta película laboral, sino identificar, en tanto sea posible, espacios de enriquecimiento mutuo.

Diferencias generacionales en el trabajo. Un desafío y una necesidad del negocio

Hoy ya todas las empresas y los líderes están conscientes de que los talentos son una necesidad en la agenda de los negocios. La llamada *guerra por el talento*[1] está instalada global, regional y localmente. Conocer y comprender a todas las generaciones que conviven en un ambiente de trabajo se convierte en uno de los pilares para enfrentar cada una de las batallas que apuntan a captar la confianza del talento y a generar un buen clima de trabajo.

Las diferencias generacionales tienen implicancias reales en el modo en que empleadores y empleados trabajan y conviven. Cada generación aporta atributos y competen-

---

1. Michaels, Ed; Handfield-Jones, Helen; Axelford, Beth: *La guerra por el talento*. Grupo Norma, McKinzey & Company, 2003.

cias, algunas similares, otras diferentes y muchas complementarias, y se constituye así en una de las dimensiones de la diversidad que enfrenta la sociedad (ver Dilema 3).

Siempre que se define una generación cabe recordar que se está hablando en términos generales, porque cada ser humano, cualquiera sea el punto de vista desde el que se lo analice, tiene particularidades y riquezas únicas; pero, por otro lado, las investigaciones demuestran que se puede caracterizar a la mayoría de los grupos mediante un determinado conjunto de creencias, valores y actitudes.

Hay mucha bibliografía sobre las cuatro generaciones que hoy actúan codo a codo en las organizaciones. Se los denomina Tradicionalistas o Veteranos, Baby Boomers, Generación X o Baby Busters, y Generación Y. Ya podemos decir que a la fuerza laboral actual está ingresando una nueva generación, la de los más jovencitos, aquellos que aún no podemos diferenciar claramente de los Y, pero que sin duda traerán novedades al campo del trabajo.

Definamos cada uno de dichos grupos.

- Los Tradicionalistas o Veteranos son aquellos que nacieron antes de 1946.
- Los Baby Boomers nacieron durante el período 1946-1964, durante el auge de nacimientos posterior a la Segunda Guerra Mundial.
- Los miembros de la Generación X o Baby Busters (debido a la caída de la tasa de natalidad) nacieron en el período 1965-1980.
- El foco de los estudios e investigaciones está hoy en la Generación Y, los nacidos a partir de 1980, dado que es el grupo de quienes, teniendo menos de 30 años, están comenzando a desarrollarse profesionalmente, con un estilo que desafía los patrones hasta ahora naturales.

- El nuevo grupo social que está creciendo con sus propios modelos de relación con el mundo ya está recibiendo nombres tentativos, como Generación YY, Z, 3D, 3.0, Facebook o Nativos Digitales. Sea cual fuere su denominación, es importante indagar el comportamiento social y laboral que desplieguen sobre la base de su estilo de aprendizaje y de vinculación con el mundo. Al igual que en la Generación Y, las nuevas tecnologías, los modelos sociales y acontecimientos mundiales producirán interrogantes y dilemas sobre las futuras generaciones: los cambios financieros, el auge de la corriente verde, la invasión de nuevos dispositivos de comunicación, el acceso instantáneo a información sobre atentados, accidentes aéreos y catástrofes naturales, el calentamiento global, la invasión de la Web, la aparición de las pantallas digitales y la tecnología 3D, las comunidades virtuales, entre otros factores.

Cada una de estas generaciones y quienes las conforman poseen expectativas sobre sus empleos y carreras. Si bien los jóvenes siempre fueron percibidos por los mayores como distintos o peculiares, la Generación Y en particular tiene algunas diferencias profundas respecto de sus predecesoras. Al mismo tiempo, a los jóvenes se les presenta la disyuntiva de cómo ajustarse a un mundo forjado por talento con trayectoria y experiencia, que trabaja con prioridades distintas, y al mismo tiempo no perder sus propios valores e idiosincrasia.

¿Quiénes son? Conociendo a las nuevas generaciones

Describiré en detalle a la Generación Y, sobre cuyo desenvolvimiento laboral ya se dispone de experiencia concreta.

Este análisis será útil también para comprender a las futuras generaciones, las de quienes han nacido con un celular, un iPod, un control remoto, una computadora, un dispositivo para videojuegos y una sociedad virtual a su lado. El desarrollo neurológico y emocional no podrá ser inmune a estos factores.

La primera impresión que generan los representantes de las nuevas generaciones es que tienen prioridades diferentes, que simplemente no se ajustan del todo al mundo del trabajo ni a las expectativas de los líderes de hoy.

Eric Chester[2] los describe como aquellos que percibimos como impacientes, poco leales, escépticos y demasiado expresivos; pero también adaptables, innovadores y emprendedores. Son informales, independientemente dependientes, cualquier situación les puede parecer aburrida y tienen una mirada más a corto plazo.

Las líneas divisorias de cada generación no son rígidas. La Generación Y también se denomina Millennial, Generación I (Internet), Generación Why (¿Por qué?), Generación Google. Conjuntamente, las generaciones X e Y se denominan Gaming Generation (por haber nacido durante el auge de los videojuegos).

Si los caracterizáramos en lo que hace a su desempeño laboral, podríamos decir que los Baby Boomers ponen mucho énfasis en el trabajo como refugio. Los miembros de la Generación X disfrutan del trabajo, pero están más preocupados que los anteriores por equilibrarlo con otras actividades personales.

Las características del contexto en el que se criaron los jóvenes de la Generación Y, así como los paradigmas de la época, influyen en sus cualidades y condicionan sus expectativas laborales.

Debido a su profunda confianza en la tecnología, creen

---

2. Chester, Eric: *Employing Generation Why?* Tucker House Books, New York, 2002.

que pueden trabajar en forma flexible en todo momento y lugar y que deben ser evaluados de acuerdo con el producto final de su esfuerzo, y no por el modo, el momento o el lugar en el que lo realizaron. Curiosamente, ellos pueden desear mantener relaciones a largo plazo con sus empleadores, pero en sus propios términos. Presentan una disminución de la ambición profesional y aceptación de la presión laboral, en favor de mayor cantidad de tiempo con la familia y allegados.

Como consecuencia de su crianza en el marco de una economía de consumo, los colaboradores pertenecientes a la Generación X, y más aún aquellos de la Generación Y, pretenden influir en los términos y condiciones de su empleo. Puesto que la familia y los vínculos son una de sus prioridades principales, no es sorprendente que el equilibrio entre el trabajo y su vida personal sea importante para ellos. Por consiguiente, pretenden que las empresas adapten sus expectativas y políticas en este sentido.

Tecnología: se acentúan las diferencias

Los miembros de las generaciones X e Y fueron los primeros en crecer con computadoras, Internet, teléfonos celulares, televisión por cable, como parte de sus vidas. La experiencia constante en el mundo interconectado ha tenido una profunda influencia en su forma de abordar las cuestiones relativas a la resolución de problemas y a los vínculos laborales. Mientras que los Baby Boomers consideran al videojuego como juguete, la Generación Y los percibe como un hobby o pasatiempo importante. Ingresan al mercado laboral con capacidad para generar redes de conexiones y conocimientos, al igual que con una mentalidad global, algo que sus mayores nunca habrían podido imaginar.

El acceso continuo a la información, a través de la televisión e Internet, sin barreras geográficas ni temporales, y la debilidad de muchos límites institucionales, les han dado a los jóvenes de hoy en día poder para desafiar a sus mayores, pero también los expuso a situaciones de inestabilidad, incertidumbre y cambio que les brindan una mirada diferente del futuro y, en consecuencia, de su carrera. Los Baby Boomers consideraban que "el futuro era suyo"; para la Generación X, el futuro "no era atractivo"; la Generación Y se pregunta: "¿habrá futuro?".

La experiencia con medios interactivos, con estímulos instantáneos y permanentes, a través de mensajes de texto, redes sociales, blogs y, en particular, juegos en red (ver Dilema 8), condujo a los jóvenes a desarrollar nuevas habilidades, nuevas suposiciones y nuevas expectativas respecto de sus empleadores. Por ejemplo, investigaciones actuales sugieren que los juegos pueden constituir una excelente preparación para el desempeño en el mundo de los negocios. Es posible que los jugadores comprometidos (Generación Y) sean:

- más hábiles en la realización de varias tareas simultáneamente;
- ágiles en el proceso de toma de decisiones, evaluación de riesgos y resolución de dilemas;
- flexibles y perseverantes ante situaciones de cambio;
- altamente calificados para la creación de redes sociales y actividades grupales;
- afectos a ganar y ansiosos por experimentar y trabajar en equipo a fin de resolver problemas, pero no a seguir a los líderes por el mero hecho de serlo;
- poseedores de mucha energía y hambre de estímulos, poco predispuestos a disfrutar lo que consideran tareas menores;
- creativos a la hora de buscar soluciones y poseedores de una visión multidimensional de las oportunidades.

Sin embargo, también es probable que sean más interesados en los beneficios personales, ansiosos e inmediatistas que las generaciones anteriores, que se desmotiven fácilmente si no obtienen los estímulos necesarios y que sean pretenciosos en el tipo de tarea a realizar.

¿Perspectivas diferentes en relación con distintos aspectos del mundo del trabajo?

Todos los factores tecnológicos y sociales antes mencionados han desarrollado en los jóvenes una mirada especial con relación a diferentes dimensiones del espacio laboral.

- **Desarrollo profesional y la carrera**

Los jóvenes de la Generación Y vivieron la desilusión y frustración que sus padres padecieron a partir de la elección de una carrera para toda la vida. Se han criado con mayores que han sufrido la destrucción repentina de sus vidas laborales en una misma empresa a largo plazo por motivos ajenos a ellos, después de haber apostado todo lo personal y profesional en pos de una expectativa y promesa de futuro. Como consecuencia de los cambios económico-financieros, las crisis de las empresas, los nuevos estilos de vida e intereses sociales, la lealtad de las empresas hacia los empleados se fue diluyendo. La pregunta de los jóvenes ha pasado a ser: "¿Qué hay para mí hoy?".

- **Tecnología**

Tuvieron acceso a la computadora antes que a un triciclo y de allí su pasión por todo lo vinculado con la informática. Su acceso a la información, gracias a Internet, cable, etc., es inmediato, y tienen una alta conectividad. Por ello se caracterizan por ser más acelerados y a veces impacientes. Viven en una cultura de *games* y *gadgets* (dispositivos tecnológicos como pendrives, iPod, Playstation, bluetooth, etc.). Son desafiantes, autónomos y más dispersos: la cultura audiovisual, interactiva y del zapping les permite ser multitask, resolver situaciones simultáneas constantemente, lo que los hace parecer desordenados frente a la linealidad de la cultura de la escritura.

- Relaciones interpersonales

Se criaron en forma más independiente, en general con ambos progenitores trabajando, cuidados por otros familiares o empleados. Sus padres trataron de paliar, por un lado con exigencias y por otro con permisividad, falencias que ellos tuvieron durante sus propias crianzas. La culpa, que dominó muchas veces la relación padre-hijo, condicionó los vínculos y las actitudes de los jóvenes. Saben cuidarse pero son demandantes, esperan recibir todo y reclaman lo que necesitan.

En este espacio de supuesta libertad, viven en una sociedad de la comunicación (celular, GPS, etc.) que los controla y al mismo tiempo los sobreprotege de los crecientes peligros del entorno. La variedad de grupos en los que se desenvuelven, ya sean presenciales o virtuales, afecta su capacidad de relacionamiento, que puede llegar a ser más superficial pero voluminosa. Los padres, al igual que los supervisores, ante la incapacidad de conocer y controlar todos estos contactos, buscan alternativas de vigilancia y seguimiento. El rol de padre nunca ha sido simple, pero pareciera que la complicación del mundo y de las características de los jóvenes impone nuevas disyuntivas: ¿lo dejo chatear y expandir sus contactos en Facebook o le pongo límites? ¿Trato de conocer a todos sus amigos o confío en él? ¿Lo dejo salir, o prefiero que no se exponga?

- Globalización

Han crecido en un mundo multicultural con relaciones sin barreras geográficas. Mediante las herramientas de comunicación social, tienen amigos y contactos en todas partes del mundo. La facilidad para viajar y el acceso a fuentes no tradicionales (Internet, canales extranjeros de televisión) les permiten conocer otras culturas y con ello aprender a ser tolerantes, abiertos y respetuosos de la diversidad.

- ● Contexto económico y social global

Han crecido en un contexto político cíclico y con constante acceso a novedades sobre enfermedades, catástrofes naturales, terrorismo, pobreza y marginalidad, por eso son sensibles a la solidaridad y al reclamo de justicia. Cuestionan el statu quo, pero al mismo tiempo tienen menor nivel de tolerancia a la frustración.

En lo que hace al contexto latinoamericano, maduraron durante la explosión del consumo en la década de los '90 y finalmente padecieron el impacto que tuvieron sucesos como el atentado a las Torres Gemelas, o las crisis de algunas políticas y economías regionales. En pleno desarrollo profesional, atraviesan reaperturas del mercado laboral seguidas por crisis económicas que originan desilusión y desconfianza frente a las instituciones, los gobiernos, las corporaciones y el mercado, y la certeza de "me las tengo que arreglar por mí mismo". Buscan su independencia económica y ahorran para disfrutar de su vida privada.

- ● Educación y aprendizaje

Desarrollaron su vida educativa acompañados de estímulos y herramientas diferentes de las de sus antecesores. Esto sin duda ha forjado una particular modalidad de gestión del conocimiento y el aprendizaje. Lo hacen en redes, equipos o *swarms* (por ejemplo, los mensajes de texto plurales). Los multimedia son su recurso preferido. El aprendizaje experimental, virtual (por ejemplo, con simuladores) es para ellos el más efectivo. Son productivos en tanto se encuentren desafiados, entretenidos y entusiasmados.

¿Llegan con expectativas diferentes al mundo del trabajo?

Las nuevas generaciones llegan al ámbito laboral con un nuevo conjunto de expectativas, seguramente muy similares a las de las que tendrán las generaciones venideras. ¿Qué esperan de la tarea y del vínculo con sus jefes? ¿Dónde encuentran mayor motivación (ver Dilema 9)?

- Trabajar con personas positivas: no responden en forma satisfactoria a aquellos que adoptan una actitud autoritaria o que pretenden ser respetados sólo debido al cargo superior que ocupan.
- Enfrentar desafíos: consideran que pueden aprender rápidamente, asumir un alto grado de responsabilidad y realizar aportes significativos mucho antes de lo que los mayores creen.
- Recibir trato respetuoso: fueron criados para sentirse valorados y seguros de sí mismos. Consideran una falta de respeto que se les encomiende una tarea determinada por el mero hecho de que siempre se hizo así o a fin de que paguen su "derecho de piso".
- Adquirir nuevos conocimientos y habilidades: consideran que las tareas repetitivas constituyen una subutilización de su energía y de su tiempo, y un indicador de que no se los está tomando seriamente.
- Trabajar en ambientes amigables: no se sienten muy motivados en estructuras jerárquicas inflexibles. Responden mejor en organizaciones más interconectadas y menos jerárquicas.

- Tener beneficios novedosos y a medida: horarios flexibles ("la tecnología lo permite, entonces, ¿por qué no?"; "los resultados, y no el esfuerzo, lugar, modo o momento realizado, son la base del desempeño"). Acceso a descuentos variados, actividades sociales, festejos; una buena y justa remuneración, ya que como hijos de las crisis financieras, las caídas de Bolsa, la desocupación, las reestructuraciones de empresas, no confían lo suficiente en que las empresas cumplan sus promesas de grandes sumas de dinero en algún momento del futuro lejano.
- Comunicarse: es una variable muy valorada pues les permite construir relaciones, hacer que el trabajo fluya, fortalecer el clima y la cultura amigable de trabajo. ¿Cuáles son las características del entorno laboral que los motivan y desafían? Que sea positivo y optimista, respetuoso. ¿Cómo prefieren comunicarse? A través de medios electrónicos, pero en persona si el mensaje reviste vital importancia.

Estas expectativas se pueden sintetizar en: ser valorados, reconocidos, desafiados, escuchados en sus necesidades y aportes, y estar conectados.

¡Simple pero contundente! El resultado no es sólo aprovechar su talento sino, y fundamentalmente, comprometerlos para que sean protagonistas de los cambios esperados y de la construcción de su entorno de trabajo.

¿Qué esperan de la dirección o gerencia de la empresa?

Las expectativas descritas condicionan su mirada sobre los jefes y directivos de una empresa. Esperan y demandan que:

- les permitan trabajar con amigos, con personas que les agradan;

- los respeten pues consideran que su falta de experiencia brinda una nueva perspectiva, necesaria para el mundo empresario;
- incentiven espacios de diversión;
- les planteen desafíos, les comuniquen el resultado de su tarea y se consideren sus competencias en el momento en que se les asigna ("Si me criaron con ciertas libertades, manejé una nave espacial en mi videogame, ¿por qué tengo ahora que sacar fotocopias?");
- los líderes sean confiables, flexibles, consistentes y confidentes.

¿Trabajar en forma autónoma, o en una empresa?

Las características enumeradas se acomodan mejor a un estilo emprendedor. Numerosos estudios demuestran que los jóvenes que están pensando en el inicio de su carrera laboral prefieren incursionar en el desarrollo de empresas propias. Esta modalidad les permitiría ser sus propios jefes, trabajar donde y cuando necesiten, tener pares con los mismos intereses y un ambiente de trabajo jovial y apto para la innovación. Sin embargo, están aprendiendo, y seguramente podrán transmitirlo a las próximas generaciones, que el mundo laboral no coincide en muchos aspectos con el mundo del entretenimiento o el social: requiere roles definidos, orden, reglas y disciplina. Y esto es así en cualquier tipo de trabajo, independiente o corporativo.

Líneas de acción para trabajar mejor con la Generación Y

No cabe duda de que el ámbito empresarial no podrá prescindir de los jóvenes talentos. Tienen actitudes que podrán acomodarse, otras con las que se deberá convivir, pero también capacidades de las que se podrá aprender. Revisar los mensajes organizacionales e interpersonales con el fin de optimizar la captación y desarrollo de las nuevas generaciones actúa en beneficio del talento y de la organización.

Identificar y comprender las expectativas y percepciones de los jóvenes permitirá a las empresas promover ajustes en la gestión de los recursos humanos, generar programas efectivos y acompañarlos para que maduren y puedan equilibrar sus expectativas de manera más realista.

¿Cuáles son algunas de estas posibles acciones? No existen recetas, pero ayuda reflexionar en prácticas que se pueden armonizar con el estilo de pensamiento y comportamiento de los jóvenes y las necesidades de negocio de los líderes. Esto, teniendo en cuenta que la versatilidad y flexibilidad son clave, dado que las características de los trabajadores de las próximas décadas son inciertas.

En relación con la tarea

- Proponer experiencias que les permitan desarrollar habilidades transferibles a otros entornos, es decir, contribuir con su empleabilidad aumenta las posibilidades de que valoren el presente y se comprometan con el futuro.
- Explicar la lógica detrás del trabajo solicitado y su valor agregado.
- Desarrollar herramientas y procesos que hagan más llevaderas las tareas rutinarias y abran la posibilidad a soluciones innovadoras aun en las pequeñas cosas.
- Brindar responsabilidades crecientes como recompensa por las tareas bien cumplidas.
- Permitir, dentro de lo posible, cierta flexibilidad en la programación de las tareas.

- Ofrecer plataformas tecnológicas avanzadas de trabajo, comunicación y capacitación.
- Aprovechar su compromiso, que no es tal como lo entienden los adultos, sino orientado a los resultados y al efecto de su tarea, y no tanto a cuánto tiempo se trabaje y cuánto se permanecerá en la empresa.

En relación con el clima de trabajo

- Generar un ambiente de agradecimiento y recompensa al esfuerzo adicional y la excelencia, y donde se incentive la celebración.
- Contemplar las necesidades personales, estar atentos y ayudarlos en lo posible a equilibrar cuestiones laborales y familiares (ver Dilema 12). Responder a la necesidad de sentirse escuchados y respetados.
- Crear un entorno agradable, abierto y de estrés positivo. Aun con presión de fechas límites de cumplimiento y mucho trabajo, con las actitudes apropiadas se puede generar un buen clima (ver Dilema 2).
- Estimular y reconocer el trabajo colaborativo en equipo. La conformación de redes de colegas y la diversidad cultural hacen atractivo y productivo el día a día. Todas las acciones que faciliten contactos contribuyen con un positivo clima laboral.
- Ofrecer beneficios no tradicionales y el cuidado del espacio de trabajo.

En relación con el desarrollo profesional

- Estimular el entrenamiento permanente y las oportunidades de capacitación, a través del contacto con modelos, en el lugar de trabajo y mediante actividades formales. Transmitir el mensaje de que el aprendizaje es responsabilidad de cada uno, que todos deben buscar modos de capacitarse. El entrenamiento continuo es la base de la carrera.

- Establecer relaciones de tutoría, mentoring o coaching (ver Dilema 6), instalando programas a tal efecto o haciéndolo de modo informal. Como jefe, equilibrar el rol de supervisor con el de maestro y guía.
- Promover espacios de comunicación interpersonal como desayunos, reuniones, encuentros, para que entiendan el marco y la estrategia del negocio.
- Prever que serán los líderes del mañana, anticipar cuáles serán sus competencias diferenciales y cuáles las requeridas para focalizar las acciones de desarrollo.

Aumentar el valor de su capital profesional

Una de las grandes fortalezas de una organización es contar con estrategias de desarrollo de su capital intelectual. ¿Cómo encararlo en el marco de las características de la generación joven?

En primer lugar, es necesario evaluar y mejorar las prácticas apropiadas de gestión de los recursos humanos: reclutamiento, capacitación, evaluación y feedback del desempeño, desarrollo de carrera, promociones, oportunidades internas de crecimiento, recompensa y reconocimiento. Asimismo, la exposición a diferentes proyectos y clientes, y el trabajo junto con profesionales de primer nivel, incentivan el aprendizaje permanente. La apropiada delegación de tareas, el modo en que se gestiona su asignación, y el rol de los líderes y coaches, fortalecen ese capital profesional.

El dilema que se plantea es si realmente se debe cambiar el modelo de negocio a partir de la integración de las nuevas generaciones. Las líneas de acción descritas no difieren mucho de lo que desde hace años se encuadra dentro de una gestión del talento adecuada para tiempos globales y competitivos.

El desafío será entonces aprovechar el momento. Los jóvenes abren la oportunidad de implementar equilibradamente mucho de lo que se ha escrito pero no se ha hecho. No sólo porque ellos lo demanden, sino también porque contribuye con la clave de la efectividad empresarial.

Algunas preguntas frecuentes sobre cómo abordar las brechas generacionales

Más que combatir brechas, el verdadero desafío es generar la convivencia de expectativas y valores en un espacio laboral. Debe abordarse integrando los distintos públicos, comprendiendo los modelos de pensamiento y gestión de las generaciones adultas, y las nuevas formas de concebir el trabajo, el desarrollo y la carrera de los talentos jóvenes.

¿Cuáles son algunos de los interrogantes que este proceso genera?

¿Qué errores cometen los líderes en relación con esta emergente generación de colaboradores, que con frecuencia tiene ideas muy diferentes acerca del modo en que el trabajo debería realizarse?

Un prejuicio frecuente es creer que el pensamiento distinto del propio es incorrecto. Ninguna generación es mejor o peor que la otra, todas deben transitar el camino de aprender a respetarse y convivir con las fortalezas y debilidades de las demás; la adaptación es un trabajo conjunto que requiere el esfuerzo de todos, incluyendo a los jóvenes. También en ellos operan prejuicios con relación a sus mayores, a las jerarquías y la forma de hacer el trabajo. El talento no es una cuestión de edad, y la tarea efectiva se genera con estrategias de colaboración y trabajo en equipo.

¿Qué y cómo pueden los jóvenes contribuir con el complejo mundo laboral actual?

El conocimiento que han adquirido debe contemplarse en el marco de aplicación que muchas veces desconocen o sobre el que no cuentan aún con la experiencia necesaria. En este frente deben hacer un gran esfuerzo en adaptar e integrar estos nuevos conocimientos a las prácticas vigentes.

Los jóvenes deben valorar las flexibilidades y beneficios que se les otorguen, de manera de convertirlos en valor agregado a la hora de hacer su tarea y de canalizar todas sus inquietudes y estímulos al servicio de la creatividad y la innovación.

¿Cómo aprovechar las capacidades de estos colaboradores a favor de la organización? ¿Qué deben acomodar los jóvenes para poder transitar sus primeros años de experiencia?

Como jóvenes seguros de sí mismos que confían en sus habilidades y están dispuestos a manejar su carrera profesional en sus propios términos, deberán tener la suficiente apertura para identificar y aprovechar oportunidades de carrera que a lo mejor no responden a estos patrones pero valen la pena como inversión a futuro. El presente vale mucho, pero a veces será necesario resignar algo del hoy por un mejor futuro a mediano plazo.

Su tendencia a desafiar las prácticas habituales y el statu quo, que puede ser un buen disparador para cambiar y mejorar, será más efectiva cuando se exprese oportuna y cuidadosamente de manera de no desconcertar a las generaciones mayores acostumbradas a relaciones de autoridad incuestionables.

Los referentes de los jóvenes son sus pares y la autoridad está ligada más al conocimiento que a las jerarquías. Esto también será una oportunidad para los líderes de desarrollar eminencia de manera de ganarse el respeto de los jóvenes y no tan jóvenes.

¿Cómo retener y desarrollar un equipo de trabajo de jóvenes al que le importe mucho el ambiente desafiante y las relaciones además del factor económico?

La familia y los vínculos son una de las prioridades de esta generación. No es sorprendente que el equilibrio entre trabajo e intereses personales (ver Dilema 12) sea importante a la hora de optar por un empleo. Contar con programas que promuevan una mejor calidad de vida laboral será, sin duda, una ventaja para atraer a estos jóvenes. La creación de entornos agradables, flexibles, estimulantes, con iniciativas de responsabilidad social, respeto por los compromisos personales además de los laborales y gestión de la carga de trabajo, contribuirá a la creación de valor por parte de las organizaciones.

La generación silenciosa: los mayores

El mundo ha cambiado

Tres grandes cambios del mundo de hoy (ver Dilema 1) son los que principalmente han impactado en la configuración de las diferencias generacionales.

- La tecnología actual, basada en la interactividad, tiene efectos directos en la forma de concebir el trabajo y las relaciones.
- La concepción de los negocios. Las generaciones más jóvenes ya no creen como sus antecesores en las corporaciones, pues sostienen que para estas, el valor del negocio se mide sólo por su éxito financiero y no por el valor que dan a las personas que trabajan en ellas o a las comunidades en las que viven. La actitud de los jóvenes se puede traducir en "nos comprometeremos con el trabajo y seremos leales siempre y cuando el trabajo sea leal con nosotros".

- Consumismo, exposición a muchos productos, servicios y experiencias, hacen del mundo un lugar de elecciones múltiples en el que los jóvenes sienten que tienen derecho a opinar y elegir.

¿Similares o diferentes?

¿Son tan marcadas las diferencias entre generaciones? ¿Hay una brecha en las necesidades o en las expectativas?

Los veteranos, llamados generación silenciosa y "boomers", se están retirando del mercado para dejar paso a las generaciones más jóvenes; sin embargo, muchos de ellos todavía están presentes físicamente o mediante su expertise, y la influencia de sus creencias, valores y patrones de comportamiento. En general, piensan que toda esta discusión sobre la Generación Y es una moda y una excusa racional para tratar de explicar conductas y comportamientos inmaduros. A la vez se preguntan: "¿Cuándo me van a consultar qué necesito?", ya que se sienten desplazados y amenazados por estos jóvenes. Su percepción es, básicamente, que no habría demasiado para aprender de los jóvenes o que darles espacio podría ser un riesgo a futuro.

En la otra vereda, los jóvenes sienten que quienes los lideran apenas saben manejar la tecnología y son reticentes a aceptar nuevas sugerencias sobre cómo mejorar los procesos con nuevas herramientas. Se preguntan cómo se ocupan de sus familias si trabajan tantas horas. Lo difícil es que se atreven a objetar a sus superiores de una manera impensada en épocas pasadas.

El dilema desemboca en que ninguna de las dos actitudes conduce al bien común. Más bien ambas demuestran que es necesario comprender primero qué hay detrás de esos pensamientos y cuánto hay que aprender en el camino de potenciar las fortalezas y saber en qué aspectos difieren para aprovechar la riqueza resultante.

¿Quiénes son y qué piensan?

En general, muchos de Baby Boomers han servido en fuerzas militares, han hecho una larga carrera en corporaciones jerárquicas, o han puesto mucha energía y tiempo en la construcción y desarrollo de su propio negocio. Aportaron al mundo laboral muchas de las prácticas, orientación y entrenamientos aprendidos en dichas experiencias. No sorprende entonces que, para ellos, la dedicación, el respeto a la autoridad y la postergación de recompensas sean hábitos incorporados y altamente valorados. Los beneficios ofrecidos por sus empleadores podían ser a largo plazo, puesto que la estabilidad y hacer una carrera para toda la vida en un mismo trabajo eran la norma para este grupo.

La alta competencia y el esfuerzo y dedicación fueron factores presentes a lo largo de todas sus vidas. El mundo que ellos por su parte han heredado, por ser hijos de inmigrantes o de soldados de guerras, les ha dejado sus reglas y hábitos, con mucho énfasis en el trabajo y en la posibilidad de ascender. El esmero por superarse es un ancla importante de sus vidas.

¿Qué los motiva y estimula?

Los adultos valoran que se les demuestre respeto por lo que saben, por su trayectoria y experiencia, y no solamente por lo que hacen. También están interesados en formas no tradicionales de continuar en el mundo laboral o reingresar sin tener roles full-time o dependientes. El asesoramiento, la ocupación de posiciones temporales para un proyecto particular, ser miembros de asociaciones diversas, pasar al rol de consultores, son opciones atractivas para esta generación.

Es importante pensar que la esperanza de vida aumenta, y con esto se prolongan la madurez y claridad conceptual, la energía y el dinamismo. Su empleabilidad se extiende y deben demostrar su valor agregado más allá de la edad, y de las organizaciones en las que han trabajado.

A medida que comienzan a pensar en su retiro, su gran compromiso es ajustar y concretar decisiones sobre planes de sucesión. No es tarea sencilla pues se ponen en juego emociones, susceptibilidades, riesgos a futuro, etc. Es una etapa compleja ya que les atañe como personas pero también como responsables de la sustentabilidad del negocio. Los boomers aprecian la asistencia de sus empleadores en planearlo y brindarles servicio en esta crítica etapa. Es probable que deseen desvincularse de la vida laboral en forma gradual; en ese caso, los acuerdos de participar en planes de job sharing o de arreglos de trabajo flexible son alternativas que visualizan como opciones para continuar contribuyendo con su experiencia y sabiduría en el mundo laboral, dedicando tiempo a la familia y a intereses personales que habían sido relegados, y sin dejar de generar ingresos y de mantenerse activos. También es una posible preocupación recrear sus habilidades y competencias para volcarlas a la comunidad.

¿Qué esperan escuchar?

- "Aquí valoramos su experiencia."
- "Queremos saber las cosas que no funcionaron en el pasado."
- "Su esfuerzo y vocación de servicio serán reconocidos y recordados."
- "Su contribución es única y valiosa."
- "Lo necesitamos."
- "Usted es de los nuestros."

¿Qué valoran?

- Respeto a la experiencia.
- Dejar un legado que sea de utilidad.

- Asistencia para planear su retiro con opciones variadas.
- Entrenamiento o reconversión.
- Dentro de lo posible, poder planificar y ser acompañado en, por ejemplo, un tiempo sabático.

No hay un abismo entre lo que valoran los representantes de las distintas generaciones; algunos de esos factores son comunes: ser escuchado, comprendido y respetado, tener oportunidades de crecimiento, ser reconocido, contar con líderes creíbles, sentirse parte, mantenerse actualizado (utilizando las herramientas disponibles en cada época).

Quizá la brecha está más bien en la preferencia sobre cómo esperan que se exprese lo que aprecian del mundo del trabajo, las prioridades y comportamientos. Es posible que quieran las mismas cosas pero en grados, intensidades y formatos diferentes. El dilema pasa por entender qué busca cada grupo y cómo dárselo en forma significativa y al mismo tiempo mantener la armonía y equidad.

El desafío es la convivencia complementaria y enriquecedora de todos ellos en un espacio laboral productivo, para lograr mejores resultados y mayores niveles de satisfacción.

La búsqueda de un espacio común

El desempeño de generaciones actuales y futuras bajo un mismo paraguas laboral invita a afrontar el desafío real de la convivencia de expectativas y valores disímiles, con miras a alcanzar objetivos profesionales y de negocio comunes.

El primer paso es entender, desde los modelos de pensamiento y de vida de los adultos, las expectativas y actitudes de las nuevas generaciones en relación con la forma de concebir el trabajo, el desarrollo y la carrera: comprender, sin juzgar, los motivos por los que se comportan de determinada manera. ¿A qué responden sus modos de comunicarse, aprender y socializarse? ¿Qué los motiva? ¿Cuáles son las principales diferencias en cuanto a perfil, competencias, estilo de vida y prioridades? ¿Qué podemos aprender de sus fortalezas? Talleres, materiales de lectura, focus groups, actividades de formación pueden facilitar este camino.

El segundo paso fundamental es educarlos y orientarlos, ayudándolos a madurar y a acomodar sus modelos mentales y emocionales a lo que exigen las reglas del mundo laboral, y al mismo tiempo capitalizar sus aportes y capacidades. Nadie puede esperar del otro una adaptación absoluta a su estilo, ritmo y demandas; esto requiere un esfuerzo de parte de todos, incluyendo los jóvenes, y la implementación de programas de orientación y capacitación, consejeros y mentores, objetivos claros y feedback, planes de desarrollo y promoción de un buen clima de trabajo.

El respeto, la oportunidad permanente de diálogo, la escucha, la apertura y flexibilidad son competencias que contribuyen a acomodar expectativas de todos de manera de minimizar frustraciones y maximizar la motivación y los beneficios.

El logro de una convivencia armoniosa y de un espacio compartido de trabajo necesita el esfuerzo de las generaciones mayores para ayudar a madurar a las jóvenes, de estas para entender las reglas del mundo del trabajo y aprender de la experiencia, y de unas y otras para identificar intereses comunes y explorarlos.

Las estrategias de diversidad (ver Dilema 3) son una excelente herramienta para trabajar en el desarrollo de competencias generacionales que permitan reconocer, apreciar y potenciar las distintas visiones, saberes y metodologías de una fuerza laboral multigeneracional para ponerlos al servicio de la competitividad del negocio y del enriquecimiento de la sociedad.

El dilema en síntesis

Las diferencias generacionales no son una novedad, ni dejarán de vivenciarse en las próximas décadas. Hoy hablamos de Generación Y, mañana hablaremos de la YY, Z, 3D o cualquiera sea el nombre con que se la etiquete socialmente. Lo atrayente es que a medida que pasa el tiempo, se enriquece la diversidad de los ámbitos laborales, y con ello los desafíos que para todos conlleva compartir con gente que puede sostener valores o defender interesas divergentes.

En relación con la Generación Y, Net o Millenium, tiene mucho por recorrer, acomodar y madurar, y las empresas y empresarios mucho para aprender. Sería erróneo considerar que unas generaciones son mejores que otras. Aportan al ámbito laboral características, estilos y modalidades de trabajo complementarias y enriquecedoras.

La Generación Y: capacidad de relacionamiento y creación de contactos, realización de varias tareas simultáneas, flexibilidad, innovación, manejo de la tecnología, valoración de la solidaridad, y habilidad para equilibrar intereses, hobbies, familia, amigos y trabajo.

Las generaciones más maduras: disciplina, valoración de la estabilidad laboral, mirada a largo plazo, equilibrio emocional, experiencia y sabiduría, compromiso.

La necesidad de un entorno laboral saludable, teñido por la calidad de vida y un estilo de conducción respetuoso, no es ajena a ninguna generación, y es allí donde se puede encontrar un espacio común. La escucha, el genuino interés por entender y aprender del otro, y la valoración de la riqueza que proviene de la diversidad constituyen competencias apreciadas por todos.

No hay que olvidar que la Generación Y, y todas las que vendrán, representan a los trabajadores que están y estarán ingresando a las empresas. Hoy, y más aún en el futuro cercano, los negocios dependerán de este talento en forma creciente. Las organizaciones que sean lo suficientemente visionarias y hábiles como para entender –y aprovechar– las diferencias generacionales tendrán una ventaja competitiva. Por otra parte, los trabajadores que aprendan y desarrollen sus competencias a partir de los aportes de otros, serán aquellos talentos que se diferencien y superen ágilmente las barreras del crecimiento laboral y personal.

II. DILEMAS INTERPERSONALES

Los dilemas interpersonales son interpretados en este libro como aquellas disyuntivas y dudas que se plantean a nivel de las relaciones entre personas en contextos de trabajo. Los **vínculos**, a nivel personal o como empleados de una empresa, son la principal fuente de enriquecimiento; son apasionantes pero también desafiantes. Abarcan la complejidad del ser humano, con valores, características, perfiles y experiencias diferentes, que aportan su sabiduría, dudas y problemáticas a cualquier contacto esporádico o sostenido.

Muchos son los dilemas y las maneras de interpretar el mundo de las relaciones, y muchas las opciones de análisis y acción.

Se trabajan en esta sección algunas de las que, en el mundo laboral de hoy, más preocupan y ocupan.

Dilema 5. Diálogo empático: ¿hablar y oír, o escuchar?

¿Es posible que las personas, cualquiera sea el ámbito en que se encuentren, se escuchen activamente para facilitar y enriquecer el diálogo y, en consecuencia, los **vínculos inter-personales**, sobre todo en un contexto donde pareciera que lo que se valora es hacer, competir y la omnipotencia de saberlo todo? ¿Cuál es la diferencia entre escuchar y oír? ¿Cuál es el balance entre hablar y escuchar en un diálogo fructífero? ¿Cómo escuchar en un mundo donde los estímulos y mensajes desbordan? ¿Cómo influyen los perfiles, historias y circunstancias personales en la relación comunicacional? ¿Se puede mejorar la capacidad de escuchar? ¿Cuál es el rol de los talentos y los líderes en el desarrollo de una cultura organizacional de escucha?

Dilema 6. Coaching: ¿lujo, o necesidad?

¿Es suficiente en el contexto laboral actual ejercer las habilidades tradicionales de conducción del talento y de equipos de trabajo? ¿Se requieren habilidades propias de coaching, entre ellas la escucha, el entendimiento del otro y la retroalimentación, para fortalecer el **vínculo personal** entre supervisor y supervisado? ¿Cuándo implementar acciones de coaching? ¿Cuál es su diferencia con mentoring? ¿Cuál es la relación entre coaching y aprendizaje? ¿Qué rol cumple el feedback en este proceso? ¿Cómo coachear a los jóvenes de la Generación Y? ¿Existe alguna relación entre coaching y compromiso del talento? ¿Es el coaching una aptitud que se puede aprender? ¿Las mujeres tienen habilidades diferenciales de coaching? ¿Es realmente necesario invertir tiempo en coachear?

Dilema 7. La magia del networking: ¿ser parte, o desconectarse?

¿Las relaciones se limitan hoy a **vínculos entre personas o grupos**, o superan esta frontera hacia redes multidimensionales que dominan las modalidades de gestión personal y laboral? ¿Estas redes requieren habilidades específicas para generar vínculos interpersonales a largo plazo que superen las meras relaciones transaccionales operativas? ¿Son mejorables en su uso y finalidad? ¿Abren puertas efectivas desde el punto de vista comercial y de desarrollo personal? ¿Cuáles son los beneficios laborales y organizacionales de un networking efectivo?

Dilema 8. Relaciones virtuales: ¿socialización, o aislamiento?

Las tecnologías de comunicación social han invadido el mundo en forma acelerada. Impactaron en la manera de gestionar el conocimiento y las relaciones. Se introdujeron en las organizaciones y hasta han cambiado el modo de entender la intimidad. Hoy gran parte de los **vínculos entre las personas** se enriquecen, multiplican y formalizan a través de estos medios. ¿El uso exponencial de herramientas sociales virtuales deshumaniza, o enriquece? ¿Son producto de la sociedad de consumo y, al mismo tiempo, contribuyen con ella? ¿Cómo impacta el uso de las tecnologías sociales en el ámbito laboral? ¿Generan una pérdida o dilución de la tan valiosa individualidad? ¿Los equipos de trabajo virtual son tan efectivos en su funcionamiento como los presenciales? ¿Las comunidades de práctica son parte de este mundo virtual?

DIÁLOGO EMPÁTICO: ¿HABLAR Y OÍR, O ESCUCHAR?

Las organizaciones y los talentos conviven a diario con cambios tecnológicos, con el impacto de los medios de comunicación, la expansión de herramientas de vinculación social, crecientes responsabilidades, gran cantidad de contactos y relaciones, estímulos variados y continuos, y la aceleración del ritmo de vida, especialmente en las grandes urbes.

¿Cómo ha afectado todo esto al diálogo y a las relaciones interpersonales?

¿Ha disminuido la capacidad de escuchar al otro y el valor que se le otorga?

¿Cuál es el adecuado equilibrio entre hablar y escuchar?

¿Las herramientas modernas de comunicación virtual contemplan la importancia de la escucha?

¿Cómo se da la escucha entre individuos de diferentes generaciones o géneros y, en general, con diferentes enfoques y estilos?

¿Es posible que las personas, cualquiera sea el ámbito en el que se encuentren, se escuchen para facilitar y enriquecer los vínculos interpersonales, sobre todo en un contexto donde pareciera que lo que se valora es hacer, competir y saberlo todo?

¿Cómo compatibilizar una escucha activa con la cantidad de mensajes e información que se reciben a diario?

¿Por qué es importante la escucha en un diálogo fructífero?

¿Por qué poner foco en la escucha, cuando esta es sólo una de las dimensiones del diálogo y la relación? Pareciera que el aprendizaje formal prioriza las habilidades oratorias; en las organizaciones se resalta la importancia de expresarse con corrección; sin embargo, poco se hace para desarrollar la capacidad de escucha.

Cuando se escucha sinceramente, se da la conexión con el otro, se estimula una percepción diferente de su marco de referencia y se empiezan a comprender sus motivaciones.

Este encuentro y aptitud hacia la escucha genera el verdadero diálogo en tanto canal por excelencia para facilitar la comunicación honesta y directa. Un diálogo empático se traduce en mejores reuniones, entrevistas y negociaciones; ayuda a forjar relaciones profundas y facilita el equilibrio entre poder, productividad, influencia y bienestar personal.

La escucha cobra relevancia particular en un mundo como el actual, en el que nadie parece entenderse con los demás. Parte de los conflictos y problemas interpersonales dentro y fuera del ámbito laboral se deben a la falencia en la escucha. Escuchar tiene beneficios tangibles en toda relación humana. Contribuye con el buen clima de las organizaciones y con la satisfacción y salud de los talentos. Algunos de estos beneficios son:

- obtener mayor comprensión de las personas y las situaciones y llegar al fondo de los problemas;

- favorecer una relación positiva ya que genera en el otro la confianza necesaria para ser sincero;
- basar las decisiones en informaciones de calidad;
- reducir el conflicto y la confusión que producen los malentendidos;
- tranquilizar y eliminar tensiones;
- construir una realidad compartida mediante conversaciones productivas.

En términos de Warren Sheppell, *cuando te pido que me escuches y comienzas a darme consejos, no estás haciendo lo que te he pedido*[1].

¿Escucha activa pero selectiva?

Escuchar en forma activa implica utilizar habilidades que aseguren una comprensión completa del mensaje del interlocutor y enviar, a la vez, un acuse de recibo. Es una manera de encauzar eficientemente la información que recibimos y convertirla, a partir del entendimiento del otro, en una conexión productiva. Implica estar atento no sólo al mensaje sino también a la persona que lo emite. Este tipo de escucha requiere del que habla mayor compromiso y brinda al oyente mayor protagonismo y la posibilidad de crear oportunidades dinámicas de conexión y entendimiento con el otro.

Un desafío adicional a todo lo que se conoce sobre la escucha activa es complementarla con la capacidad de focalizarse flexiblemente en aquellos interlocutores y mensajes con los que es factible comprometerse o a los cuales es posible responder. Las redes de comunicación han cobrado tal dimensión, que exigen una apropiada priorización

---

1. Sheppell, Warren: Warren Shepell Consultants, www.warrenshepell.com. Toronto, Ontario, 2009.

de manera de poder vincularse activamente cuando corresponde o es necesario. Esta selección no debería ser aleatoria o interesada, sino tener en cuenta el valor que para el otro tiene la atención y receptividad de los participantes del diálogo.

El equilibrio entre estar activo y focalizarse en lo significativo

La escucha activa debe complementarse con la capacidad de concentrarse en los mensajes más significativos. La cantidad de interlocutores y de fuentes de mensajes se multiplica a diario. Los medios de comunicación, las herramientas virtuales y sociales, las tecnologías de contacto instantáneo generan un bombardeo de mensajes y diálogos simultáneos que requiere la capacidad humana de filtrar, priorizar y focalizarse. El diálogo incluso ha tomado dimensiones históricamente impensadas: se "habla" tecleando una computadora o teléfono móvil, se "escucha" leyendo mensajes electrónicos, libros y prensa, o mirando televisión.

¿Qué privilegiar? ¿Cuánto es viable hacer simultáneamente? ¿Cómo escuchar a través del oído y de la lectura? ¿Cuáles son las principales dimensiones de la escucha activa y focalizada en las relaciones presenciales, muchas de las cuales aplican a las virtudes?

1. Prestar atención
Significa crear un ambiente cómodo en el cual la otra persona sienta que tiene el tiempo y la oportunidad de hablar y expresarse. Es clave concentrarse en el interlocutor, mantener contacto visual, observar tonos de voz y expresiones faciales.

2. Priorizar

Requiere concentrarse, enfocar, segmentar los mensajes y una adecuada capacidad de diagnosticar y priorizar necesidades propias y de los demás.

3. Empatizar

Constituye la esencia de la cooperación en la comunicación. Es el sentimiento de entrar en sintonía con los otros y generar un contexto común de entendimiento, comprensión y confianza, necesario para que el o los interlocutores se abran y se comuniquen. Esta sintonía se construye mediante

- gestos y lenguaje corporal: armonizar con él ciertas posturas, ademanes e inflexiones nos acerca al interlocutor; incluso respirar y vibrar a su compás genera una sensación de entendimiento que facilita el intercambio;
- cualidades de la voz: sintonizar la intensidad, el timbre y la velocidad de la voz con la del otro aumenta el grado de conexión;
- adecuado uso de las palabras: la elección del mismo tipo de léxico facilita una mejor comprensión del mapa mental del interlocutor; por ejemplo, si este está acostumbrado a hablar y pensar en términos numéricos o de procesos, es importante acompañar con el mismo estilo.

4. Evitar el juicio y el preconcepto

Tratar de no criticar, juzgar o discutir el punto de vista de la otra persona. El trabajo del oyente en esta etapa es estar abierto a nuevas ideas, perspectivas y posibilidades, prestar atención, ponerse en los zapatos del otro y tratar de sentir la experiencia tal como el interlocutor la está viviendo. Es importante no apresurar la conversación, permitir que haya pausas y silencios, para elaborar y expresar las ideas.

5. Confirmar y aclarar el mensaje

Reflejar, como un espejo, la información que la otra persona ha dicho para confirmar su entendimiento.

- Aclarar el mensaje permite al otro saber que se lo está escuchando con atención. Frases como: "Lo que estoy escuchando es...", "Quiero estar seguro de que entiendo lo que me estás diciendo...", "¿Podría repetir...?", permiten que el otro sepa que se lo está siguiendo, y ganar su confianza.
- Interpretar las emociones percibidas permite identificarse con el otro y es la manera más efectiva de llegar a la esencia del problema. Frases como "Pareces tener dudas sobre...", "Creo que eso te pone muy bien...", "Suena como que estás sintiéndote muy frustrado..." brindan, además, la posibilidad de explicitar sentimientos de los que, quizá, la otra persona no es consciente, y profundizar así la relación.

Los riesgos y cuidados que deben tenerse son, entre otros:

- que una sobredosis de frases de apoyo y preguntas termine incomodando a la otra persona;
- que se esté pensando durante la escucha en qué y cómo reformular, perdiendo así el objetivo y la posibilidad de escuchar;
- que la percepción del otro termine siendo que se lo está adulando o subestimando.

6. Sintetizar y cerrar confirmando el foco propuesto y compartiendo la propia visión

Formular un resumen de los temas básicos que planteó la persona. Esta etapa confirma y refuerza el entendimiento de los puntos de vista del otro y permite comprender si las prioridades definidas o el foco propuesto fueron los apropiados, de manera de hacer el diálogo más rico y productivo.

Luego de comprender primero el punto de vista del otro, es hora de compartir las propias ideas, sentimientos y sugerencias y tratar los temas expuestos. Es el momento de abrirse, solidarizarse o no con la perspectiva del oyente, y colaborar en la búsqueda de soluciones o próximos pasos.

Ninguna de estas dimensiones es estática ni secuencial; el diálogo activo es un proceso en el que se van tejiendo entendimientos y acuerdos, para lo cual se necesita de los participantes protagonismo, interés sincero y concentración, fundamental para que el tiempo requerido se acomode a una matriz compleja e intensa de conversaciones.

Apuntando a comprender: la escucha empática

Como hemos mencionado, sintonizar con el otro, ponerse en su lugar, entenderlo desde su propio marco de referencia constituye una dimensión clave en el diálogo proactivo y activo. Stephen Covey describe la escucha empática como un hábito de la gente efectiva: *procure primero comprender, y después ser comprendido*[2]. Facilita el acercamiento al otro; permite ver las cosas con su mirada, entender su modelo mental y sus sentimientos; ayuda al otro a sentirse afirmado, valorado y apreciado emocional e intelectualmente.

En general, las personas no necesitan de grandes respuestas y soluciones; simplemente saber que son escuchadas y comprendidas.

Partir de la comprensión supone un cambio de paradigma. Lo típico es procurar ser comprendido antes que

---

2. Covey, Stephen: *Los 7 hábitos de la gente altamente efectiva*. Paidós, Buenos Aires, 1996.

comprender al otro. Lo habitual es escuchar con la intención de contestar. La tendencia general es responder con uno o varios de los siguientes posibles enfoques:

- acordando o disintiendo,
- aconsejando sobre la base de la propia experiencia,
- dando por sentados los motivos, las conductas o actitudes del otro,
- con indiferencia,
- generando barreras defensivas.

Ninguno de estos abordajes favorecerá la construcción de relaciones sanas en un entorno laboral o privado. Si se quiere ser realmente efectivo en el hábito de la comunicación interpersonal, es preciso evitar el filtrado a través de los propios esquemas y modelos, para entrar en el marco de referencia del otro y percibir el entorno de acuerdo con su mirada.

Estos moldes con los que se interpretan la información y la percepción pueden surgir de diversas fuentes.

- **Personales**, que a su vez pueden ser:
  - estructurales: cada ser humano es único y sus presunciones básicas, valores y características lo condicionan para ejercer determinadas actitudes y comportamientos;
  - circunstanciales: influye la situación particular que la persona vive en determinado momento, sus expectativas, el ciclo de vida en que se encuentra, problemas o desafíos que enfrenta en el ámbito familiar y laboral, situaciones de cambio, como casamiento, ascenso, nacimiento de un hijo, etcétera.
- **Externos situacionales**, como los sociales, políticos, culturales, entre otros.

Ser consciente de los propios moldes y de los esquemas o marcos de aquel al que se está escuchando, agudiza el proceso de comunicación efectiva.

La relación personal que parte de una verdadera comprensión facilita la supervivencia psicológica en un mundo que es cada vez más hostil y confuso. La clave: comprenderse, afirmarse, valorarse y apreciarse mutuamente. Abrirse uno mismo y ayudar al otro a hacerlo a través del diálogo basado en la escucha proactiva y activa brindan la oportunidad de desenmarañar los problemas y percibir, con claridad, el camino hacia soluciones y construcciones.

¿Qué atributos distinguen a un oyente promedio de un "escuchador"?

Escuchar supone estar psicológicamente presente. Quien escucha se involucra activamente en un diálogo fructuoso. Una presencia comprometida facilita la plena atención y el respeto por la preocupación del otro y permite revelar los propios pensamientos y sentimientos para fortalecer una relación y enfrentar potenciales conflictos en forma positiva. Las relaciones se profundizan y el tiempo se optimiza porque se llega antes a los mejores resultados. Esta presencia implica:

- capacidad de comprender: asegura al interlocutor que se están vislumbrando sus motivos;
- confianza en uno mismo y en el otro: habilita a la apertura y a sentir con el hablante;
- generosidad: situarse en el espacio del hablante para entender sus preocupaciones; desprenderse de los propios intereses, entender y apreciar los marcos referenciales del que escucha y del que habla;
- disciplina: esfuerzo para prestar atención y no perder el foco;

- humildad: suspender el juicio propio por un momento para escuchar según los valores y percepciones del interlocutor;
- perseverancia: para seguir todo el hilo de la conversación;
- influencia: la respuesta dada cuando verdaderamente se ha escuchado tiene un gran poder sobre la conducta del otro.

El arte de formular preguntas

Preguntar en forma inteligente y pertinente es una de las herramientas más fascinantes y al mismo tiempo difíciles que activan la escucha empática. Una buena pregunta puede sacar de cada uno lo que realmente siente o piensa. Un buen escucha se reconoce por sus preguntas. Cuando se formulan preguntas y se escuchan las respuestas, es inimaginable lo que se logra en una relación.

Mucho se ha estudiado y escrito sobre las técnicas de formulación de preguntas, pero vale la pena profundizar algunos de los conceptos que guían a quien aspira a escuchar activa, focalizada y empáticamente.

Preguntas cerradas (se pueden responder con un simple sí o no, no sé, etc.): ayudan a verificar información y ofrecen buena comprensión de los hechos; estimulan a tomar resoluciones.

Pueden apuntar a examinar las propias ideas y opiniones y confrontarlas con las del hablante; o a verificar la información brindada y animar a seguir conversando.

Preguntas abiertas (admiten respuestas extensas y explicaciones): estimulan a ampliar, aclarar, justificar y detallar información; ayudan a lograr que el otro se sienta cómodo, y a crear compromiso.

Las preguntas se pueden clasificar de esta u otras maneras, e identificarse más tipos de preguntas; lo importante es hacerlas, y utilizar cada clase en el momento adecuado y de la manera apropiada.

Parece simple, pero, ¿por qué no lo es? ¿Por qué no se hace? Las razones pueden ser muchas: aceleración, falta de humildad ("yo lo sé todo"), subestimación del otro.

El equilibrio entre las funciones de hablante y de escucha

Aunque los oyentes pueden hacer mucho por establecer lazos con los hablantes, los hablantes también pueden contribuir ampliamente a forjar lazos y establecer relaciones con los primeros.

La actividad del hablante y del escucha se da dentro de una relación. En términos de Santiago Lazzati: *la historia de la relación también suele tener gran influencia. Los comportamientos de un lado y las percepciones del otro tienden a definir los posicionamientos respectivos, favorables o desfavorables, que luego condicionan poderosamente comunicaciones ulteriores. Esto incluye tres factores primordiales: la confianza, el respeto y la cordialidad*[3].

Cada extremo del continuo de la comunicación es responsable de establecer la conexión y mantenerla. El problema es que como hablante:

- se está más pendiente de lo que se quiere decir y cómo se dice, que del valor que para el otro tiene aquello que se dice; generalmente, es más cómodo hablar de las propias visiones y forma de ver los problemas, que escuchar;
- aun aquellas personas con capacidad oratoria y muy conversadoras tienen dificultades para hablar de temas

---

3. Lazzati, Santiago: *Cambio de comportamiento en el trabajo*. Granica, Buenos Aires, 2008.

esenciales, personales y profundos, es más fácil conversar del tiempo o de política, o sea de algo externo al vínculo, que de los aspectos centrales de la relación o de la temática en cuestión.

Tanto oyentes como hablantes poseen un rol esencial en construir el puente que los comunica.

En el imaginario, se es más activo cuando se habla, la persona se afirma cuando verbaliza lo que piensa. Siguiendo esta lógica, el hablante tendría un rol dominante y de poder y el oyente un rol pasivo, inactivo y complaciente hasta que el hablante le realice una pregunta o le ceda la palabra.

Cuando el diálogo está centrado en el hablante, tiende a dominar la comunicación para reafirmar su control sobre las cosas, posee mano única: la idea de que el hablante produce y el oyente incorpora, parte de la creencia de que procesar lo que el otro escuche es más importante que la participación multidireccional.

Cuando se centra en el oyente, se discrimina mejor cuándo y cómo intervenir: se crea y mantiene el contacto. El escucha efectivo es el que también habla y no un hablante que también escucha. Los escuchas se definen no sólo por los mensajes que reciben sino por la calidad de las respuestas que dan.

La clave es la actitud que ambos adoptan en el proceso de comunicación. Pueden tener una conducta más asertiva o más receptiva. *La conducta asertiva consiste en emitir un mensaje, excepto lo que signifique indagación y excluyendo la agresión; la conducta receptiva se basa en la indagación y significa estar verdaderamente dispuesto a tomar en cuenta el mensaje del otro. La conducta asertiva se moviliza primordialmente desde el propio marco mental. En cambio, la conducta receptiva apunta principalmente al marco mental del otro. Si bien la conducta asertiva es distinta de la receptiva, el camino para maximizar cualquiera de las dos es dar un adecuado lugar a la otra.*

Si se pretende ser más y más asertivo, en algún punto es necesario ser receptivo[4].

Tratar de llegar al otro como escucha y como hablante abierto y sincero, partiendo de los *modelos mentales*[5] propios y ajenos, desvanece la incomodidad en la relación y acerca a los participantes. La conversación se fortalece y perdura, sostiene la relación y se produce sinergia. El resultado de la comunicación es mucho mayor que la suma de los intercambios.

La escucha activa, focalizada y empática implica esfuerzos. ¿vale la pena hacerlos?

Ventajas para el hablante:

- ratifica, implícitamente, el valor de lo que se ha dicho,
- mejora su concentración y afina su pensamiento,
- lo mantiene informado sobre lo que el escucha entiende y en qué grado,
- aumenta el valor de su propio mensaje,
- genera un mayor grado de respeto y credibilidad.

Ventajas para el escucha:

- aumenta su credibilidad,
- modera la tendencia a evadirse y perderse,
- permite compartir el mensaje,
- enriquece y da sentido al contexto en el que el escucha entiende e interpreta el mensaje,
- impide experimentar las emociones perturbadoras,
- genera un mayor grado de confianza y consideración.

---

4. Lazzati, Santiago: *Cambio de comportamiento en el trabajo*. Granica, Buenos Aires, 2008.
5. Senge, Peter: *La quinta disciplina*. Granica, Buenos Aires, 1993.

Ventajas para el diálogo:

- lo vuelve un proceso dinámico,
- le da sentido y dirección,
- consolida la relación,
- lo torna un encuentro productivo para la concreción de objetivos de todos los participantes.

Poder compartir un ambiente donde predomine el diálogo constructivo, basado en la escucha activa concentrada y en el hablante profundo y abierto, genera mucho valor para una organización y para los talentos que la conforman.

La escucha moderna: virtual y social

Un desafío adicional es complementar la escucha activa con la capacidad de concentrarse flexiblemente en aquellos interlocutores y mensajes con los que es factible comprometerse. Las redes de comunicación han cobrado tal dimensión, que exigen una priorización que permita vincularse activamente cuando corresponde o es necesario. Esta selección no debería ser aleatoria o interesada, y debe tener en cuenta también el valor que para cada participante tienen el contenido del mensaje y la necesidad de atención y respuesta. Los estímulos y canales son varios y simultáneos; dónde poner el foco es el desafío.

Barreras

Es natural que las personas filtren o modifiquen parte del sentido de lo que escuchan. Algunas de las barreras más comunes de la escucha activa pueden entenderse en términos de las personas que participan, y de las características y circunstancias de la comunicación.

Relacionadas con las personas

La imagen que se da y la que se tiene del otro. Por ejemplo, puede percibirse que el interlocutor tiene todas las respuestas y habla la mayor parte del tiempo, inhibiendo la escucha y la comunicación en general.

Prejuicios y etiquetas. En general se presta atención a aquello que interesa según los propios estereotipos y bagaje cultural.

Alteración emocional o ruidos internos. Cuando en una comunicación alguien se siente atacado o manipulado, se desconecta de la escucha, para pasar a contraatacar o erigir barreras defensivas derivadas de estas alteraciones emocionales.

Incapacidad de autoescucharse y reflexionar sobre uno mismo, requisito para poder escuchar al otro.

Barreras intelectuales: fatiga, cansancio, preocupaciones.

Vinculadas con el entorno y el tipo de mensajes

El silencio, que a menudo se confunde con aceptación pasiva de las ideas y percepciones del otro.

Velocidad versus profundidad: se piensa más rápido de lo que se habla. Esta brecha le permite al cerebro distraerse. En general, quien no recuerda lo que el otro ha dicho está muy absorto en sus propios intereses o disperso.

Volatilidad del mensaje: transcurrido cierto tiempo, se pierde parte del mensaje.

Barreras físicas: ruidos, iluminación deficiente, espacio físico reducido, etc.

Pero el talento, ya sea en su ámbito laboral como en el personal, tiene la capacidad de superar esas dificultades, siempre y cuando tenga interés y disciplina, a favor de un diálogo que fortalezca la relación.

¿Es posible mejorar la capacidad de escucha-hablante inteligente para enriquecer el diálogo y la relación?

¿Cómo darse cuenta de que la habilidad de escucha debería mejorar?

- Me cuesta mucho concentrarme en lo que me están diciendo.
- Me molesta cuando atrasan mi trabajo.
- Pienso más en lo que voy a responder, que en lo que la otra persona me está diciendo.
- Interrumpo o doy señales de impaciencia mientras espero que la otra persona termine de hablar.
- Doy consejos muy precipitadamente. Sugiero acciones o soluciones antes de que la otra persona me haya explicado el problema en su totalidad.
- Tiendo a hablar más que la otra persona y de temas irrelevantes para mí o para el otro.
- Trato de llenar todos los silencios.
- Me siento incómodo cuando la otra persona expresa sus sentimientos.
- Hago otras cosas al mismo tiempo (leer, contestar e-mails, etc.).
- Evito hacer preguntas que propicien que la otra persona siga hablando.
- Guardo mis pensamientos, sentimientos y experiencias para mí.

Si se identifica una oportunidad de mejora en la capacidad de escucha y habla, ¿qué se puede hacer?

Las acciones correctivas pueden provenir de intervenciones específicas durante el acto de escuchar, de habituarse a interactuar con personas diferentes, de ejercitar, de aplicar modelos observados. Lo importante es ponerse un objetivo, hacer un plan de trabajo y realizar el seguimiento.

- Aclarar los motivos de la conversación de antemano.
- Ofrecer a la otra persona escucharla atentamente durante un determinado lapso. Si la conversación se extiende, sugerir otro momento para continuar.
- Concentrarse en aquellos mensajes críticos para el diálogo.
- Recordar que el principal objetivo es comprender, no solucionar.
- Concentrarse en lo que está diciendo el otro y no en lo que se quiere decir.
- Mantener los silencios. Le brindan al otro la posibilidad de continuar y al escucha, de relacionar sus pensamientos.
- Recordar que los gestos vinculados con las emociones brindan información importante. Pueden revelar qué hay detrás de lo que se está diciendo.
- Compartir las apreciaciones y sentimientos, de modo de establecer empatía y compromiso.

El poder de la escucha: una habilidad clave de los líderes

La escucha es una de las habilidades reclamadas por los colaboradores y el paso inicial para comprenderlos y motivarlos. Si bien parece más requerida por las generaciones jóvenes, no importa la edad ni el nivel jerárquico, todos quieren ser escuchados. A lo largo de la educación formal enseñan a leer, a escribir y a hablar, pero no a escuchar. A pesar de la contribución de la tecnología con herramientas maravillosas para comunicarnos mejor, a menudo los mensajes son ignorados, malinterpretados o simplemente omitidos, lo que conduce a la frustración, falta de colaboración y, finalmente, empobrece los resultados del trabajo. ¿Se escucha lo suficientemente bien como para interpretar al interlocutor y así devolverle un mensaje eficaz? Saber escuchar no sólo es útil para el desarrollo y el liderazgo, sino también una de las habilidades críticas en la relación comercial con el cliente.

Investigaciones recientes del Center for Creative Leadership[6] demuestran que la escucha se encuentra entre los tres atributos de los líderes más valorados por todas las generaciones, junto con la credibilidad y la confianza. Prueban, además, que muchos líderes tienen necesidad de mejorar en aspectos que se relacionan directamente con una escucha eficiente.

- Tratar con los sentimientos de las personas.
- Aceptar bien la crítica.
- Entender el punto de vista del otro antes de emitir un juicio.
- Alentar a los empleados.
- Utilizar el feedback para lograr los cambios de conducta necesarios.
- Abrirse a los comentarios y sugerencias de los demás.
- Ponerse en el lugar del otro e imaginar su modo de ver las cosas.

Escuchar en la diversidad

En términos generales, las personas de todas las generaciones y niveles jerárquicos necesitan ser escuchadas y esperan que sus líderes sean, sobre todas las cosas, creíbles, confiables, visionarios y que escuchen bien. Vale la pena, por otra parte, resaltar que los más jóvenes

- esperan ser escuchados más que otras generaciones y tienen la tendencia a sentir que no lo son;

---

6. Center for Creative Leadership: *Active Listening - Improve Your Ability to Listen and Lead*, 2006.

- aprecian la experiencia de las generaciones adultas y esperan que la suya también sea valorada.

Escuchar a las nuevas generaciones

La representación de la juventud de hoy (ver Dilema 4) es más que un tatuaje, un iPod o tecnología incorporada a su forma de vida. En lo laboral, su preocupación podría resumirse en la pregunta "¿cómo puedo contribuir a su negocio?", que puede sonar pretenciosa e incomodar a más de uno. Sin embargo, si superamos este sentimiento y le brindamos unos minutos en una conversación abierta, interesada y significativa, ese tiempo invertido sentará las bases de una relación orientada al aprendizaje, el autodesarrollo y el trabajo.

Los jóvenes esperan no sólo que los escuchemos sino también que entendamos sus sentimientos y su forma de concebir un empleo. Ellos se sienten especiales y un rasgo que los distingue es su disposición a hablar, a comunicarse sin culpa y con honestidad brutal.

No bastará con proveerles herramientas tecnológicas de última generación o brindarles condiciones físicas agradables y atractivas. Tampoco bastarán la flexibilidad horaria ni distintos esquemas de compensaciones. A medida que las jerarquías se diluyan, las empresas deberán establecer foco en la relación con sus empleados: el diálogo continuo y la escucha atenta son habilidades que garantizan la comprensión de sus necesidades y su retención.

Palabras que curan

Las emociones y sentimientos están presentes también en la vida profesional. Si se los desconoce, probablemente interfieran en las comunicaciones; por el contrario, si se validan en forma positiva, ayudarán a construir relaciones más genuinas y profundas. Un escucha sensible resulta ser un socio empático. Una mayor comprensión de la realidad emocional del otro engendra una motivación mucho mayor para conectarse. En general, las personas no necesitan grandes respuestas y soluciones, sino simplemente saber que las escuchan y que las comprenden. Conectarse con el otro emocionalmente reduce el estrés y permite que la relación crezca y continúe. Está al alcance y es estratégicamente deseable desarrollar mayores habilidades para entrar en contacto adecuadamente con las emociones de los demás.

Ejemplos de intercambios con validación emocional en el ámbito laboral

A: Mi esposa acaba de perder a su mamá. Le está yendo un poco mal en su trabajo por eso.

B: Qué difícil debe de ser para ti esa situación. ¿Cómo lo estás pasando?

A: Estoy a punto de retirarme después de 30 años de servicio en la misma empresa.

B: Qué increíble. No muchas personas pueden decir lo mismo.

A: ¡Tengo una gran noticia! Me acaban de dar un reconocimiento monetario.

B: ¡Qué bueno! Imagino que eso te hace sentir muy bien.

A: Siento que todo se acumula. Acabo de perder a mi secretaria, me asignaron un nuevo proyecto con un plazo imposible y, además, mi hijo se encuentra enfermo.

B: Entiendo por qué te sientes tan abrumado. Tienes muchas actividades en tu agenda.

La conversación empática es un proceso básico para cohesionar a las personas, hacer más llevaderas y fructíferas su relaciones, y crecer laboral y personalmente.

El dilema en síntesis

Escuchar es una actividad compleja y llena de matices. En un mundo impregnado de estímulos y conversaciones, es un desafío también escuchar priorizando a los interlocutores y los mensajes. La capacidad de diagnóstico y la concentración son clave en este sentido.

No existe nada más constructivo para una relación que el hecho de sentirse verdaderamente escuchado y comprendido. La escucha activa posee un poder de persuasión e influencia que rara vez se consigue con otra actividad. En una conversación significativa, el foco en el problema se concentra, las barreras caen y la conversación se transforma en un verdadero diálogo de intercambio productivo.

La escucha, si bien habilidad crítica de una relación, es sólo una de las caras de la comunicación. No hay que olvidar que el diálogo implica además una capacidad de habla abierta, clara, flexible y orientada a la realidad del otro.

Además de las habilidades que dominemos, se precisa sensibilidad para que el diálogo fluya con recursos tales como preguntas, reformulaciones, reconocimiento y validación emocional. Pero, sobre todo, la comprensión del otro gracias al respeto y el deseo genuino.

Después de todo, escuchar es una cuestión de actitud. Los talentos y las organizaciones que logren desarrollar su habilidad de escuchar inteligente y sensiblemente tendrán una herramienta diferencial en una sociedad cada vez más multicultural y globalizada.

DILEMA 6

COACHING: ¿LUJO, O NECESIDAD?

La conquista, el desarrollo y la motivación de talentos que ayuden a afrontar los cambios, las crisis y problemáticas de los negocios se han convertido en un imperativo categórico. Para competir en mercados inciertos y turbulentos ya no se cuestiona que las empresas deban tener dos focos: el cliente y las personas. Al mismo tiempo, los talentos necesitan un ambiente estimulante y desafiante que les facilite el camino hacia la búsqueda del sentido en sus trabajos y el logro de sus ambiciones.

La gran pregunta histórica ha sido: ¿quién puede y debe estar cerca de los talentos y a quiénes identifican estos como modelos creíbles que los acompañen en su desarrollo? Pareciera que encontrar este difícil personaje ha sido tema de análisis y estudio durante décadas.

Jefe, supervisor, conductor, mentor, gerente, líder y ahora coach, ¿han sido simplemente distintas denominaciones que intentan superar los fracasos en el complejo desafío de acompañar el crecimiento de los talentos? ¿O realmente ha habido un viraje de enfoque y modelo resultante de los cambios en el mundo laboral?

El abordaje de la temática del coaching, tan presente hoy en las organizaciones, trae consigo inquietudes y cuestionamientos.

¿El coaching es una moda que responde a una necesidad específica y actual de la gestión del talento? ¿Por qué hablar hoy de coaching?

¿Es simplemente una ostentación de las grandes corporaciones, o un requisito para que las empresas puedan generar una cultura orientada al talento?

¿No es una pérdida de tiempo, algo que puede evitarse si directamente el talento aprende mientras trabaja? ¿Cuáles son los reales beneficios de destinar tiempo a este proceso?

¿Cualquiera que se lo proponga puede ser un buen coach? ¿Se nace o se hace?

¿Qué significa ser un buen coach? ¿Es lo mismo para todos y en todos los contextos?

¿Cómo priorizar instancias de escucha y contacto personalizado, propias del coaching, en agendas cada vez más exigentes y con los ritmos veloces de la vida actual?

¿Hay relación entre coaching y aprendizaje organizacional?

Y en el futuro, ¿qué pasará con este concepto de coaching?

Encontrar un equivalente en castellano que refleje cabalmente la riqueza de este término ha sido un desafío. En este capítulo no lo traduciremos. Se hablará de coaching (la acción), coach (quien la ejerce) y coachee (quien la recibe).

¿Por qué tanto interés en el coaching?

Los cambios de negocio, de mercado laboral, políticos, tecnológicos, entre otros, que vienen ocurriendo en los últimos años, impulsan un creciente interés por el coaching. Para responder a las nuevas exigencias, las organizaciones revisan sus modelos, estructuras, políticas, perfiles, roles y responsabilidades de sus directivos, las dinámicas de las relaciones. Todo esto se ha traducido en conceptos cambiantes sobre el gerenciamiento y el liderazgo, y la aparición de un nuevo rol, estilo o dimensión de la función de conducción: el coaching.

¿Cuáles son los principales factores que despiertan el interés por el coaching?:

- convivencia generacional,
- cambio en las estructuras familiares,
- énfasis de la diversidad en el ámbito laboral,
- aumento de la necesidad de aprendizaje continuo,
- desaparición del concepto "carrera de por vida",
- globalización de las carreras profesionales,
- importancia creciente del talento en la estrategia de negocio,
- complejidad de la vida laboral.

Asimismo, las empresas hoy requieren talentos con competencias no sólo técnicas, sino también de naturaleza relacional y emocional, para las que no están necesariamente preparados y que, no obstante, son indispensables para la creación de valor de la compañía y el desarrollo de su gente.

En un mundo muy competitivo, se dan situaciones de conflicto entre la necesidad de resultados inmediatos y los recursos necesarios para obtenerlos, fundamentalmente en términos de conocimientos, dedicación, madurez. Existe una cierta presión sobre los empleados, directivos y empresarios para alcanzar objetivos, tomar decisiones, cambiar para innovar, etc., lo que muchas veces saca al ser humano de su zona de comodidad, y provoca que reaccione con una variedad de disfunciones.

Así las cosas, las empresas más avanzadas han empezado a buscar soluciones y existe unanimidad en que hay que conseguir formas de trabajo más colaborativas y participativas.

El coaching intenta aportar algunas respuestas a las problemáticas mencionadas, a las falencias profesionales y a la búsqueda de sentido en la vida laboral y profesional. Inspirado en prácticas propias del ámbito deportivo, el coaching penetra en la empresa como un proceso de acompañamiento destinado a favorecer un entorno de crecimiento y de optimización del potencial de las personas, partiendo de entenderlas, respetarlas y valorar sus aportes diferenciales.

Según el compromiso y profesionalismo con que se encare, el coaching puede resultar un lujo, un gasto de tiempo y dinero, o realmente un rica respuesta constructiva.

Qué hay detrás de una palabra de moda

Al inicio la palabra coaching, tanto en inglés como en francés, se usó para referirse a un tipo particular de carruaje, *un vehículo para transportar a una persona del lugar en donde se encuentra al lugar a donde desea o debería ir.*

Casi todas las definiciones actuales de coaching coinciden en que es un proceso que se vale de conversaciones personales en las que un coach ayuda a un colaborador a comprender sus fortalezas y debilidades y a construir compromiso para mejorar su desempeño y expandir su potencial. El coaching es un proceso que promueve la acción y agiliza el aprendizaje. Según Argyris y Schön, *implica desarrollar una relación profesional y un proceso deliberado y personalizado de observación, indagación, diálogo y descubrimiento mediante el cual se obtienen información válida, elecciones libres e informadas, y compromiso interno con dichas elecciones*[1].

---

1. Argyris, Chris y Schön, Donald: *Theory in Practice.* Jossey Bass, San Francisco, 1974.

Gran parte del trabajo de coaching consiste en ayudar y ayudarse a lograr mayor claridad en lo que se espera en lo laboral, intrínsecamente vinculado con lo personal, y a obtener lo mejor de las personas identificando y facilitando el camino para conseguirlo. El coaching comienza con el futuro deseado, un objetivo, y a partir de allí trata de modificar el presente. Influye en temas personales por su indirecto efecto en variadas dimensiones de la vida, pero el foco del proceso es laboral.

No es un fenómeno nuevo. Todos han tenido en algún momento la experiencia de un padre, maestro o jefe que dedicó tiempo para ayudarlo a evolucionar o a reorientar su acción. Se ha profesionalizado y sofisticado con el tiempo, pero informalmente ha sido la herramienta para educar desde épocas remotas.

El coaching contribuye a sacar a luz lo mejor de las personas, a movilizarlas hacia un nivel superior, expandiendo sus habilidades y nivel de conciencia. ¿Cómo? Apoyándolas, alentándolas y, fundamentalmente, haciéndolas responsables de su propio progreso y crecimiento.

¿Qué es y qué no es?

No importa si el rol de coach se deposita en un gerente o un líder, si se considera más propio de un mentor o de un consejero: lo fundamental es diferenciar y resaltar las actitudes, comportamiento y objetivos que se esperan de un proceso de coaching, de manera de reforzarlo en los ambientes laborales en los que el talento es un valor.

Es un proceso, no un hecho aislado. Es experiencial, conversacional, de conexión entre dos personas, y de aprendizaje.

Comprende un equilibrio entre dos aspectos dominantes:

- la dimensión del desempeño, aspecto más formal que consiste en acompañar en la tarea y carrera, y
- la dimensión relacional, aspecto informal que consiste en dar apoyo y establecer un vínculo personal que favorece el aprendizaje.

Los principales objetivos del coaching son: mejorar las competencias y fortalecer y perfeccionar el desempeño y el compromiso. Esto tiene beneficios para el talento mismo y para la organización.

Demanda una relación de confianza, apertura y respeto. Implica acordar objetivos y hacer el seguimiento, delegar, motivar, reconocer y generar un ámbito propicio para estimular en el otro el deseo de mejorar.

Existen algunas diferencias entre conceptos tales como coach, mentor, gerente o counsel. Lo importante es que todos contribuyen a mejorar la relación laboral del empleado.

Mentoring: proceso informal que apunta al desarrollo de carrera. El mentoree busca y elige al mentor por su experiencia, sabiduría, y porque le tiene confianza y respeto, como resultado de alguna experiencia significativa que compartieron en algún momento de la vida. La relación entre ambos es holística e incluye aspectos laborales, con cierto efecto sobre los personales que están íntimamente relacionados.

Coaching: proceso más focalizado en la mejora actual, a corto plazo, de las competencias del coachee, con el efecto consecuente en la tarea o función específica que desempeña. El coach crea un entorno que estimula el aprendizaje en el trabajo.

Counseling: proceso orientado a la superación de aspectos personales, más allá de la problemática del trabajo; en cierta medida incluye aspectos de psicoterapia.

Gerenciamiento: el gerente es el responsable directo de que el supervisado realice la tarea y alcance los objetivos para los cuales fue contratado. Evalúa su desempeño, define planes de mejora, le hace seguimiento y le brinda feedback específico sobre la tarea. Esta es una responsabilidad directa e indelegable del jefe o gerente. Puede complementarse con la figura del coach para mejorar el proceso, cuando la brecha de mejora es muy amplia, como parte de un programa organizacional o cuando supera sus posibilidades por perfil o desafío.

Cualquiera sea el caso, las habilidades requeridas para ejercer estas actividades son las mismas, como se describe más adelante: empatía, escucha activa (ver Dilema 5), clara definición de objetivos y feedback, networking (ver Dilema 7), construcción de relaciones, influencia y motivación (ver Dilema 9), capacidad de negociación y de resolución de conflictos.

Se suele hablar de los tres primeros roles en forma indistinta, y en muchas organizaciones son ejercidos por el mismo supervisor.

¿Cuál es el rol del coach?

El coach define con el coachee claros estándares de avance y crecimiento, ayuda a expandir lo positivo de la persona y se posiciona como ejemplo. En definitiva, el coach establece el tono de la relación.

Un buen coach comprende al otro escuchando y poniéndose en su lugar, atiende a los detalles, sostiene el compromiso con la relación, aclara expectativas mutuas, es agradable, considera los sentimientos del otro y ayuda al coachee a descubrir el buen rumbo, desafía a encontrar soluciones a los inconvenientes, hace de espejo, guía, confronta y estimula.

¿Existe un único estilo de coaching?

El proceso de coaching no puede responder a un molde rígido y al mismo tiempo viable en todo terreno. Lo esperable es que sea situacional, que se acomode al estilo y perfil de los coachees, y a las necesidades a las que responde el proceso.

El estilo de coaching más efectivo en el contexto actual sería aquel menos directivo y más facilitador. Este último no juzga, ni brinda recetas o estructuras, no se basa en decir ni se focaliza en la propia experiencia, no ofrece soluciones, ni se centra en el coach como único modelo. Tiende más bien a explorar, apoyar, preguntar, ofrecer perspectivas, desafiar, invitar a la reflexión. Parte de diagnósticos acabados, es receptivo y observador, y reconoce. Ajustarse a cada situación específica exige de parte del coach conocerse para conocer mejor al otro, y de parte del coachee, ser responsable y flexible.

Según el destinatario, el coaching puede ser:

- individual, que busca la superación de problemas particulares de desempeño, el desarrollo de ciertas competencias, el enfrentamiento de nuevas e importantes responsabilidades o desafíos especiales, el aprovechamiento del potencial, etc.; o
- grupal, en el que el coachee no sea una persona, sino un grupo que aspira a formarse como equipo, o un equipo que necesita una guía para alcanzar de manera más efectiva sus objetivos. Ejemplos son: mejorar la productividad de las reuniones, incrementar la participación en la toma de decisiones, desarrollar el trabajo en equipo, superar barreras defensivas, resolver conflictos, etc.

¿Qué se necesita para ser coach?

Escuchar lo que no fue dicho

Escuchar es una de las habilidades más importantes que un coach tiene que desarrollar (ver Dilema 5). Escuchar implica concentrarse no sólo en lo que el otro dice y cómo lo dice, sino también en interpretar lo que no se ha dicho.

Los coaches más experimentados utilizan las siguientes técnicas para demostrar empatía y escucha.

- Mantienen contacto visual y atención total y focalizada.
- Alientan a que el coachee amplíe lo que está expresando.
- Verifican las percepciones con frases tales como: "Quiero estar seguro de que entendí lo que estás diciendo...", "Lo que te escucho decir es...", etc.
- Reconocen y aceptan las emociones del otro mediante frases: "... y eso te hace sentir mal", "... entonces te has desmotivado...", "Debe de ser muy frustrante...", etc.
- Proyectan cómo se sentiría el otro si el escenario fuera diferente.
- Contemplan la situación desde el punto de vista del otro.
- Reformulan y resumen la conversación como señal de entendimiento de lo que se ha dicho y acuerdan planes de acción y mejora.

Esto no es de utilidad sólo en la relación y proceso de coaching, tal como se ha visto en el Dilema 5; utilizar estas técnicas mejora todos los ámbitos de relación humana, incluyendo el laboral.

El feedback: ese eterno pendiente

El feedback puede asimilarse al ejercicio físico, en el sentido de que todos saben que es importante y necesario, pero pocos tienen la disciplina de practicarlo consistentemente como para cosechar los beneficios.

No son muchas las personas que sienten o manifiestan recibir suficiente y valioso feedback, actividad esta permanentemente pendiente en las agendas del coach y de la mayoría de los que ejercen funciones de conducción.

El comportamiento y las relaciones humanas requieren instancias que faciliten recuperar el rumbo o mejorar la efectividad en la tarea o las relaciones. Y este es, justamente, el objetivo del feedback o retroalimentación. El proceso, uno de los disparadores del desarrollo, supone que quien lo brinda conoce el objetivo de la otra persona, es decir, qué resultados quiere lograr. De aquí que sea una dimensión crítica en el proceso de coaching.

Se lo asocia frecuentemente con confrontar al otro con sus falencias, debilidades y errores, por eso se vincula con conflicto, y genera el consiguiente temor y resistencia.

Sin embargo,

- si el foco es reorientar el rumbo, el coachee lo agradecerá y apreciará en tanto es la única manera de crecer; lo importante es brindarlo con respeto y escuchando opiniones distintas de la propia;
- si se trata de celebrar o reconocer fortalezas y logros, reconciliarse y aclarar malentendidos, genera satisfacción en ambas partes.

Nunca se da una situación sin la otra: toda relación y proceso de aprendizaje y maduración encuentra en el camino obstáculos y facilitadores, y nada más gratificante que poder identificarlos y superarlos.

El feedback permite apreciar la consistencia entre lo que se piensa y lo que se hace, entre las intenciones y cómo los otros perciben la propia conducta. Sin feedback nunca se puede estar seguro de cómo los comportamientos afectan a los demás.

En el proceso de coaching, el feedback efectivo tiene impacto en:

- la habilidad para interactuar con otras personas;
- la habilidad para lograr que se haga la tarea y se ejerza la función;
- la habilidad de evaluar y reconocer los logros alcanzados.

Una de las claves en el feedback es cómo se brinda. Es muy frecuente dispensarlo como si fuera un favor, una deferencia otorgada casualmente. Aunque la ausencia de feedback no es dañina, sí es una conducta desmotivadora y desalentadora. Dos cosas pueden suceder cuando falta feedback: las conversaciones del proceso de coaching quedan en un nivel superficial o nunca se establecen.

Sin feedback no hay coaching y sin un proceso ordenado y consciente de coaching no se generan oportunidades para el feedback. ¿Es sólo responsabilidad del coach? En realidad, no tiene verdadero efecto si no se comprometen ambas partes. Si el coachee está abierto y bien predispuesto, si él también escucha activamente y hace preguntas, si lo recibe como una oportunidad de enriquecimiento, pasa a ser un obsequio para su desarrollo laboral y personal.

Un acto de influencia

Es inevitable que el coaching se dé como un acto de influencia trasformadora, cuyos alcances dependen del coach y del coachee.

La mayoría de las personas aprecian verse reflejadas en las expresiones de otros sobre su persona, que los hacen sentir correspondidos, comprendidos e incluso aceptados.

¿Cómo se refleja esta influencia? En que el proceso de coaching señala un curso de acción más productivo, refuerza y alienta una forma efectiva de trabajo; y mejora el desempeño.

"Influencia" es la autoridad de una persona para conseguir algo de otra; en el contexto del coaching, se trata de la capacidad para guiar al coachee, con métodos y pautas específicos, en la búsqueda de su propio camino de desarrollo.

¿El coaching efectivo tiene beneficios concretos en el ámbito laboral?

El coaching en la evaluación de desempeño

Una de las misiones del proceso de coaching es que el coachee mejore la calidad del trabajo, de manera de alcanzar los objetivos trazados, y haga uso efectivo de sus competencias con ayuda de un enfoque metódico y estructurado.

En este marco, la evaluación de desempeño es el instrumento más adecuado para identificar oportunidades de coaching y para que el coach pueda generar valor. La revisión formal y periódica del desempeño posibilita detectar problemas antes de que se vuelvan crónicos, facilita la focalización en objetivos y el delineamiento de expectativas. Las sesiones de evaluación de desempeño son tanto una confirmación como una formalización de la instancia de feedback y deberían ser parte del curso de la relación entre coach y coachee.

La evaluación de desempeño identifica fortalezas y oportunidades de mejora, es una instancia de revisión, hacia el pasado, de los resultados de la tarea, y de planeación, hacia el futuro, de acciones para el aprendizaje y crecimiento. El coaching es generalmente parte de ese plan.

Las empresas exitosas implementan programas formales de evaluación de desempeño, capacitación y recompensas. Estos son responsabilidad directa del empleado y de su jefe, quien puede ejercer por sí mismo el rol de coach.

La idea no es sólo que se lleve a cabo efectivamente, sino que también adquiera esa connotación humana que solamente pueden aportar el supervisor y/o el coach, En estas interacciones cotidianas y honestas, se fortalecen las habilidades, se expande el conocimiento y se incorporan valores.

El coaching y la gestión del compromiso

Cuando se establece una relación de confianza y conocimiento mutuo entre el coach y el coachee, se da un terreno propicio para trabajar en el compromiso del coachee con la empresa y su tarea en ella.

La satisfacción y compromiso dependen de que no exista una brecha significativa entre las expectativas de la persona y lo que percibe y recibe del vínculo con la organización (ver Dilema 2).

El compromiso se apoya en:

- la claridad sobre valores y objetivos,
- las competencias necesarias y requeridas para lograr los objetivos,
- la autonomía y capacidad de decisión,
- el reconocimiento manifiesto que se brinda a los empleados acerca de sus contribuciones.

Como se ha descrito, el foco del proceso de coaching está justamente en las mismas dimensiones: definir objetivos, ayudar a mejorar las competencias, acompañar el crecimiento del coachee y celebrar sus logros.

Una cultura de coaching no sólo favorece la formación de talentos que aporten al negocio y lo hagan sustentable, sino que además influye en su sentido de pertenencia y productividad. Los colaboradores comprometidos se centran en su tarea y están dispuestos a incrementar su contribución.

El coaching juega un papel central en la construcción del compromiso, aspecto que, de estar más divulgado, generaría mayor entusiasmo en las compañías y la decisión de respaldar el coaching como herramienta efectiva.

El coaching y el sentido del trabajo

El proceso de coaching se basa en la interacción de tres variables: la asistencia técnica, el desafío laboral y el apoyo personal.

Para apoyar esta última dimensión, el coaching es un diálogo en el que el coachee plantea: "Explíqueme cuál es el sentido de mi esfuerzo" y el coach responde: "Tiene que encontrarlo usted, pero voy a ayudarlo".

Los seres humanos esperan que sus superiores sepan quiénes son y lo que necesitan. Quieren que sus sugerencias se escuchen y participar de los cambios organizaciones cuando estos suceden. El coach, a través del lazo emocional, habilita el diálogo significativo que acerca a cumplir dichas expectativas. Cada conversación es la oportunidad de escuchar ideas e integrar a los colaboradores en los procesos de planeamiento y resolución de problemas. Genera, además, una oportunidad para decir gracias, es decir, un espacio propicio para reforzar la cultura de reconocimiento como motor de motivación y compromiso.

Un trabajo sólo es un trabajo hasta que se identifica el significado de lo que se está haciendo; entonces se vuelve un compromiso. Las personas no están dispuestas a realizar esfuerzos adicionales a menos que vean un sentido en lo que están haciendo. Tienen que conectar su aporte con los objetivos últimos de la organización. El coaching es un espacio privilegiado y único, porque puede guiar al colaborador del "¿por qué?" al "¿para qué?", habilitando y facilitando el proceso por el cual el talento libera creatividad, soluciones, ideas y entusiasmo. La lealtad y el compromiso no se compran: se ganan. Uno de los canales para generar una cultura de sentido y de compromiso es mejorar el modelo de dirigir personas, pasando de ser conductor a líder-coach.

La demanda de coaching, especialmente por parte de los jóvenes profesionales, es fundamentalmente una búsqueda de mayor coherencia y sentido en la tarea laboral y en las perspectivas dentro de una empresa. La coherencia permite alinear valores profesionales y personales y afirmar la individualidad. El coaching es un viaje interesante. Tras el objetivo inicial y explícito de mejora en las competencias, se esconden a menudo preocupaciones que afectan al colaborador en su búsqueda de identidad profesional y su realización personal y social.

En síntesis, el coaching constituye un beneficio potencial para las organizaciones y sus talentos.

Para el talento, las ganancias son claras, el proceso estimula el aprendizaje, lo impulsa a desarrollarse, crecer laboralmente y enriquecerse como ser humano. El coach ayuda a que la persona se interese por la tarea, enfrente los desafíos, se conecte con su trabajo y encuentre sentido a su esfuerzo.

En palabras de Pierre Angel y Patrick Amar, *el coaching crea un espacio en el que la persona puede, en el marco de una relación intersubjetiva específica y a través de una asociación estimulante, optimizar sus recursos y eliminar obstáculos para su crecimiento, hacer que surjan nuevas competencias y conocimientos, y sentirse en un ambiente confiable y de motivación*[2].

---

2. Angel, Pierre y Amar, Patrick: *Guía práctica del coaching*. Paidós, Madrid, 2007.

¿Qué le aporta a la empresa?

- Promueve un ambiente de trabajo positivo y responsable.
- Establece una red de comunicaciones que permite la interacción constructiva.
- Los empleados toman un rol más protagónico en su desarrollo.
- Los líderes se visibilizan como modelos creíbles.
- Mejora el desempeño, que se refleja en trabajos y servicios de alta calidad.
- Aumenta la retención de altos talentos a través de la fundación de mejores relaciones.
- Optimiza el uso de habilidades y recursos.
- Estimula la creatividad y la aparición de talentos que se mantenían ocultos.

La reflexión que se desprende naturalmente de esta lista de posibles aportes es que instaurar una cultura de coaching no es un lujo en el mundo de hoy, sino una necesidad, una inversión para que la organización mantenga su competitividad en el mercado, y el talento continúe desarrollando competencias para desempeñarse adecuadamente en un contexto cada vez más complejo. Se puede discutir cómo implementarlo, sus definiciones, los modelos a utilizar, pero no dudar de que agrega valor.

Mitos y creencias

¿El coach es un educador?

El coaching implica aprendizaje, superación, capacitación; en ese sentido, el coach puede asimilarse a un educador moderno, aunque no en términos académicos, de ser dueño de todas las respuestas y la verdad, sino porque guía y ense-

ña a otro a estudiar por sí mismo, a ser autónomo y protagonista de su aprendizaje.

Una de las dimensiones del coaching es que se trata de
un proceso de aprendizaje por el cual el coachee descubre
brechas en su desempeño y en sus competencias, y encuentra por sus propios medios la forma de achicarlas para alcanzar más efectivamente sus metas.

Coach: ¿se nace, o se hace?

El coach efectivo despliega atributos y demuestra actitudes
y habilidades, algunas estructurales cognitivas o de personalidad, y otras que se pueden aprender. Cualquiera sea el
caso, en general se requiere: tener una vocación genuina
y el deseo de desempeñar la función en forma consistente y disciplinada.

En la medida en que el potencial coach exprese sensibilidad e interés por el rol, su predisposición y capacidad
de adquirir y desarrollar las competencias requeridas será
mayor.

¿Cuáles son los atributos y competencias de un coach?

El buen coach parte de sostener claros valores: respeto,
honestidad, integridad. Estos valores son la plataforma de
las competencias requeridas que incluyen actitudes, habilidades (por ejemplo, ser capaz de mantener un diálogo
empático), conocimientos específicos, y comportamientos
que lo ayuden a desempeñar su rol. Algunas de estas características son:

- sentirse cómodo estando con otros, no aislarse, conectarse, estar atento al mundo exterior;
- poseer capacidades de relacionamiento: sostener
conversaciones significativas (escuchar, estimular el

intercambio de ideas), comunicarse de manera verbal y no verbal, mantenerse receptivo, no criticar, opinar en forma genuina;

- estar abierto, ser flexible, acomodarse a las situaciones con las que lo confronte el coachee; ubicarse en la situación del otro;
- tener tacto, paciencia, discreción;
- ser capaz de admitir los errores, aceptar la crítica y poner límites;
- poder negociar, ceder y convencer.

Como relación de ayuda, el coaching no escapa a los procesos recíprocos de influencia y de poder que subyacen en esta. El coach debe asumir esa responsabilidad dando prueba de una ética impecable, respeto por principios de competencia profesional, responsabilidad, confidencialidad y obligación moral puestos exclusivamente al servicio del desarrollo del coachee.

Entre los rasgos distintivos y efectivos de un coach, se destaca la credibilidad, ganada a base de una actuación que refleje lo expresado en el discurso, demostrando compromiso y otorgando legitimidad. La confianza que acompaña a la credibilidad, y que es una de las claves de la relación entre coach y coachee, surge, entre otras cosas, de que el coach sea un modelo en su decir y accionar. Si sugiere un comportamiento, que él mismo lo ejerza; si da un consejo, que él mismo esté incluido; si orienta a aprender algo, que él sea el primero en saberlo. El coach también, entonces, crece y aprende durante el proceso de coaching.

En todos los casos, aun cuando las habilidades surjan naturalmente, o resulten de un proceso de entrenamiento, el coach responsable debe actualizarse de manera constante, practicar y estar lo suficientemente abierto como para escuchar opiniones y recibir feedback, lo que contribuirá a su enriquecimiento.

No hay tiempo para coaching

Es habitual escuchar de algunos gerentes que no tienen tiempo para prestar atención al desarrollo de sus talentos y consideran suficiente enviarlos a capacitar una o dos veces al año. Por otra parte, pueden pensar que la participación de sus colaboradores en procesos de coaching tomará tiempo productivo, un bien escaso en el mundo de hoy. Y si la función de coach no la hace el jefe, además puede surgir una competencia natural entre ambos, o un recelo sobre quién ejerce la autoridad o tiene la última palabra, lo que consume aún más energía y, en consecuencia, tiempo.

Lo cierto es que manejando los principios del coaching, los colaboradores tomarán cada vez más responsabilidades y las tareas se realizarán mejor. A medida que avanza el coaching, ambos participantes van percibiendo los beneficios resultantes y necesitan utilizar menos tiempo en la relación. Es, en definitiva, una inversión a largo plazo, pero también ahorra tiempos inmediatos minimizando los errores laborales del coachee que afectan los resultados: en efecto, rehacer un trabajo, remontar la frustración, reparar un equipo averiado, recuperar la confianza del cliente u otros afectados son incidentes que terminan comprometiendo más horas del jefe.

La falta de tiempo puede, en algunos casos, representar una natural resistencia a desempeñar un rol complejo o en el que no se tiene mucha experiencia. Siempre es más rápido dar las instrucciones y ofrecer soluciones. Sin embargo, las personas no aprenden a solucionar por sí mismas los problemas, pierden independencia, proactividad y aptitud para innovar, y se llega en casos extremos a una situación de parálisis, mientras se esperan órdenes. La dependencia puede tornarse cada vez mayor.

El desafío consiste básicamente en desterrar la idea de autoridad forzada, entender que el coaching es una inversión en tiempo y energía, no querer solucionarlo todo, guiar

165

al coachee a que aprenda por sus propios medios, no querer controlar cada actividad, aceptar que las personas pueden equivocarse. Jefe y coach deben superar resistencias y obstáculos. El buen coach tiene una doble responsabilidad: utilizar sus competencias para acompañar al coachee y al jefe para que este no se sienta amenazado y comprenda los beneficios de ceder tiempo inicial para ganarlo en el futuro.

El coaching en la diversidad

En línea con las expectativas de todas las generaciones

Si bien inicialmente se puede asociar el coaching a una moda entre los más jóvenes, las investigaciones al respecto demuestran que todas las generaciones encuentran en el método una de las principales herramientas para atender necesidades de desarrollo y aprendizaje en vistas al logro efectivo de objetivos. Además, aun cuando parezca extraño, la mayoría de los jóvenes juzgan el encuentro cara a cara como el mejor canal de contacto, muy por encima de los medios electrónicos, teléfono y otros. Esto plantea el reto de seguir encontrando espacios para el intercambio presencial significativo en un mundo cada vez más acelerado, virtualizado y tecnificado.

¿Qué les puede ofrecer el coaching a las nuevas generaciones?

Sobre la base de lo que estas valoran del ámbito laboral (ver Dilema 4), trabajar con personas positivas, aprender rápido, adquirir herramientas para acelerar su carrera, mejorar para realizar aportes significativos a la tarea, afrontar desafíos, recibir feedback.

En especial cuando los jóvenes tienen un espacio para madurar, el coaching habilita un vínculo emocional que los contiene y ayuda a fortalecerse como profesionales. Debe quedarles claro a ambas partes: el fin es lograr los objetivos profesionales y no los personales. El coach no reemplaza al padre, ni al jefe (en caso de que no ejerza él mismo el rol de coach), sino que complementa y potencia el efecto de todas las otras relaciones del coachee.

En el caso de las nuevas generaciones, los procesos de coaching se aplican con frecuencia en el ingreso de nuevos profesionales a una empresa, en programas de desarrollo al final de sus estudios, al inicio de su carrera laboral, o simplemente como parte del sistema de evaluación de desempeño. Contemplar las posibles necesidades personales, entender las particularidades de cada uno y generar el ambiente propicio para que el coaching sea fructífero colabora en que este proceso permita a los novatos encontrar sentido al trabajo que eligieron.

Coaching de los altos potenciales

Los coaches representan un interesante modelo para los altos potenciales (ver Dilema 10). Analizando los atributos y competencias de estos últimos, muchos coinciden con los esperables de un coach. La identificación del coachee con el coach pasa a ser una alternativa válida para reforzar y apuntalar el proceso de coaching de estos perfiles.

Es probable que los altos potenciales sean en algún momento de su carrera buenos candidatos para ejercer formalmente el rol de coach. Haber atravesado buenas experiencias los ayudará a desempeñarlo con entusiasmo y compromiso.

Los altos potenciales exigen buenos coaches y tienen altas expectativas en ellos; y al mismo tiempo, son naturalmente coaches de quienes los rodean.

¿Coaches mujeres?

Algunas de las cualidades más destacadas de las mujeres, aunque no exclusivas de ellas (ver Dilema 3) –empatía, calidad en la relación, sensibilidad, acercamiento, capacidad de hacer varias tareas disímiles al mismo tiempo– son clave en una relación de coaching. Las mujeres cuentan con el don biológico de dar a luz y educar, y mucho de lo que implica un proceso de coaching está vinculado con eso. Pujar (metafóricamente) para que el otro encuentre su luz, guiar, ayudar a levantarse ante una caída, animar a seguir a pesar de las dificultades, mostrar los errores para corregirlos son, entre otras, acciones que pueden asimilarse a las propias del proceso de coaching.

Es natural que haya una predisposición a elegir un coach o coachee del mismo género, con el cual identificarse y compartir intereses y problemáticas. En la medida en que la mujer ocupa mayores espacios en el mundo laboral y va creciendo jerárquicamente, aquellas empresas que desarrollen coaches femeninos tendrán una útil herramienta para el crecimiento organizacional.

Coaching ejecutivo

El coaching ejecutivo facilita el desarrollo profesional y personal, el aprendizaje y el desempeño de cargos directivos, para mejorar la competitividad y aumentar aún más las posibilidades de crecimiento.

El coaching ejecutivo es una disciplina que hace tiempo está en las grandes organizaciones y sigue desarrollándose. Si bien las técnicas y procesos utilizados provienen de una amplia gama de métodos tradicionales, su práctica requiere una selección artesanal del coach y la combinación de las técnicas más apropiadas para el cliente. En este sentido, se dice que es tanto una ciencia, ya que proviene de la investigación y de un marco académico sólido, como un arte, puesto que la habilidad, flexibilidad y experiencia del coach en su interpretación de la metodología y de la situación particular, contribuyen al éxito del proceso.

El coaching ejecutivo requiere más que una conversación inteligente, aun cuando se piense que puede ser suficiente dada la experiencia del coachee. Algunos piensan que simplemente con tener habilidad para escuchar, formular preguntas, hacer sugerencias, basta para llevar adelante un proceso de coaching ejecutivo. Sin embargo, otras competencias, herramientas y metodologías específicas son necesarias y no deben ser subestimadas. Por otra parte, dada la complejidad de la relación, simplemente aplicar una buena estrategia de coaching puede no asegurar los resultados esperables, con lo cual las expectativas deben estar muy claras desde el comienzo del proceso.

El coaching ejecutivo apunta a guiar al profesional en forma no directiva, pero sí focalizada y direccionada hacia el resultado deseado. En general, cuanto más experimentada y de mayor edad sea la persona, mayores serán su autonomía, autosuficiencia y recelos y, por lo tanto, las resistencias naturales a participar de este tipo de proyecto. Cuando el coachee tiene funciones ejecutivas, es frecuente que desvíe el proceso, no necesariamente en forma intencional. El objetivo, que debe estar siempre presente, es mejorar algún aspecto de su vida profesional.

Es central en el coaching ejecutivo que todos los integrantes de la relación triangular (organización, coach y coachee) comprendan el rol específico y la responsabilidad de cada uno. En general, aceptar intervenir en este tipo de coaching es una elección: ¿por qué no hacerse responsable de la decisión, especialmente si lo que se espera son resultados beneficiosos para todas las partes?

Tendencias y perspectivas del coaching

En los últimos años, el coaching profesional se ha desarrollado de manera sustancial tanto desde el punto de vista de la demanda como de la oferta. Los medios de comunicación se han hecho eco de ello y alimentan la creciente importancia de un rol que, más allá de que pueda ser un fenómeno de moda, presenta aspectos estructurales y responde a necesidades reales y duraderas. Utilizando la curva clásica del ciclo de vida de una persona en un trabajo –orientación, crecimiento y madurez–, el coaching aparece como de gran utilidad en la fase de crecimiento.

Acompañando este crecimiento, el rol de coach se ha ido profesionalizando, con capacitaciones específicas para el talento de la empresa con perfil e interés en ejercerlo, e incluso con escuelas que brindan ese servicio en forma exclusiva e independiente. Recientemente se ha visto que aparecen en la empresa las funciones formales de "coach interno" o de "manager coach".

Algunas de las tendencias son:

- desarrollo de estándares profesionales para el coaching ejecutivo,
- desarrollo de culturas de coaching en las organizaciones,
- aumento de acciones de coaching interno y externo,
- necesidad de desarrollo de metodologías y herramientas más sofisticadas,
- creciente demanda del coaching grupal.

Estas tendencias impactan en la difusión y profesionalización del proceso de coaching, en el mayor respeto por el coach y en el incremento de la confianza en que puede ser de gran utilidad para los talentos y las organizaciones. Ha pasado de considerarse un signo de pregunta o un gasto, a entenderse como una práctica necesaria y cada vez más requerida.

¿Soy, o tengo, un buen coach?

Se puede analizar de muchas maneras si un coach tiene las habilidades necesarias y si desempeña efectivamente su rol; una de ellas es hacer algunas preguntas orientativas, del tipo de las que siguen.

¿Demuestra usted interés en el desarrollo de carrera y no solamente en las tareas a corto plazo?

¿Brinda apoyo al mismo tiempo que incentiva la autonomía?

¿Colabora en el establecimiento de objetivos ambiciosos pero alcanzables? ¿Intenta llegar a un acuerdo sobre los objetivos y los resultados esperados?

¿Es un buen modelo en lo relacional y en la ejecución de su tarea?

¿Comunica las estrategias del negocio y las conductas deseables como base para fijar objetivos?

¿Trabaja y analiza con la persona la generación de distintas opciones y soluciones consensuadas?

Antes de brindar feedback, ¿observa detalladamente y sin prejuicios al otro?

¿Distingue las observaciones de los juicios o las presunciones?

¿Brinda información oportuna y participa en las decisiones? ¿Solicita la opinión del otro?

¿Evita cuidadosamente utilizar su desempeño como referencia para evaluar a los demás?

¿Parafrasea o utiliza otro método para aclarar lo que se ha dicho en una conversación?

¿Utiliza lenguaje gestual moderado e indicaciones verbales de que está siguiendo lo que su interlocutor le dice?

¿Estimula el intercambio de ideas e información?

¿Brinda feedback específico y oportuno, centrado en la conducta y sus consecuencias (más que en juicios vagos)?

¿Realiza seguimiento para asegurarse y ayudar al otro a visualizar si las cosas progresan como fue planeado?

¿Estamos describiendo a un superhombre o una supermujer? En absoluto: solamente a una persona que tiene aptitudes, vocación y se ha preparado para ayudar a otros a que sean protagonistas de su mejora y crecimiento profesional, creando una cultura laboral competitiva y competente.

El dilema en síntesis

El coaching no es un fenómeno nuevo. Lo relativamente actual es su uso generalizado en las empresas como metodología para acompañar el desarrollo y el desempeño de sus talentos.

La amplia difusión de sus beneficios en los resultados de la empresa, por la mejora en el logro de objetivos y en indicadores de motivación, ha llevado a las organizaciones a generar una cultura de coaching. Implica que cada gerente o supervisor aplique aspectos de este proceso en diversas instancias de su relación laboral con los empleados. Si bien en principio estuvo más dirigido a ejecutivos, se ha extendido a los diversos niveles de la empresa, especialmente a los jóvenes talentos para acompañarlos en el desafío de madurar laboralmente.

Los atributos y competencias que hacen a un coach lo asimilan al rol de un mentor o counsel, y estos nombres suelen usarse en forma indistinta. No hay duda, además, de que son parte de las características de un buen líder. El rol puede ser desempeñado por un gerente, otra figura interna de la organización, o por un profesional externo especializado. Lo importante es que el proceso tiene connotaciones específicas como definir objetivos concretos, hacer seguimiento y ayudar al coachee a que se oriente en el camino para alcanzarlos y para encontrar el sentido de su trabajo. El proceso es más productivo en la medida en que ambos, coach y coachee, son protagonistas en cada etapa.

Debido a que el coach ayuda a otros, termina ayudándose a sí mismo, se enriquece su vida y la organización en la que trabaja, pues genera beneficios tangibles en los resultados del negocio.

El proceso de coaching requiere crear un ambiente de energía y motivación en el que los talentos sientan que participan en la creación de valor y se comprometen a largo plazo con los objetivos propios y de la empresa. Es preciso para esto desarrollar competencias de naturaleza relacional y emocional. En un mundo competitivo, acelerado, con crisis cíclicas y cambios demográficos constantes, el aporte intangible y el tangible del coaching cobran relevancia.

Los talentos son uno de los pilares de una compañía, sobre todo si se sienten satisfechos por el vínculo que entablan con personas con más experiencia y con habilidades para guiarlos en su carrera. Si perciben que se enriquecen laboralmente y que su trabajo aporta a la estrategia y tiene sentido en el marco de los objetivos organizacionales, terminan siendo más productivos y estando más comprometidos. En este marco, el proceso de coaching deja de ser una moda o un beneficio para el talento, y pasa a convertirse en una necesidad para hacer prosperar el negocio, se sostenga y contribuya responsablemente con la comunidad.

LA MAGIA DEL NETWORKING: ¿SER PARTE, O DESCONECTARSE?

La globalización, los medios de comunicación, la complejidad de las organizaciones con estructuras no tradicionales, las tecnologías virtuales y sociales han generado vínculos entre personas o grupos que no se limitan a las relaciones unipersonales presenciales. Se ha superado esta frontera hacia redes multidimensionales que dominan las modalidades de gestión personal y laboral. Las redes de contacto, o networks, se han convertido en una herramienta fundamental de trabajo, de enriquecimiento y de desarrollo. Conllevan algunas disyuntivas y desafíos tales como los que siguen.

¿Los beneficios de las redes de trabajo son un mito, o una realidad?

¿Son una inversión a largo plazo, o simplemente una oportunidad transaccional?

¿Se puede pertenecer a un sinnúmero de redes de trabajo y al mismo tiempo conservar espacios de intimidad?

¿Es posible armonizar todas las responsabilidades y actividades y al mismo tiempo ser parte activa de redes de contacto? ¿Es posible gestionar varias redes simultáneamente?

¿Las redes de contacto de relaciones favorecen a las empresas, o sólo a las personas?

¿Qué implica realmente ser parte de las famosas redes? ¿Son de utilidad para todos?

¿Son aleatorias o se pueden construir proactivamente y mejorar su funcionamiento?

Redes invisibles que hacen la tarea

Hoy ya nadie niega que en un mundo globalizado y competitivo, las organizaciones tienden cada vez más a seguir modelos horizontales en los que la eficiencia y los resultados dependen de la cooperación de sus empleados, de la transversalidad de los procesos y proyectos, y de la asociación con clientes y proveedores. A su vez, con el avance de las tecnologías sobre la vida de las personas y las organizaciones, y la multiplicidad de tareas, demandas y responsabilidades, aparecen nuevas soluciones de relacionamiento y trabajo. Su rápida expansión y los cuestionamientos que se generan sobre el efectivo y equilibrado uso de estos recursos, imponen cierta reflexión y análisis. Tanto las organizaciones como las personas pueden obtener un gran provecho de las redes (networks) y del ejercicio de este tipo de relacionamiento (networking); las claves son cuándo, cómo y con quién.

El fortalecimiento de las redes, tanto internas como externas a una organización, es parte del negocio de todos los días. En un entorno cada vez más complejo y con recursos escasos, la cooperación y comunicación generan valor.

La construcción de redes sólidas permite gestionar relaciones efectivas con clientes y potenciar equipos de trabajo, ejecutar tareas a distancia, multiplicar los contactos, y aprender simultáneamente de fuentes variadas. Las redes se convierten en telas de araña que van generando resultados y abriendo horizontes.

El nombre del juego: conectar, conectar, conectar

No sólo a nivel de las organizaciones se comprueban y aprecian el valor y la utilidad de las redes de contacto y relacionamiento. Las tecnologías disponibles y las facilidades para viajar han derribado barreras y generado apertura para que los talentos desarrollen lazos de afinidad o redes informales invisibles. Estas rara vez aparecen en los organigramas formales de las organizaciones o en la definición de una operación comercial, pero a menudo son las responsables de que las cosas sucedan.

El aprendizaje encuentra su máxima efectividad en situaciones grupales y en las interacciones personales. La innovación y las oportunidades surgen primordialmente de conexiones colaborativas.

El arte de conectar y conectarse, presencial o virtualmente, ha pasado a ser protagonista de los sucesos que nos rodean.

El papel principal de este juego lo desempeñan las personas: los expertos en conectar y conectarse.

Networking: la puerta al capital relacional

Una red de contactos es un conjunto de relaciones con personas de dentro y fuera de una organización, con las que se produce un intercambio de información, ideas, etc., beneficioso para los participantes y su entorno.

Tradicionalmente, cuando se hablaba de contactos se aludía, por convención, a mantener relaciones de influencia basadas en el intercambio de favores o de situaciones beneficiosas. Sin embargo, en la actualidad, el networking de relaciones se refiere a las redes de contactos cuyo objetivo es construir vínculos de alta calidad con el interés compartido de lograr mejores resultados, innovación, aprendizaje y crecimiento.

Lejos de ser una mera estrategia o herramienta, el networking se focaliza en la calidad de las relaciones y no en su cantidad. Las relaciones humanas son complejas: requieren predisposición y un ejercicio constante, pero también crean poder y se convierten en un capital intangible en el que vale la pena invertir.

Tanto en el ambiente de los negocios como en el doméstico, las relaciones son fundamentales para crecer y progresar.

El networking resulta de la construcción de relaciones basadas en valores y principios. Con un tinte netamente vincular, son un proceso consciente, estratégico y no aleatorio que implica un compromiso a largo plazo y persigue la resolución de problemas a través de experiencias compartidas.

Esto diferencia las redes de grupos de contactos esporádicos de aquellos con fines solamente operativos o transaccionales que persiguen beneficios unilaterales, basadas en meros intercambios de opiniones e información, que producen relaciones de alcance limitado, pues buscan un interés específico.

Las redes constituyen un atractivo y beneficioso desafío, pero, al mismo tiempo, demandan compromiso, disciplina y responsabilidad.

En *La era del acceso*, Jeremy Rifkin sostiene que el sistema capitalista ha llegado a un punto en el que ... *los mercados van dejando sitio a las redes y el acceso sustituye cada vez más a la propiedad. Es muy probable que un mundo estructurado en torno a las relaciones de acceso produzca formas intangibles de poder que se presenten en paquetes de información y en activos intelectuales...*[1].

---

1. Rifkin, Jeremy: *La era del acceso. La revolución de la nueva economía.* Paidós, Buenos Aires, 2000.

¿Qué facilita abrir la puerta al mundo del networking?

La apertura, la flexibilidad, la proactividad y la capacidad abierta de comunicación son habilidades centrales necesarias para participar en las redes de trabajo.

Pero para construir relaciones personales a largo plazo hace falta, además, que existan elementos comunes que tracen un puente emocional con otros: compartir sentimientos, intereses, objetivos, estar abiertos a conocer a los demás y a darse a conocer, enfocarse en la persona más allá del rol o la posición que ocupe, conocer su entorno, sus antecedentes, sus vivencias personales o laborales, los datos adicionales que constituyan un valor agregado para el vínculo, saber escuchar (ver Dilema 5) y entender las necesidades del contacto.

Es más eficaz trabajar cuando se ha establecido un vínculo emocional, donde se produce una conexión personal. Desarrollar dicho factor intangible puede ser percibido como una pérdida de tiempo, pero en definitiva es una inversión. Ayuda a que en el momento de necesitar ese contacto, las puertas se abran más fácilmente y a que, en forma inesperada, puedan aparecer oportunidades.

Los requisitos para los talentos han cambiado tanto y se han vuelto tan diversos que contar con algunas competencias es insuficiente. Si tienen la apertura y la facultad de establecer conexiones deseadas, podrán complementar sus conocimientos y habilidades con las de otros y optimizar el desempeño personal y de los otros miembros de la red.

¿Qué valor tiene una red?

Estamos cada vez más conectados. Esto no sólo favorece la construcción de las propias relaciones, sino que también expone mucho más a los contactos de otros terceros.

Construimos relaciones en un universo de 360 grados. En las empresas y en los negocios, este hecho es vital porque amplía el área de gestión y permite establecer contactos con innumerables fuentes y recursos.

A menudo resolvemos nuestros problemas a través de nuestros contactos, las decisiones siempre están influidas por alguien, las personas preferimos negociar y hacer nuestra tarea con quienes conocemos y en quienes confiamos.

Las redes son valiosísimas para los talentos, entre otras razones, porque:

- en la mayoría de los casos se encuentra trabajo por medio de amigos o conocidos, en lugar de reclutadores, avisos o entrevistas con empleadores;
- les permiten conocer profesionales que pueden operar como modelos, de los que pueden aprender y que pueden acompañar su aprendizaje y desarrollo laboral, tales como coaches y mentores (ver Dilema 6); es más fácil organizar una reunión, conferencia, viaje, etc., cuando se tienen contactos adecuados a cada una de las tareas requeridas;
- el ingreso a instituciones educativas, consultas médicas, compras, casi todos los acontecimientos de la vida suelen ser más efectivos a través de referencias y contactos.

¿Son valiosas también para las empresas?

En esta nueva era global cuando la competencia se acrecienta y los cambios se suceden con rapidez, es imperativo para las empresas contar, internamente y en relación con el entorno, con redes que favorezcan las operaciones comerciales, la presencia de marca y la captación de clientes y personal. Las redes les generan valor porque:

- las oportunidades de negocio, de optimización de procesos, productos o servicios, la reducción de costos y otros objetivos empresarios, son más eficientes cuando se realizan con redes de trabajo. Los tratos comer-

ciales son menos engorrosos y hasta pueden ser más rápidos cuando son referenciados por contactos;
• la innovación en todas sus facetas es siempre producto del intercambio de datos, información y mejores prácticas, que se obtienen a través de contactos variados.

Las organizaciones del futuro son las que basan su estructura y su funcionamiento en redes de relaciones, de trabajo y de gestión.

Para esto deben alentar a sus colaboradores a seguir sus instintos creativos, establecer vínculos, ser cada vez más emprendedores. El núcleo de las redes son las personas; sin ellas no existen, de ahí que las organizaciones requieran empleados para los cuales el networking sea un estilo de trabajo.

El hecho de que cada empleado multiplique sus relaciones en forma espontánea y auténtica, redunda en beneficio de los equipos y de la empresa en general.

Prácticas para estimular el networking

¿Las redes se fortalecen y multiplican por sí mismas, o las organizaciones pueden intervenir para fomentarlas?

Por supuesto que es posible generar las condiciones para que las redes se desarrollen, para que estén enfocadas en los intereses de las personas y del negocio, y para que den resultado. A continuación, se enumeran algunas acciones positivas en ese sentido.

• Favorecer la cooperación y el trabajo en equipo, no la competencia.
• Desarrollar una cultura de apertura y escucha activa. Entrenar en habilidades de comunicación, oral y escrita (ver Dilema 5).

- Explicitar el propósito y valor de las redes de trabajo. Reconocer formal e informalmente a quienes las
construyen y comparten.
- Estimular el contacto con personas de especialidades
y funciones diversas, generando proyectos interárea y
multidisciplinarios. Incentivar el desarrollo de redes
con profesionales de distintos perfiles, y la consulta permanente entre empleados más allá de su formación y
jerarquía. Fomentar la diversidad (ver Dilema 3) contribuye con la efectividad de las redes.
- Implementar programas estratégicos de incorporación
de personal. En general, los nuevos miembros ingresan con mucha energía, ideas y redes de contactos.
Uno de los pasos más productivos de esta adaptación
es integrarlos a la cultura de la empresa y vincularlos
rápidamente con las personas de quienes pueden
aprender. La asignación de mentores promueve el inicio de redes de contacto informal. Los empleados que
se conectan rápidamente con sus pares y establecen
relaciones a largo plazo con ellos, tienden a demostrar un mejor desempeño y se sienten más satisfechos
con su trabajo.
- Brindar herramientas tecnológicas creadas para construir y administrar redes de contactos. Muchas organizaciones se están acercando a tecnologías más colaborativas que fomentan compartir el conocimiento,
alientan el flujo libre de ideas y permiten una mejor
utilización del tiempo. Las aplicaciones como las piza-
rras compartidas, video, chat, blogs, wikis y sistemas
interactivos de toma de decisiones están ganando popularidad (ver Dilema 8). Son herramientas fáciles de
utilizar pero también riesgosas. Permiten compartir
opiniones e información abiertamente con cualquiera que tenga acceso a Internet. Promueven el diálogo
y el aprendizaje, y están diseñadas para ser actualiza-

das frecuentemente. También son recursos poderosos de intercambio y generación de nuevas ideas.

- Cultivar la creación de comunidades de práctica en torno a determinados ejes (objetivos, intereses comunes, planes, programas, etc.). Las comunidades están jugando un rol poderoso en el aprendizaje, la innovación y la ejecución. Las investigaciones al respecto permiten concluir que aquellos que son parte de comunidades alcanzan resultados en períodos más cortos de tiempo.

- Incentivar un buen ambiente de trabajo que favorece el sentido de pertenencia, identidad y contención. Organizaciones con buen clima son imanes que atraen y comprometen (ver Dilema 2). En general, a los empleados no les cuesta dejar grandes empresas impersonales, pero sí lo piensan cuando eso significa que tienen que alejarse de amigos y contactos generados en un ambiente de trabajo grato. En estos entornos las personas tienden a esforzarse por enriquecer sus redes habituales de contacto con quienes comparten intereses, actividades y experiencias.

- Diseñar espacios físicos que promuevan la conexión y faciliten la concentración. El ambiente físico tiene gran influencia en la forma en que los empleados se comunican y trabajan. Tanto la proximidad como el layout son importantes. El networking informal se enriquece cuando el espacio lo propicia.

- Desarrollar y reconocer a los líderes que sean reconocidos como modelos de construcción de relaciones.

Barreras habituales

¿Las relaciones a través de redes fluyen fácilmente, o se presentan desafíos en el camino?

La naturaleza del networking implica resolver situaciones complejas y problemáticas. Identificar personas y grupos con los que se debe interactuar es sencillo; sin embargo, el proceso de construir y mantener estas relaciones a menudo puede generar distintos tipos de barreras.

1. Barreras operacionales: desarrollar proyectos que abarquen diferentes departamentos, funciones, divisiones, jefes, objetivos y metas puede traer aparejadas dificultades para establecer relaciones cooperativas.
2. Barreras jerárquicas: relacionarse con personas de jerarquía superior o inferior plantea también cuestiones de poder, acceso y agenda que pueden obstaculizar la tarea.
3. Barreras demográficas: el networking con personas de distintas razas, edades, orígenes, géneros, o niveles socioeconómicos demanda mayores esfuerzos.
4. Preferencias personales: los estilos personales pueden hacer del networking una experiencia más o menos desafiante. Podrá ser menos cómodo para personas reservadas que para las extravertidas. Esto demanda buscar un equilibrio entre las cualidades personales y las habilidades requeridas.

Análisis del desempeño de las redes

Las redes de contacto y trabajo de una organización pueden ser analizadas y evaluadas a través de diversas metodologías. Esto permite identificar riesgos, analizar cómo fluye la información, quiénes son los destinatarios y cuáles las personas clave para el funcionamiento de las redes. Medir su desempeño es el primer paso para optimizarlas.

Se trata de diseñar una radiografía de las relaciones: quién comparte conocimiento con quién, quién acude a quién para obtener qué, cuán frecuentemente las personas se comunican entre sí, quién tiene el poder, quién hace que la información circule en la red, quién confía en quién, etc. La metodología a utilizar puede incluir una variedad de herramientas tales como observaciones, entrevistas, encuestas, focus groups, análisis de proyectos exitosos, aporte de agentes de cambio y opinión, investigación del uso de herramientas tecnológicas virtuales y sociales, entre otras. El trabajo que se requiere no representa un gasto o pérdida de tiempo sino una inversión en tanto oportunidad de optimizar redes útiles para los talentos y la organización.

Este estudio influye en los resultados organizacionales. Directamente, porque detecta debilidades en la conectividad o en los patrones de comunicación. Indirectamente, en la medida en que las personas perciben que el efecto de sus conexiones se traslada a resultados tangibles y evaluables, se comprometen más en crearlas y mantenerlas.

El análisis de las redes permite:

- mapear el flujo de conocimiento e información de las personas en áreas críticas, y reforzarlo para la toma de decisiones sobre alianzas y acuerdos;
- evaluar si la colaboración entre funciones es ordenada y eficiente;
- señalar qué personas son las más confiables, de modo que los líderes puedan entender qué los hace diferentes y cómo desarrollar sus competencias y extenderlas a otros;
- revelar cómo un equipo utiliza su expertise y la de la empresa en general;
- organizar grupos de empleados que generen sinergia entre las competencias y expertises compartimentalizadas o dispersas;
- identificar riesgos actuales y potenciales generados por redes inapropiadas;

- identificar y valorar la presencia de los conectores, aquellos individuos que juegan roles importantes en mover el flujo del trabajo;
- acompañar a aquellos empleados con demasiadas responsabilidades, y redistribuir más equitativamente el trabajo;
- reforzar redes débiles y acercar a los desconectados, brindarles el apoyo de las más fuertes hasta hacerlos florecer.

Networking efectivo

Un networking exitoso implica tanto contactarse con gente como ayudarla a alcanzar sus objetivos. Requiere ser generosos con el propio tiempo, porque supone un continuo dar y recibir. Las personas que desarrollan redes de contactos deben contribuir recíprocamente para incluir y sumar a nuevos miembros a su red. Cuando se ayuda a alguien, el beneficio se expande y produce más oportunidades para más personas. Esto crea una asociación en permanente crecimiento. Cuantas más personas contribuyan a la red, mayor será su expansión y su riqueza.

Requisitos básicos del networking

¿Se puede aprender a construir, desarrollar y utilizar una red? ¿Cuáles capacidades contribuyen con su efectividad?

1. Autenticidad: una red de contactos se alimenta con un deseo genuino de construir relaciones, brindar apoyo a los demás y realizar el trabajo para obtener un beneficio compartido. La autenticidad genera confianza en los demás.
2. Reciprocidad: la información, el acceso a los servicios y otros recursos deben compartirse. La reci-

procidad es un principio básico del funcionamiento de una red. Los recursos se dan y se reciben, y el intercambio debe reforzar y mejorar los logros de cada participante.

3. Habilidades comunicacionales: consisten en transmitir la información en forma clara, precisa y oportuna. Es imprescindible saber escuchar tanto como dialogar para poder solicitar y absorber la información y potenciar los beneficios provenientes de una red.

4. Habilidades de negociación: es importante saber cuándo ser más incisivo y cuándo más receptivo, cuándo compartir información y cuándo retenerla, cuándo potenciar los resultados para llegar al objetivo final.

5. Manejo del conflicto: la propia definición de red incluye diferencias de intereses, opiniones y posturas capaces de llevar a conflictos. Estos no pueden resolverse unilateralmente o mediante el ejercicio del poder. Cuando surgen, demandan estrategias que permitan a todos ganar y aprender.

6. Administración del tiempo: los mejores momentos para expandir un círculo no son aquellos en los que los contactos se necesitan, sino las oportunidades constantes tales como un nuevo proyecto, una actividad de capacitación, una reunión, un viaje, entre otros.

7. Visibilidad y accesibilidad: es necesario generar espacios de afinidad con las personas con las cuales se comparten valores, objetivos y creencias, cuidar la red como un bien preciado y alimentarlo, siendo útil a sus miembros y manteniendo contacto frecuente.

8. Generosidad y honestidad: desarrollar contactos y convertirlos en relaciones fructíferas mediante el interés, el respeto y la confianza mutuos potencia los beneficios de la red. Dedicar tiempo, y ofrecer ayuda, opiniones e ideas.

9. Diversidad como valor: es muy positivo incluir en la red a personas con diferentes antecedentes, experiencias y estilos, a aquellas que tienen la habilidad innata de conectar y que disfrutan lo vincular, son extravertidos, sociables, vitales y conocen a mucha gente; pero también a aquellos que, aun siendo más reservados, ejercen influencia con sus conocimientos, reputación o habilidad.

10. Humildad: uno de los valores más difíciles pero más fructíferos, que incluye buscar experiencias de otros para cubrir debilidades propias, estar abierto a aprender y a reconocer que no se tienen todo el conocimiento ni los recursos.

¿Por qué la necesidad creciente del networking?

¿Hubo factores que incidieron en la aparición de este fenómeno, o fue resultado natural de la evolución del mundo?

Sin duda muchos cambios en los últimos tiempos han incidido en la aparición de interconexiones que apuntaban a la necesidad de que la información fluyera mejor y a optimizar el desempeño de talentos, organizaciones y negocios. Las redes pasaron a ser herramientas útiles para desarrollar conexiones entre las personas, proveedores, clientes y otros públicos de interés, incluso distribuidos en diferentes espacios y geografías.

Algunos de los factores que influyeron

- El crecimiento de la práctica de outsourcing. A medida que las empresas hacen más y más tercerización de servicios, aparecen mayores necesidades de que los trabajadores puedan comunicarse clara y directamente con otros grupos y organizaciones.

- Negocios sin barreras geográficas ni idiomáticas. Globalización de las conexiones comerciales, académicas, artísticas, etc.
- Corporaciones multinacionales y regionales que requieren estar comunicados y trabajar integrada y consistentemente más allá de fronteras geográficas.
- La expansión del mercado virtual. Equipos en red, e-commerce, comunidades on-line, marketing a través de portales de la Web y otras innovaciones.
- El impacto de las redes informales dentro de una organización. Se sabe que muchas de las decisiones, desarrollo de proyectos y resultados no se dan en el marco de las estructuras y roles formales.
- Fusiones y/o grandes cambios organizacionales que requieren para su concreción relaciones y contactos no habituales.
- Aparición de herramientas virtuales (ver Dilema 8) que desarrollan exponencialmente los círculos de influencia, como blogs (sitios web que permiten publicar textos, fotografías, videos, archivos de audio y links); wikis (enciclopedias virtuales con contenidos co-elaborados); redes sociales (como Linkedin, Facebook, MySpace, etc.), comunidades on-line cuyo propósito general es construir y administrar redes de contactos (Communities of Practice).
- Las inserción de las generaciones jóvenes en los ámbitos sociales y laborales, que aportan una modalidad de vinculación y comunicación basada en redes muy amplias de contactos.

El dilema en síntesis

La globalización y la tecnología, el avance de los negocios, los cambios demográficos, plantean un nuevo escenario dominado por la apertura, la horizontalidad, la colaboración y el acceso a innumerables fuentes de información y conocimiento. Las redes en sí mismas y el constante networking permiten reunir personas en torno a un propósito común, para el que la tecnología facilita la conexión y organiza las relaciones. Pertenecer a estas redes es un camino ineludible, son parte de la modalidad de trabajo y vínculo del mundo de hoy.

Las relaciones humanas son la plataforma desde la que se sustentan las redes de contacto y trabajo. Estas van más allá de las transacciones para satisfacer necesidades individuales a corto plazo. Para construir un networking confiable y a largo plazo, es importante trazar puentes emocionales basados en la honestidad, la empatía y la generación de espacios de interés común. Las experiencias personales son de gran valor y la calidad humana es un recurso indispensable para formar y fortalecer redes de trabajo que enriquezcan a los talentos, potencien su tarea, y optimicen los resultados de las empresas.

Las redes juegan un rol poderoso para las personas y para las organizaciones. Son idiosincrásicos del aprendizaje y del trabajo efectivo, y favorecen la innovación. Otorgan un sentido de pertenencia, identidad y contención, necesarios para enfrentar un mundo cada vez más complejo y cambiante.

Las redes pueden analizarse y mejorarse, pues existen habilidades que las favorecen y prácticas para estimularlas y aprovechar su esencia.

Son además una herramienta vigorosa porque contribuyen a desarrollar el capital social. El capital social emerge cuando los grupos construyen confianza, entendimiento mutuo y deseo de cooperar de tal forma que lo que produzcan sea mayor que la suma de las partes, y se traduzca en beneficios tangibles para la comunidad en general.

DILEMA 8

RELACIONES VIRTUALES:
¿SOCIALIZACIÓN, O AISLAMIENTO?

Las tecnologías de comunicación social han invadido el mundo en forma acelerada. Impactaron en la manera de gestionar el aprendizaje, el trabajo, el conocimiento y las relaciones, se introdujeron en las organizaciones y hasta han cambiado la manera de entender la intimidad. Hoy gran parte de los vínculos entre las personas se multiplican y formalizan a través de estos medios.

¿El uso exponencial de herramientas sociales virtuales deshumaniza, o enriquece?

¿Cuáles son las herramientas digitales más utilizadas? ¿Por qué se las llama "sociales"?

¿Su empleo genera una pérdida o dilución de la tan valiosa individualidad?

¿Qué lleva a esta necesidad de compartir perdiendo cierta privacidad? ¿Cuáles son los riesgos? ¿Fortalece las relaciones?

¿Son producto de la sociedad de consumo, y al mismo tiempo contribuyen con ella?

¿Cómo impacta el uso de las tecnologías sociales en la productividad del trabajo?

¿Por qué cada una de las aplicaciones tecnológicas tiene firmes detractores y defensores?

¿Cuáles son los efectos de la llegada, para quedarse, de las aplicaciones tan difundidas de relacionamiento social y virtual?

¿Los equipos de trabajo virtuales son tan efectivos en su funcionamiento como los presenciales?

¿Evolución o amenaza?

Las consecuencias de la invasión de tecnologías digitales son objeto de preocupación. Como toda herramienta, seguramente estos nuevos recursos, que evolucionan permanentemente, no son buenos ni malos en sí mismos, sino que sus efectos dependen del uso que se haga de ellos.

Por un lado existen planteos catastrofistas, que contemplan la virtualización como el cataclismo que anuncia el fin de la cultura y las relaciones humanizadas; y por otro, visiones idealizadas que la presentan como la panacea para los problemas de nuestras sociedades posindustriales. Hace ya varios años, Pierre Lévy[1] indagaba sobre el fenómeno, partiendo de la premisa de que es parte lógica del proceso de desarrollo de la humanidad.

Es innegable que una nueva manera de abordar la realidad influye en el lenguaje, las relaciones, y el comportamiento en general. La virtualización y digitalización es más que un avance tecnológico, es un gran cambio cultural. No será una amenaza si se incorpora a la sociedad con equilibrio y madurez, y esto está en manos de todos aquellos que tienen alguna preocupación por el legado que dejarán a las nuevas generaciones (ver Dilema 4).

---

1. Lévy, Pierre: *¿Qué es lo virtual?* Paidós, Barcelona, 1999.

El fascinante mundo digital y virtual

¿Estamos realmente ante una revolución digital?

La novedosa manifestación cultural –que surge de la convergencia tecnológica de la electrónica, el software y las infraestructuras de telecomunicaciones– originó lo que hoy se denomina "revolución digital". Por un lado, la electrónica ha aportado el desarrollo de equipamiento de procesamiento de la información a un ritmo muy acelerado. Por otro, se ha complejizado el soporte lógico para esas máquinas. Pero además, se ha pasado de la colección estática de websites (Web 1.0) a la Web 2.0, plataforma que habilita para generar una nueva dinámica social de aplicaciones y servicios de web. Ya se habla de Web 3.0, que combinaría las técnicas de inteligencia artificial con el acceso a la capacidad humana de realizar tareas extremadamente complejas. En cualquier caso, otorgar significado, y aumentar la interacción y la navegación son factores que muchos señalan como decisivos en esta nueva etapa de la Web.

La posibilidad de recibir, difundir, generar y significar datos y opiniones, sin límites geográficos y por cualquier medio de expresión, se ha visto inmensamente potenciada por la confluencia de modernas tecnologías de la información y la comunicación.

Esta confluencia facilita la emisión de mensajes, el intercambio interpersonal, la conformación de redes de individuos y comunidades, en una nueva dimensión de la realidad que trasciende las fronteras espacio temporales tradicionales y pone en contacto culturas e individuos de manera inmediata y permanente.

El mayor cambio reside en que las personas son las que delinean la Web y el conocimiento digital colectivo a medida que suben contenidos y cliquean billones de veces al día. Hoy, el enfoque no es pasivo, donde sólo se baja información, sino que implica una colaboración activa de la gente

193

a través del aporte de archivos, interacción, cambio, customización y combinación de información, etc.

Las tecnologías constituyen una nueva forma de estimular a una cantidad importante de personas para que se unan a trabajar, construir y compartir. Da origen a una sabiduría colectiva, a redes permanentes de interacción y a la generación de un valor colectivo para los participantes.

No hay duda de que se pueden identificar riesgos en estas nuevas aplicaciones: la difusión de información incorrecta, obsoleta u obscena, la exposición a desconocidos, la pérdida de privacidad y confidencialidad, la dedicación de tiempo descuidando otras actividades, etc.

Sin embargo, muchos pueden ser sus beneficios si se utilizan apropiadamente. ¿Acaso no se está, en alguna medida, revalorizando el aprendizaje a través del hacer? ¿No es una manera de incentivar la solidaridad y el contacto con otros talentos? ¿De conservar y difundir un valioso legado de conocimientos?

Comunicación permanente, disponibilidad de herramientas

La mayoría de las herramientas hoy disponibles funcionan en entornos virtuales y desde la plataforma Web 2.0 antes mencionada.

¿Qué se entiende por mundo virtual? El conjunto de simulaciones de la vida real generadas por las personas en interacción con la máquina.

Aparte de los simuladores que sirven desde hace años para la enseñanza y la práctica de determinadas tareas, existen ya programas que se aplican en la educación, en prácticas de gestión del talento en las empresas (por ejemplo, selección de personal, comunicación, capacitación) y en el ocio electrónico (videojuegos).

No es objeto de este libro describir en profundidad cada una de las aplicaciones que hoy brindan los nuevos recursos tecnológicos. Simplemente se mencionarán algunas de ellas con el fin de entender su impacto en diferentes ámbitos de la vida individual, laboral y social.

La invasión del entretenimiento virtual

El entretenimiento es uno de los campos más influidos por las nuevas tecnologías.

- Los juegos tradicionales han sido reemplazados casi en su totalidad.
- Incluso los adultos han adoptado modalidades de entretenimiento virtual.
- Muchas horas son destinadas a estas actividades lúdicas que generan una especie de adicción. Las empresas en muchos casos toman medidas restrictivas para su práctica en horario laboral.
- El juego social con contacto físico se ha reemplazado por aquel con contacto virtual.
- El entretenimiento virtual puede generar sedentarismo, preocupando a las familias y la sociedad, las cuales toman conciencia de la importancia de complementarlo con ejercicio físico.
- Se pueden identificar aspectos favorables en el entretenimiento virtual: desarrollo de un paradigma diferente de imaginación, habilidad lógica, coordinación, flexibilidad para pasar de un eje a otro.

Estos juegos han llegado para quedarse, e incluso hacerse día a día más sofisticados. El consumidor busca entretenerse en todo momento y en cualquier lugar, ya sea con una computadora, teléfono móvil u otros dispositivos.

¿Ejemplos de juegos virtuales? Hay muchos y se inventan nuevos permanentemente. Videogames en red, sitios de Internet, pero un ejemplo que ha impactado por sus características y connotaciones, especialmente para la juventud, es Second Life, por ser un mundo virtual 3D multijugador on-line en el que el participante se encarna a sí mismo o incluso puede recrearse como otro personaje.

Oponerse a los juegos en red o virtuales es infructuoso, como querer detener con la mano una enorme ola del mar. Las opciones son resistirse, aislándose del mundo, o trabajar a partir de los propios juegos para obtener el beneficio que pueden ofrecer, siempre tratando de lograr cierto equilibrio con actividades sociales presenciales, ejercicio físico, y la frecuentación de espacios culturales. En la medida en que las familias, las organizaciones y los talentos que las conforman tomen conciencia de esto, incluso se podrá participar en el diseño interactivo de juegos saludables tal como permiten las nuevas tecnologías.

Herramientas de discusión y búsqueda de información

Estas herramientas traen a las empresas y a los talentos una manera novedosa de generación de conocimientos. Potencian la sabiduría social, enriquecen el aprendizaje con fuentes que se multiplican día a día, facilitan el descubrimiento y exploración a través de grupos on-line, generan reservorios de información donde todos aportan, y los protagonistas son todos los que participan del intercambio. Algunos ejemplos se presentan a continuación.

Blogs

Los blogs son sitios web donde cualquier persona o grupo puede publicar textos, fotografías, videos, archivos de audio y links. Son atractivos, porque permiten compartir opiniones e información abiertamente con cualquiera que tenga acceso a Internet. También son recursos poderosos de intercambio de información y nuevas ideas. Tienen la ventaja de estar construidos en un idioma coloquial, lo que promueve el diálogo y el aprendizaje. Se actualizan con frecuencia.

Muchos profesionales los utilizan para proponer temas de discusión y socializar e incluso para darse a conocer, y los ejecutivos para promover positivamente la imagen y marca de sus organizaciones, y comunicarse con sus talentos. Estos a su vez encuentran en los blogs corporativos un canal para informarse y opinar, y en otros de carácter social, un espacio para intercambiar ideas sobre intereses comunes.

Wikis

Los wikis ("rápido" en hawaiano) son, esencialmente, herramientas de gestión del conocimiento, de bajo costo y fáciles de utilizar.

Pueden ser públicos o privados y, si bien el contenido es controlado por un solo miembro, aceptan colaboración de otros para editar, buscar y archivar contenidos.

El site más popular es Wikipedia, *La enciclopedia libre que todos podemos editar*[2], producto de un esfuerzo colectivo para reunir saberes, a los que puede acceder toda persona de cualquier punto del planeta, en su idioma, mediante un simple "clic". Estas herramientas a través del tiempo han desarrollado mecanismos de manera de controlar la calidad y al mismo tiempo la accesibilidad a los contenidos.

Buscadores: Google, Yahoo, entre otros

Estos son sólo algunos de los ejemplos de la herramienta que ha cambiado el paradigma del acceso rápido a la

---

2. www.wikipedia.com

información y a la difusión de conocimientos, negocios, investigaciones, temas de interés, etc.

Muchos incluso hablan del mundo de la información antes y después de los buscadores (*before and after google*: BG-AG).

Hoy en día las empresas que se iniciaron como buscadores también ofrecen otros servicios: comparadores de precios, correo electrónico, soft para teléfonos celulares, mapamundi en 3D con imágenes, reservorios interactivos de videos, etc.

Google es, posiblemente, el motor de búsqueda más utilizado y de mayor dimensión. Ofrece una forma rápida y sencilla de encontrar información en la Web a través de un extensísimo índice. Uno de sus grandes atractivos es el acceso a muchísimos enlaces que derivan de una página a otras que tratan temas similares o vinculadas por *etiquetas* (palabras) compartidas. Además de ser el buscador más utilizado, es una empresa revolucionaria, dueña de YouTube.

No hay duda de que estos buscadores son hoy la puerta casi obligada de ingreso a la Web, utilizados en educación, negocios, investigaciones, publicidad, etc. Todo se puede encontrar allí, a cualquier hora y sin desplazarse, en forma rápida y completa. Han generado una inteligencia social sin precedentes, con la que todos colaboran *colgando* productos, y todos buscan lo que necesitan. Sólo hace falta una computadora con conexión a Internet.

Marcadores sociales

Son sistemas en los que los usuarios guardan una lista de recursos de Internet que consideran útiles. Otras personas con intereses similares pueden ver los enlaces por categorías, etiquetas, o al azar. Muchos de estos sistemas permiten incluir votos, comentarios, importar o exportar, añadir notas, enviar enlaces por correo, notificaciones automáticas, crear grupos y redes sociales, etc. La inclusión y clasificación de recursos está realizada por seres humanos en lugar de máquinas que procesan la información de manera automática según un programa. Los usuarios marcan los recursos que encuentran más útiles a partir de lo cual se genera un ranking, mejor que el que proporcionan otros sistemas que se basan en la cantidad de enlaces.

Por supuesto que todas estas herramientas generan muchas críticas: ¿qué pasa con los derechos de autor? ¿Desplazarán al papel, las bibliotecas, los libros, los periódicos, los maestros? ¿Se ha perdido la disciplina de las investigaciones, de la rigurosidad y profundidad de acceder a las fuentes en lugar de a resúmenes y producciones de otros? ¿Se puede tener confianza en la veracidad de lo que se encuentra? ¿Hay algún criterio? ¿Quién lo define? ¿Contribuye con la cultura del facilismo y consumismo del que todos son parte? Son cuestionamientos lógicos, pero no han detenido el crecimiento de estas herramientas que responden a una realidad global, informatizada y socializada del planeta.

Herramientas de comunicación

De manera general se puede decir que las herramientas básicas de comunicación en los ambientes virtuales son el foro, el chat y el correo electrónico.

¿La difusión masiva de estas herramientas ha despersonalizado las relaciones, ha acortado tiempos, ha generado eficiencias? Responder tomando como referencia percepciones del pasado es inviable. El mundo de las relaciones y las comunicaciones ha cambiado, y con él, los medios utilizados. Seguramente son más efectivos que los usados históricamente, pero su uso abusivo también genera distorsiones y riesgos. La falta de contacto visual hace que se pierda riqueza y retroalimentación en el vínculo; de todos modos, un claro beneficio es el costo y la apertura a personas de diferentes culturas y dispersas geográficamente, en forma atemporal e instantánea. A continuación se hace una breve referencia a algunas de ellas.

Chat (programa de mensajería instantánea)

Es una herramienta de comunicación que permite entablar una conversación o discusión rápida y en tiempo real, a fin de tratar un tema específico o recibir una asesoría. Por lo general el chat es utilizado para comunicarse con amigos, familiares, compañeros de trabajo, etc., sin embargo, también puede darse un uso académico en clases virtuales guiadas por un moderador.

Los participantes se identifican a través de un *nick*, interesante muestra a la tendencia a despersonalizarse, contradictoriamente, como forma de reforzar la identidad.

Algunos chats ofrecen la posibilidad de enviar mensajes privados o de ignorar o bloquear mensajes, con la finalidad de no permitir el paso de alguien con quien no se desee conversar. Esto podría llegar a entenderse como una manera de preservar cierta privacidad en un mundo tan abierto e invasivo. La posibilidad de elección existe y eso es de gran valor.

En la medida en que el ambiente donde se realizan las sesiones de chat sea de respeto, participación activa, comprensión, ayuda entre los interlocutores, que puedan tener contribuciones significativas, y valoración de los diversos aportes, puede ser una interesante herramienta de comunicación básica. Esto sólo es factible con códigos compartidos entre los partícipes, y depende de todos y cada uno. Ser participante activo no es sólo opinar, sino hacer un uso inteligente de la herramienta.

Foro

Junto con el correo electrónico, el foro de discusión es uno de los medios de comunicación más importantes en el desarrollo de las actividades de aprendizaje y de gestión del conocimiento. En los foros se pueden publicar comentarios o mensajes dirigidos a los integrantes del grupo.

A diferencia del chat –en el que todos los usuarios deben coincidir en un día y una hora específicos para entablar contacto–, en los foros de discusión las publicaciones quedan a disposición de todos los participantes en forma permanente, se puede ingresar a cualquier hora y cualquier día para revisar lo que se ha publicado, y dar opiniones pertinentes al tema de discusión. También se puede designar un moderador para que coordine las discusiones.

La participación en un foro con fines formales –educativos, laborales u otros– debe estar mediada por lineamientos o pautas para darle a la participación la seriedad requerida. En este sentido, es fundamental contribuir con ideas, preguntas u opiniones de interés para los colegas, mostrar respeto, tolerancia y cortesía, y manejar un lenguaje claro, preciso y concreto.

Es una herramienta de gran valor para generar contactos y relaciones en torno a intereses compartidos, e identificar personas con inquietudes similares, en tanto sea aprovechada en su potencial y con fines constructivos y solidarios.

Correo electrónico (en inglés, *electronic mail* o *e-mail*)

El correo electrónico se distingue como la herramienta de comunicación por excelencia, pues permite enviar y recibir mensajes rápidamente, no sólo de texto, sino también imágenes, videos, etc.

Permite establecer comunicaciones uno a uno, pero también de una a muchas personas y viceversa. Se suele utilizar para enviar tareas, documentos y archivos.

Es claramente uno de los recursos de comunicación iniciales más formales y habituales en los ámbitos laborales e institucionales, especialmente usado por talentos de generaciones adultas para los cuales otras tecnologías son más ajenas e incluso incomprensibles. Un desafío es aprender de los jóvenes para complementarlo con chats, foros, etc., y para que enriquezcan sus relaciones y comunicaciones.

Twitter

Basado en el concepto "¿Qué estás haciendo?", es un servicio que permite comunicarse con amigos, familiares o colegas, y permanecer conectados con el objetivo de compartir en forma rápida, frecuente y breve actividades cotidianas y específicas, que generan grupos de personas con intereses afines.

Herramientas sociales colaborativas

El aspecto más llamativo de la revolución digital ha sido la proliferación de aplicaciones cuyo principal objetivo es compartir digitalmente contenidos de diversas índoles. Estas redes sociales virtuales con fines personales e incluso de negocio han ido desplazando a otros medios de comunicación como el teléfono, las reuniones y hasta los más modernos, como el correo electrónico y los chats, pues los incluyen como una facilidad adicional.

Estas tecnologías han cambiado radicalmente el concepto de intimidad y privacidad: mi mundo pasa a ser tu mundo, todo es factible de compartirse con gente que poco se conoce. Existe como una necesidad de los jóvenes de hacer público lo privado, que ha tornado frágil el equilibrio entre la apertura y la reserva. Es una forma de exponerse, vincularse socialmente, pero ocultándose del otro lado de una pantalla. Es una manera de mostrarse, pero al mismo tiempo esconderse. ¿Será una nueva manifestación de la masa social? ¿Será una nueva forma de construcción de la identidad? Seguramente son muchos los beneficios que se encuentran como para que día a día miles, si no millones, de usuarios, incluyendo aquellos nacidos mucho antes de la era digital, empleen estas herramientas.

Los abordajes virtuales pueden ser mejores o no que los estilos de comunicación tradicionales, pero claramente son distintos; tienen sus ventajas y también sus riesgos. A medida que se avance en este camino, será importante ir evaluando y redireccionando de manera de sacar el mejor provecho de estas sofisticadas tecnologías. A continuación una breve descripción de algunas de ellas.

Fotolog, Flickr y similares

La palabra fotolog deriva del inglés *photoblog* (bitácora fotográfica). A diferencia de un álbum de fotos, en un fotolog se publican unas pocas imágenes diarias que se comparten fácilmente con amigos y familia como si fuera un diario público virtual. Se constituye en una manera de mediar la propia vida a través de fotografías.

El nombre fotolog (o fotoblog) originalmente se refería a una variante de blog, que consiste básicamente en una galería de imágenes mantenida por uno o más amantes de la fotografía. El texto incorporado es tanto o más importante que la foto. Generalmente esta ilustra un aspecto del texto y otras veces el texto describe el contenido de la foto. Es muy interesante analizar el valor que empiezan a tomar las "etiquetas", el filtro de búsquedas y encuentros virtuales: se etiquetan las fotos para identificarlas, a través de etiquetas se accede a contenidos expuestos por otros. ¿Qué efecto tiene en las relaciones? ¿Es una revalorización de algo que tradicionalmente en ámbitos grupales se trataba de evitar para no encasillar, con el fin de enriquecer los vínculos y redes? No hay una respuesta única; el tiempo nos la irá revelando.

Estos sitios se multiplican, algunos son fotologs con un único dueño que lo utiliza para ordenar y clasificar sus fotografías, otros son sociales (como Flickr), generalmente utilizados por jóvenes para compartir fotografías con comunidades de amigos. Es un cierto tipo de software social en donde todos estimulan a todos a conocerse y compartir sus vidas a través de imágenes.

El aspecto más llamativo de estas herramientas es el valor y dimensión que ha tomado la comunicación visual a través de imágenes. El espíritu es compartir la intimidad con el mundo entero, no sólo a través del diálogo, sino también mediante fotos e imágenes.

¿Cuánto tiene de auténtica y espontánea esta modalidad? Puede ser que se posteen las fotos en forma impulsiva, pero la mayoría de las veces seguramente habrá cierta intencionalidad de mostrar algunas cosas y no otras, con lo cual de alguna manera se preserva aquello que se quiere conservar en privado.

Facebook, MySpace, Linkedin y similares

Surgen como comunidades basadas en la Web en las que la gente comparte sus contactos, gustos y sentimientos. Los usuarios pueden participar de una o más redes sociales, en función de su situación académica, su lugar de trabajo, sus intereses sociales o región geográfica. Pareciera incluso que han reemplazado las largas llamadas telefónicas, las conversaciones "de pasillo", han objetivizado los rumores y chimentos. En definitiva, es la modalidad moderna de comunicación y contacto, que se suma al difundido uso de los teléfonos celulares.

Facebook es una de las redes sociales on-line más usadas. ¿Cuáles son sus principales aplicaciones?

- Localizar amigos con quienes se perdió el contacto, o agregar otros nuevos con quienes intercambiar fotos o mensajes.
- Reunir personas con intereses comunes. En los grupos se pueden añadir fotos, videos, mensajes. Los grupos también tienen su normativa, en la cual se incluye la prohibición de grupos con temáticas discriminatorias y que falten el respeto, con la opción de denunciarlos y reportarlos.
- Disponer cada usuario de un espacio (*wall*), sólo visible para usuarios registrados, que permite que los amigos les envíen mensajes, enlaces, e imágenes.
- Aceptar el desafío de vencer las progresivas dificultades de juegos.
- Utilizarlo con fines empresarios, como publicidad, búsqueda de personal y otros.

Facebook genera amores y odios, adictos y enemigos. Recibe todo tipo de críticas, algunas justificadas, especialmente debido a la dificultad de mantener la privacidad y al alcance que está teniendo entre menores.

Linkedin es otra red social con objetivos profesionales, que ha cambiado el concepto de network de negocios, al generar grupos sobre la base de la trayectoria laboral y académica. Es un reservorio de los antecedentes de los profesionales que la integran, permite construir grupos de afinidad, hacer recomendaciones y proponer contactos. Se arman foros de discusión sobre temas de interés profesional y laboral. Ha pasado a ser una útil agenda actualizada permanentemente y una valiosa generadora de oportunidades de negocios.

La novedad: YouTube, de las fotografías a los videos

YouTube es un sitio de la Web social 2.0, propiedad de Google. Permite a usuarios de todas las edades y culturas alojar y compartir en forma muy sencilla videos digitales propios o de terceros, generar enlaces para que los videos puedan ser puestos en blogs y sitios web personales, y opinar, evaluar y comentar el material.

YouTube ha tenido fuerte impacto en la cultura popular. Se trata de un reproductor de clips de películas, programas de televisión, videos caseros o profesionales en torno a toda clase de temática (excepto pornografía), medio de promoción para artistas y políticos, etc.

También es muy criticado y controversial, por el riesgo de que se exponga material capaz de incitar a la violencia, la burla, la discriminación, el odio, la invasión de la intimidad, aunque el servicio dispone de un canal de denuncia que opera como un control colectivo.

Las herramientas de publicación de videos son una demostración más de la popularidad de las redes digitales. Responden a la tendencia social de compartir todo y al instante. Las consecuencias son positivas algunas, y no tanto otras. Queda en manos del criterio, la inteligencia y el sentido común de las personas y las instituciones públicas y privadas, el uso constructivo y racional del universo de las imágenes.

Efecto general de las herramientas sociales y virtuales

No cabe duda de que las redes sociales en Internet han modificado el mundo de las relaciones personales y de negocios, han ampliado horizontes, expandido los fenómenos a compartir con colegas y conocidos, y multiplicado los contactos directos e indirectos. Hoy muchas de estas herramientas son utilizadas sólo por jóvenes talentos, pero está cerca su aceptación crecientemente masiva por parte de otras generaciones, y también de las empresas, para utilizarlas con fines de aprendizaje y networking, generar grupos y redes entre empleados y con clientes, facilitar la interacción y difusión de información, y la generación de conocimiento organizacional. ¿Será un presagio de qué tinte tendrán las relaciones interpersonales en el futuro? Su propagación fue tan rápida que a muchos los ha tomado por sorpresa. ¿Estarán el talento, las instituciones, las empresas y la comunidad general en condiciones de hacer un uso racional y saludable de estos recursos?

Pero la revolución tecnológica no ha terminado aquí, ni mucho menos; en realidad, recién comienza. Ser flexible, abierto al cambio y visionario son atributos de las personas altamente talentosas (ver Dilema 10). ¿Están todos preparados para esto? Es una incógnita y, al mismo tiempo, un desafío.

¿Cómo impactan en las empresas y en los talentos?

Las nuevas herramientas se han venido utilizando en el comercio y los negocios, el trabajo, la educación, la música, la cultura, el entretenimiento y la vida social en general.

Según Don Tapscott y Anthoy D. William, las nuevas tecnologías de la información incluso han revolucionado la economía tradicional[3].

Esta efervescencia ha hecho en las últimas décadas un profundo efecto en los vínculos, el aprendizaje, el desarrollo cognitivo, social y emocional.

Los niños de hoy, antes de acceder a la educación formal, configuran su socialización en la interacción con la familia primaria, parientes, amigos, pero además con el mundo televisivo, los videogames, la computadora, Internet, etc. Lo novedoso es la estructuración sobre referencias espacio-temporales totalmente distintas, lo cual modifica la perspectiva, la lógica

---

3. Tapscot, Dan, y William, Anthoy D.: *Wikinomics: How Mass Collaboration Changes Everything*. Portfolio, New York, 2008.

de percepción del mundo, el modo de acceder al conocimiento, la manera de incursionar en las relaciones sociales.

El surgimiento de las tecnologías digitales ha generado nuevas formas de producción de imágenes y nuevos modos de generar conocimiento. La vinculación con el entorno ha adquirido las características del discurso mediático: vertiginosidad, implicación sensorial, representación inmediata, memoria visual.

En este complejo escenario, la familia, las instituciones educativas y laborales han tenido que ir acomodándose y cambiando sobre la base de una manera diferente de relacionarse con el mundo, y a nuevas demandas y necesidades, a fin de aprovechar y complementar el bagaje que traen los jóvenes (ver Dilema 4).

¿Cuáles son los frutos de las nuevas tecnologías sociales?

1. Socialización

Han llegado a ser uno de los primeros vehículos de socialización. Ya desde edad temprana los niños chatean y se arman grupos de afinidad. La tecnología pasa a ser una herramienta habitual lúdica, de aprendizaje y de comunicación. Se constituye en un mediador de vínculos en el hogar y en el ámbito escolar.

Pero esto no sólo sucede a temprana edad. El ingreso a una organización y la iniciación de un trabajo trae muchos desafíos con relación a conocer la cultura y a los colegas. Buenas redes sociales ayudan a fortalecer la pertenencia. Los grupos de afiliación son un anclaje y motivador importante en lo laboral. Las redes sociales virtuales son utilizadas, entonces, por la organización (a veces formal y otras informalmente), para transmitir valores, pautas, aspectos del negocio; y por los talentos, para integrarse y armar grupos de afinidad que les permitan sentirse cómodos desde el primer momento.

2. Aprendizaje y gestión del conocimiento

Los entornos virtuales se relacionan con el aprendizaje de varios modos. Por un lado, la comunicación a través de medios electrónicos beneficia y agiliza la interacción facilitador-estudiante y estudiante-estudiante. Por otro, tal como se viene describiendo, la participación en foros y blogs, y el acceso y generación de conocimiento, sin duda enriquecen el proceso de aprendizaje. Estos nuevos paradigmas de acercamiento al mundo seguramente modificarán la manera de abordar el aprendizaje y transformarán el esquema de desarrollo intelectual y emocional.

3. Comunicación

El fácil contacto en cualquier momento y con cualquier persona del planeta, pero también del entorno más cercano, ha agilizado las comunicaciones con fines laborales y personales. Ayuda a vincular talentos y organizaciones, transmitir datos y compartir opiniones. Todos están al pie del cañón y conectados permanentemente a través de Internet y dispositivos móviles. Esto es beneficioso y, al mismo tiempo, peligroso. ¿Queda tiempo para la reflexión y el contacto con uno mismo, importantes también para enriquecer las relaciones interpersonales? ¿Se cuida complementar la tecnología con el contacto personal cara a cara? Es posible, pero requiere esfuerzo y disciplina.

4. Networking

Pertenecer a redes (ver Dilema 7) mediante tecnologías sociales favorece la rápida multiplicación de contactos, el intercambio de opiniones on-line con grupos de interés común atemporales y sin límites geográficos, y el desarrollo personal profesional y de negocio. Sacarles provecho a las redes como multiplicador de relaciones interpersonales sustentables es un desafío de talentos y empresas. Esencialmente el producto de participar en las redes es:

- conocer y darse a conocer a otros miembros,
- intercambiar información,
- desarrollar proyectos compartidos,
- proponer grupos de interés.

5. Innovación democrática

La innovación entendida como creatividad aplicada, que produce resultados concretos, es otro de los efectos de estas nuevas tecnologías. Los aportes abiertos y plurales de personas responsables e independientes que, con pautas básicas como el respeto por las ideas ajenas, actuando con conciencia, según sus criterios y visiones particulares de la realidad, siempre enriquecen y estimulan la generación de nuevos productos, ideas, proyectos, prácticas, servicios. El aporte simultáneo de muchas mentes y la oportunidad de aprovechar ideas antes de que sean obsoletas son factores importantes de la innovación. La participación reflexiva y solidaria se agiliza con la tecnología. Existen incluso blogs específicos con estos fines. El resultado: talentos y empresas con espíritu más innovador.

6. Trabajo en equipo

Sin duda, el paradigma de trabajo en equipo ha cambiado, como veremos más detalladamente en el siguiente apartado, ya que hoy no es necesario reunirse o verse las caras para desarrollarlo.

Trabajo en equipo global y virtual

Con todas las herramientas disponibles no puede asombrar la facilidad que hoy existe para trabajar virtualmente, en cualquier horario y desde cualquier lugar.

¿Por qué cada vez son más habituales los equipos virtuales de trabajo? Porque las empresas crecen regional y globalmente, porque entre el teletrabajo y los viajes, las personas han pasado a ser ciudadanos del mundo (ver Dilema 9).

Equipos a distancia, multidisciplinarios y diversos serán en el futuro las principales estructuras del trabajo. La modalidad presenta algunas características propias –múltiples funciones, culturas, perfiles, distintos husos horarios, lenguajes varios– y otras comunes a las de los equipos presenciales.

¿De qué depende la efectividad de los equipos virtuales?

Una plataforma para el aprendizaje y la comunicación virtual es un prerrequisito para asegurar la productividad de un equipo global. La estructura de apoyo necesaria para manejar las diferentes zonas horarias y ubicación geográfica incluye: videoconferencias, teleconferencias, e-mails, wikis, webinars, que se complementen periódicamente con reuniones cara a cara, uno a uno, a fin de entender también las prioridades locales de cada miembro, así como grupales, para fortalecer el espíritu de equipo.

¿Son suficientes las tecnologías? Sólo es posible la efectividad si además se utilizan correctamente desplegando habilidades comunicacionales propias de todo equipo consolidado, que se enumeran a continuación.

- Crear oportunidades de que los miembros del equipo se conozcan y establecer protocolos y metodologías para las comunicaciones, las reuniones, las decisiones y el manejo de conflictos, tal como mencionan Catherine Bing y Lyonel Laroche[4].

---

4. Bing, Catherine Mercer, y Laroche, Lionel: *Communication Technologies for global teams.* OD Practitioner (Vol. 34, N° 2), South Orange, en http://www.odnetwork.org, 2002.

- Ofrecer comunicaciones regulares para mantenerse actualizados.
- Aceptar sugerencias, demostrar buenas habilidades de escucha y conexión entre los miembros del grupo, desafío mayor cuando debe hacerse a distancia. Tratar de que todos contribuyan con ideas y opiniones.
- Revisar logros a medida que el equipo avanza, así como también evaluar el cumplimiento de objetivos.
- Brindar feedback permanente uno a uno, aunque requiera tiempo y esfuerzo coordinarlo.

Otro aspecto a tener en cuenta es que todos aprendan a manejar las diferencias culturales, idiomáticas, de estilo y las prioridades particulares de cada miembro. Deben definir qué usarán para compartir información, tomar decisiones y resolver conflictos. Para una empresa es importante una plataforma de entendimiento común, un mismo idioma en relación con la perspectiva del negocio y con la forma en que se hacen las cosas. Los equipos globales son, muchas veces, vehículos para las transformaciones organizacionales, ya que incorporan en su funcionamiento muchas herramientas y aspectos de la gestión del cambio.

Las diferencias culturales repercuten directamente en la forma de actuar que cada uno tiene frente al riesgo, el conflicto, la incertidumbre, la ambigüedad, y por eso conocerlas y tenerlas en cuenta es fundamental.

Algunos ejemplos vinculados con las diferencias culturales: mientras que algunas culturas pueden pensar que conversar sobre temas personales es una forma de conocerse y lograr cohesión, otras pueden sentir que es una falta de respeto o pérdida de tiempo. Algunas culturas prefieren el silencio y el orden y otras, el bullicio. Así podríamos identificar muchas diferencias más.

Las perspectivas culturales, valores, actitudes y conductas pueden brindar cohesión a un equipo o disgregarlo completamente. Lo que se intenta es que la diversidad multiplique opciones y soluciones posibles (Dilema 3).

Posibles obstáculos

La ausencia de contacto personal, que enriquece y transparenta las interrelaciones y la comunicación, propia de los equipos virtuales, puede ser un obstáculo, aun cuando se resolvería parcialmente con el uso de cámaras.

Otro de los obstáculos tiene que ver con el idioma. Si bien en la actualidad el inglés es el lenguaje oficial de los negocios y de los medios tecnológicos, y todo talento que desea hacer una experiencia internacional lo domina, las diferencias lingüísticas constituyen barreras a la hora de formar equipos globales. Pautas sencillas que pueden contribuir a la eficiencia del equipo son: hablar más lentamente, explicar cualquier jerga o sigla o lenguaje fuera de lo común, aprender a formular preguntas precisas que obtengan exactamente la información que se requiere y, fundamentalmente, parafrasear la información, simplificar, resumir lo que se ha dicho y acordado asegurándose de que todos hayan entendido lo que han compartido (ver Dilema 5). Toma tiempo, pero constituye la base de un entendimiento común. Incluso, cuando las barreras del lenguaje son muy altas y están en juego decisiones o cursos de acción importantes, permitir la presencia de traductores constituye otra práctica recomendable.

El rol de los líderes y de los talentos

Al igual que en los presenciales, la efectividad de los equipos virtuales depende del compromiso y sustentabilidad de sus miembros y del rol activo de su líder. Lograr un alto compromiso es un desafío mayor cuando los miembros no están en un mismo espacio físico. Los líderes deben tener en cuen-

ta entonces cómo las creencias, valores y diferencias culturales influyen en las conductas de los miembros de sus equipos.

La habilidad clave del líder es despertar la motivación (ver
Dilema 9) y orientar al equipo hacia el desafío propuesto,
asegurando que los miembros comprendan y conozcan los
objetivos y el contexto en que están inmersos, sobre todo
porque no cuentan muchas veces con el conocimiento personal que facilita el trabajo. También debe mantener al
equipo bien informado de los resultados que se van alcan-
zando. De aquí la importancia de que sea flexible, experto
facilitador, capaz de escuchar, buen comunicador, com-
prensivo, tolerante, deseoso de conocer otras culturas.

También los altos talentos deben tener las cualidades
necesarias para operar los equipos virtuales: cada miembro
debe ser protagonista de la efectividad y los resultados, aceptar y apoyar las diferentes perspectivas o enfoques a la hora
de realizar un trabajo. Es fundamental colaborar con el
constante flujo de información, ser disciplinado y focalizado dada la falta presencial del líder, estar comprometido
con los objetivos, tratar de tener contacto y conocimiento
de los demás miembros y, sobre todo, ser solidario y gene-
roso con la comunicación de manera que se vaya generando confianza.

El misterioso mundo de las comunidades de práctica

En los últimos tiempos, mucho hablan profesionales y organizaciones sobre las *comunidades de práctica*. Pero, ¿qué son,
para qué sirven y qué las hace efectivas?

En su libro *Cultivating Communities of Practice*, Etienne
Wenger[5] las define como *grupos de personas que comparten un
interés, una problemática específica o simplemente una pasión sobre*

5. Wenger, Etienne; McDermott, Richard, y Snydern, William M.: *Cultivating Communities of Practice*. Harvard Business School Press, Cambridge, 2002.

algún tema particular y que profundizan su conocimiento y expertise en ese tema mediante la interacción con otras personas en forma continua y sostenida.

Estas comunidades han proliferado en muchas organizaciones y entre muchos talentos. La tecnología facilita la conexión, los materiales se organizan según temas relevantes, lo que les permite a los miembros encontrar respuestas rápidas conectándose con expertos. Ya sean formales o informales, el aspecto más valioso de estos foros es que las personas tienen acceso rápido a las respuestas que necesitan para resolver problemas cotidianos.

Se trata, en síntesis, de grupos que, mediante el intercambio de conocimientos, prácticas e información, se ayudan mutuamente desarrollando competencias para resolver un problema o avanzar en una idea o proyecto.

En gran medida, no se trata de un concepto novedoso: los seres humanos siempre se han reunido en torno a intereses comunes. La verdadera innovación radica en las inmensas oportunidades abiertas por las nuevas tecnologías sociales de la comunicación.

Gracias a las herramientas virtuales, hoy es posible agrupar a personas geográficamente muy distantes en una misma comunidad de contacto inmediato y acceso prácticamente ilimitado a conocimiento e información para buscar soluciones a problemas comunes.

Principios básicos de las comunidades de práctica

Las comunidades de práctica se basan en un principio elemental: todos tienen algo para enseñar y todos tienen algo para aprender. El éxito propio es el éxito de los demás, y sólo la colaboración y la participación activa permiten resolver los problemas comunes.

A diferencia de otros tipos de redes sociales, las comunidades de práctica necesitan una figura que les brinde cohesión y las mantenga vivas, un líder que juegue un rol de facilitador para establecer relaciones de confianza.

Cada participante debe sentirse cómodo y reconocido para presentar un problema a la comunidad y, a su vez, percibir que la comunidad le genera valor e intenta ayudarlo.

Comunidades de práctica y gestión del conocimiento organizacional

Las comunidades de práctica puedan convertirse en formidables herramientas para gestionar el conocimiento de las organizaciones más allá de los límites de los sistemas formales.

En efecto, los tradicionales organigramas corporativos no siempre vinculan entre sí a personas con intereses comunes o habilidades específicas para resolver un problema determinado.

Los jefes, colegas y colaboradores directos a veces carecen de la expertise para aconsejar en temáticas particulares. Pero quizá la organización tenga muchos especialistas en estos temas. De esta forma, un talento puede ingresar en una comunidad on-line y acceder inmediatamente a las mejores prácticas en la materia que le interesa. Incluso, puede pedir consejo a los miembros sobre cómo superar desafíos específicos. Al mismo tiempo, este talento puede aportar su experiencia para ayudar a otras personas de la organización que enfrentan un problema similar.

Así, los conocimientos combinados y potenciados permiten resolver problemas en tiempos más cortos, con menores costos, mejorando la calidad de las decisiones y acelerando la innovación.

Las comunidades de práctica como herramientas de desarrollo profesional

Además de sus beneficios en términos de difusión y gestión de conocimiento, las comunidades de práctica también pueden ser formidables herramientas de desarrollo y retención de talento. Permiten motivar, generar compromiso, estimular la productividad y sentir que se aprovechan todas las competencias. Constituyen –especialmente para los jóvenes, aunque cada vez más también para las generaciones mayores– un modo natural de reunirse en torno a una preocupación común, sin límites de horarios ni espacios.

Ante el avance de la globalización y las tecnologías de comunicación es un hecho que, tarde o temprano, todos formarán parte de alguna comunidad de práctica virtual.

Como toda nueva herramienta, requerirá tiempo de acomodamiento y mejora. La posibilidad de extraer todo su potencial estará, en última instancia, en manos de todos.

Cultivar la creación de comunidades

Las comunidades están jugando un rol poderoso en el aprendizaje, la innovación y la ejecución. Las investigaciones avalan que aquellos que trabajan en comunidades alcanzan resultados en períodos más cortos de tiempo. Y, principalmente, las comunidades otorgan un sentido de pertenencia, identidad y contención, necesario para enfrentar un mundo cada vez más complejo y cambiante. También son imanes poderosos para efectivos trabajos en equipo y redes de contacto. Comprometen a los talentos por compartir necesidades reales y concretas. Las personas tienden a esforzarse más por colegas que aprecian y con los que comparten saber y experiencias, que con aquellos que apenas conocen o no tienen nada en común.

Las comunidades son poderosas porque contribuyen a desarrollar el capital social: el valor que las personas producen cuando trabajan juntas en el enriquecimiento de temáticas de interés común. Si bien en un comienzo el producto está limitado a quienes participan de estas comunidades, el capital social generado contribuye con el desarrollo de la sociedad en su totalidad.

El dilema en síntesis

En cada actividad diaria organizacional, laboral y de la vida personal se utiliza alguna de las tecnologías virtuales y sociales. Es este quizá uno de los principales dilemas de la gestión de la gente en las organizaciones y de la evolución de la humanidad. Incluso el avance de las tecnologías es lo que más ha influido en los cambios globales de los últimos años, algunos de los cuales son tratados aquí (diferencias generacionales, trabajo en redes, abordaje de la diversidad, movilidad, calidad de vida laboral).

No hay duda de que conectan gente de todo el planeta a toda hora. No sólo se accede a información y a redes como era hasta hace unos años, sino que además se genera socialmente conocimiento. La sabiduría colectiva es un claro producto de estas herramientas.

Muchos son los riesgos pero muchos también los beneficios. De todos modos, y más allá de detractores o defensores, la difusión de su uso y la aparición de nuevos inventos crecen a pasos agigantados, y es imposible detenerlas.

¿Se pierde intimidad? Puede ser, pero debe enmarcarse en un nuevo concepto de privacidad y confidencialidad, y una nueva manera de socialización que traen al mundo las jóvenes generaciones.

¿Incentiva el consumismo y facilismo? Tal vez, pero se abre un mundo inigualable de conocimiento e información.

¿Impacta en la productividad, concentración y foco en el ámbito laboral? Depende de cómo se utilicen los nuevos recursos en provecho del trabajo, pueden también contribuir a alcanzar objetivos de gestión.

¿Fomenta la soledad y el aislamiento bajo la máscara de conocer e interactuar con personas de todo el mundo? Cierto, pero, al mismo tiempo, genera la oportunidad de conocer a un sinnúmero de personas y enriquecerse con sus aportes.

¿Genera una especie de adicción que hace descuidar otras actividades vitales, como el ejercicio físico? La educación, la supervisión y el coaching son fundamentales en el ámbito educativo y laboral para balancear este aspecto.

¿Ha disminuido el valor de la palabra, la investigación y lectura profunda, reemplazados por las imágenes y la compilación de datos sin verificación de veracidad? La cantidad no reemplaza la calidad de la información, pero amplía horizontes. Las imágenes también enriquecen la percepción del mundo. Quizá el mayor avance ha sido el acceso instantáneo a acontecimientos y fenómenos de cualquier parte del mundo.

No se puede pensar en una consecuencia versus la otra. Los impactos se complementan. La tecnología y el mundo del trabajo se intersectan con interesantes implicancias. Tal como describe el Institute for the Future, nuevas tendencias han generado *una individualidad amplificada*[6]. Una nueva individualidad con enfoque social ha desarrollado inteligencia colectiva, innovación, trabajo virtual expandido, colaboración y socialización, comunidades que incursionan en intereses compartidos, juegos que desarrollan habilidades aplicables al mundo del trabajo, posibilidad de comunicarse en forma constante con fines personales y laborales.

Estos aportes han cambiado el mundo actual y futuro del trabajo, de desenvolvimiento y enriquecimiento del talento.

---

6. Institute for the Future. Palo Alto, en www.ifti.org, 2007.

III. DILEMAS PERSONALES

Esta sección aborda los dilemas personales entendiéndolos como aquellas disyuntivas que se les presentan a las personas que trabajan, ya sea en una organización o en forma independiente. La manera de encarar estos dilemas sin duda tiene impacto en los resultados y proyección de los negocios. Tal como se viene describiendo, los dilemas sobre el talento son interdependientes, tienen una relación dialéctica, unos influyen sobre otros y en muchos casos comparten la esencia. Las personas no sobrevivirían aisladas de un entorno, de aquí que sus problemáticas condicionan la vida de una organización y al mismo tiempo estas, sus políticas, condiciones de trabajo, el perfil de sus líderes, entre otros aspectos, influyen en los paradigmas de los talentos y en sus ámbitos familiares, sociales y laborales.

Los dilemas personales expresan la complejidad del ser humano, y esta se despliega en el contexto de trabajo. Hacen al **contrato laboral** de los trabajadores con su tarea y con la empresa a la que pertenecen.

En esta parte se pone foco en descubrir opciones de entendimiento y profundización de alguns disyuntivas, y analizar posibles acciones.

Dilema 9. Energía laboral: ¿motivarse, o motivar a los demás?

Uno de los motores del ser humano es la energía que permite responder y adaptarse a un estímulo. Es indiscutible la necesidad de que los trabajadores estén motivados, no sólo para ser más efectivos en su trabajo, sino también para que puedan crecer, desarrollarse, encontrar el sentido a su especialidad y realizarse como personas. ¿A todos los motivan las mismas cosas? ¿Cómo identificar qué estimula a cada uno? ¿Cómo afecta la motivación al **contrato psicológico** de la persona con su trabajo? ¿Genera un ambiente más estimulante aquel que está motivado? ¿En qué medida la motivación influye en el desempeño individual y organizacional? Los modos en que se expresa, ¿difieren según la edad o el género? ¿Cómo construir culturas motivantes?¿La persona y el líder pueden motivarse y motivar proactivamente?

Dilema 10. Potencial: ¿diferenciar, o nivelar?

Potencial y desempeño, en un mundo cada vez más competitivo, son palabras clave en los entornos de trabajo. ¿Cómo identificar los niveles de potencial de los talentos y acompañarlos con planes de acción diferenciados? ¿Se puede cuidar a todos los recursos humanos de la empresa y, al mismo tiempo, aprovechar los atributos de los altos potenciales para destacarse en un mundo competitivo? ¿Cómo identificar y desarrollar el potencial sin afectar los resultados de la organización? ¿Es un imaginario de la persona o esconde atributos concretos? ¿Es realmente diferente el **contrato con el trabajo** que establecen los altos potenciales del de quienes no lo son? ¿Existe una única definición de potencial? ¿Es posible identificarlo e identificarse personalmente como alto potencial? ¿Cómo implementar un proceso de identificación de altos potenciales sin afectar el clima y desmotivar a todos los talentos? ¿Se deben comunicar los resultados de esta identificación, o no?

Dilema 11. Un mundo laboral global: ¿arraigo, o movilidad?

La globalización ha diluido las fronteras geográficas. Muchas de las empresas son regionales o internacionales y sus proyectos cubren muchos lugares físicos. Al mismo tiempo, las personas, en especial de las nuevas generaciones, piensan globalmente, las relaciones se dispersan por todo el planeta. ¿La disponibilidad para mudarse o trabajar en diferentes países se da en todas las edades? ¿Quienes se convierten en nómades laborales pierden sus raíces? ¿Trabajar en distintas geografías condiciona el tipo de **contrato que se genera con el empleador**, y las propias expectativas? ¿Existen herramientas específicas para afrontar el desafío de trabajar con diferentes culturas? ¿Qué proceso se requiere para que sea efectivo y menos traumático para la persona y la organización?

Dilema 12. Calidad de vida laboral: ¿beneficio personal, u objetivo organizacional?

La evolución del trabajo a lo largo de los años ha ido acompañada de una mayor preocupación por las condiciones laborales. Las diferentes dimensiones que hacen al **contrato de un trabajador con su tarea** impactan y al mismo tiempo constituyen la esencia de la calidad de vida laboral. ¿Es sólo una moda? ¿Es compatible con la preocupación por la productividad y rentabilidad propia de la empresa? ¿Qué aporta a la persona, por un lado, y a la empresa por el otro?

¿La calidad de vida laboral depende exclusivamente de la empresa o del líder? ¿Son compatibles la calidad de vida laboral y una carrera exitosa? ¿Se puede hablar por un lado de equilibrio en la vida laboral y por el otro de calidad de vida personal? ¿Cómo se vincula con la salud personal y organizacional?

DILEMA 9

EL MOTOR DEL TRABAJO:
¿MOTIVARSE, O MOTIVAR A LOS DEMÁS?

Fácilmente cada talento puede reconocer que en ciertas ocasiones siente una fuerza que lo impulsa a utilizar sus mejores habilidades para lograr un objetivo. Sin embargo, si se preguntara de dónde proviene ese impulso capaz de transformar realidades, llamado motivación, no sería tan sencillo contestar y más difícil aún sería responder con certeza a algunas de las disyuntivas que este concepto genera. ¿Cómo se abre esa mágica caja capaz de estimular a las personas y hacerlas conseguir resultados extraordinarios?

¿Qué herramientas se pueden utilizar para lograr esa emoción en uno mismo y en los colaboradores?

¿Qué se debería hacer para mantenerla y lograr compromiso sostenido en el tiempo?

¿Cómo influye la motivación en el contrato psicológico de la persona con su trabajo?

¿En qué medida la motivación interviene en el desempeño individual y organizacional?

¿La persona y el líder pueden proactivamente motivarse y motivar?

Los modos en que se expresa la motivación, ¿difieren según la edad, el género, y el potencial?

¿Es posible desarrollar culturas motivadoras?

¿A todos los motivan las mismas cosas? ¿Cómo identificar qué moviliza más positivamente a cada uno?

La combinación de los factores que incentivan a cada persona es diferente, y ese es el gran desafío: no a todos los alienta conducir gente, analizar información, escribir informes, viajar por el mundo, tratar con clientes. No todos los seres humanos son iguales; comprender la motivación individual propia y de los demás es la clave y el desafío.

Comprender la motivación personal y la de otros

Este entendimiento no es instantáneo, sino que requiere un proceso que consta de: motivarse, ser parte de un equipo motivado, contar con un líder motivador y ser parte de una organización comprometida.

Es decir,

1. analizar qué *me* motiva, cuáles son los factores que hacen que un trabajo o una tarea me resulte desafiante, qué me lleva a realizarla;
2. detectar los impulsores de la motivación de cada persona del equipo cercano, de los pares presentes o virtuales, con el objeto de complementarse mutuamente de manera que todos puedan, dentro de lo posible, focalizarse en las tareas en las que más interés tienen;
3. como líder, identificar los motivadores de los colaboradores, lo que los ayuda a desarrollarse y crecer, a fortalecer su sentido de pertenencia, y a generar una cultura organizacional productiva y comprometida.

Sin embargo, ¿cómo se llegan a conocer esos motivos? Para comenzar, hay que darse tiempo de escucharse y escuchar (ver Dilema 5), y aceptar que lo que impulsa a cada uno no es necesariamente compartido por todos.

En la actualidad, y en términos de gerenciamiento, la motivación es el arte de ayudar a las personas a focalizar su energía, su capacidad y actitud en hacer su trabajo lo mejor posible: es lo que marca la diferencia entre una tarea bien hecha y un trabajo extraordinario. Las personas, empresas y sociedades que pueden lograrlo adquieren ventajas competitivas sustentables.

La motivación y sus falsos amigos

La motivación, concepto muy mencionado, difundido y aplicado, también ha sufrido malos usos y errores de interpretación. Algunos de los más populares son aquellos que identifican la motivación con las siguientes prácticas.

- Generar entusiasmo mediante técnicas motivacionales de efectos efímeros.
- Implementar prácticas generosas o benevolentes para sustituir esfuerzos auténticos de motivación.
- Usar en forma indiscriminada recetas y fórmulas motivacionales.
- Aplicar un único factor motivacional para todos, sin combinarlo con otros factores.
- Confundir motivar con conservar las zonas de comodidad.

Las prácticas anteriores tienden a concentrarse en el resultado a corto plazo. La motivación humana es mucho más compleja, y tratar de simplificarla es subestimar la capacidad de las personas para hacer elecciones inteligentes. Las fórmulas son atractivas porque son simples, pero las recetas no motivan, sólo distraen y funcionan por poco tiempo. Por último, la gran ironía de utilizar refuerzos materiales reside en que es el factor más caro e ineficiente: se requiere mucho dinero para comprar un esfuerzo extra pero insuficiente.

Varias teorías científicas y una definición simple

Etimológicamente, el término motivación procede del vocablo latino *motus* que significa movido, o de *motio*, que significa movimiento, y tenía que ver con aquello que empujaba al sujeto para ejecutar una actividad. En el lenguaje popular, una persona está motivada cuando emprende algo con ilusión, superando el esfuerzo que debe realizar para obtenerlo. Se entiende como el énfasis que una persona pone para satisfacer una necesidad, creando o aumentando con ello el impulso para poner en marcha una acción, o bien para dejar de hacerlo.

Así, podemos definir la motivación, en términos de J. L. Trenchera, como *el proceso psicológico por el cual alguien se plantea un objetivo, emplea los medios adecuados y mantiene la conducta con el fin de conseguir dicha meta*[1].

La motivación ha despertado el interés de muchos especialistas que se dedicaron a estudiar el comportamiento de las personas en las organizaciones. Muchas teorías aparecieron a lo largo de la historia a partir de 1930 para dar cuenta de este fenómeno, desde las más tradicionales como la *Jerarquía de las necesidades* desarrollada por A. Maslow[2] y la muy conocida de la *Higiene* de F. Herzberg[3], hasta propuestas más contemporáneas como la teoría de los *Logros*

---

1. Trenchera, J. L.: *Introducción a la Psicología del trabajo*. Desclée de Brouwer, Bilbao, 2ª Edición, 2000.
2. Maslow, A. H.: *Motivation and Personality*. Harper & Row, New York, 1954.
3. Herzberg, F.: *One More Time: How Do You Motivate Employees?* Harvard Business Press, Serie Harvard Business Review Classics, Boston, 2008.

de David McClelland[4] y la de las *Expectativas* de Víctor Vroom[5] entre otras. Todas han hecho aportes diferenciadores para comprender la compleja naturaleza de la motivación.

Seguramente ninguna teoría puede por sí sola dar cuenta de todas las respuestas y soluciones a este tema. Sin embargo, muchas de ellas han realizado importantes contribuciones a la creación de sistemas de reconocimiento que se utilizan en la actualidad y, sobre todo, a la comprensión de la conducta humana en las organizaciones.

Tradicionalmente, en el ámbito organizacional, la motivación se ha definido como la voluntad de las personas para realizar esfuerzos hacia las metas que tienen las empresas satisfaciendo al mismo tiempo necesidades individuales. Seguramente es sencillo conocer las metas de la organización, pero, ¿se conocen los propios motivadores? ¿Se conocen las necesidades individuales de cada empleado? ¿Cómo alinear esas expectativas con los objetivos de la empresa?

Como talentos o líderes, parte de la tarea diaria es cultivar la propia motivación y ayudar a otros a que se mantengan motivados. Para esto, es fundamental considerar no sólo qué hacen, o cómo lo hacen, sino fundamentalmente quiénes son, cuáles son sus valores, aspiraciones, intereses, y expectativas, sólo por mencionar algunos de los factores que intervienen. Es aquí donde reside el hechizo de este valioso concepto.

¿Qué motiva a cada talento? Algunos testimonios

La motivación es directamente proporcional a las expectativas. Entender qué se pretende del empleo o del equipo,

---

4. McClelland, D. C.: *The Achieving Society*. Irvington Publishers, New York, 1976.
5. Vroom, V. H.: *Manage People, Not Personnel: Motivation and Performance Appraisal*. Harvard Business Press, Serie Harvard Business Review Classics, Boston, 1990.

e incluso de la empresa en la que se trabaja, es un paso sustancial. Lo que se espera constituye la manifestación tangible de las creencias, valores, atributos y necesidades de una persona.

1. ¿Hay adhesión a aquello que realmente sostiene a la empresa?
2. ¿El entorno es consistente con los valores personales?
3. ¿El tipo de tarea permite desplegar las propias competencias?
4. ¿Se encuentra aquello que se necesita y espera desde lo personal y profesional?

Para identificar cuáles son los motivadores de cada persona, es válido partir de indagar, a través de sus expresiones, comportamientos y actitudes, qué procura obtener de su ámbito laboral, ya sea por necesidad o aspiración, y qué la hace sentir satisfecha laboralmente.

- "Espero poder hacer algo que aporte diferencialmente, que deje una marca."
- "Me encanta viajar y este trabajo me brinda esa oportunidad."
- "Soy muy extravertido; disfruto cuando tengo la oportunidad de venderle ideas al cliente."
- "Me levanto cada mañana contento porque voy a reencontrarme con mis colegas."
- "Me gusta este trabajo porque siempre estoy aprendiendo cosas nuevas. Me he desarrollado mucho aquí."
- "Ayudar a los demás me hace sentir realizado, pleno."
- "Para ser sincero, necesito el dinero y trabajo aquí porque el salario es bueno."
- "Es fundamental responder en tiempo y forma a los clientes."

- "Me fastidia el fracaso. Trato de no decepcionar nunca a las personas."
- "No hay nada como los desafíos, que mi jefe confíe en mí y me asigne nuevos proyectos."
- "La verdad es que me siento bien cuando les agrado a las personas y me demuestran que me valoran."
- "Los trabajos que se realizan aquí son de mucha calidad. Es valioso para mí estar asociado a un negocio donde esto es posible."
- "Siempre estoy deseoso de alcanzar objetivos."

¿Motivación intrínseca o extrínseca?

Más allá de la terminología o enfoque utilizados a lo largo de los años, muchos estudiosos han reconocido dos factores o componentes básicos de la motivación: los que responden a elementos internos llamados *intrínsecos* –instintos, impulsos, capacidades o necesidades– y aquellos centrados en el incentivo, en las variables externas, comúnmente denominados *extrínsecos*.

La motivación extrínseca está relacionada con las consecuencias de la conducta de una persona: conseguir una recompensa o evitar un castigo. En ese sentido, las empresas generan medios para lograr la satisfacción. En general, es la solución más habitual, la más fácil y rápida de gestionar, pero requiere revisión permanente para estar a tono con los rápidos cambios y tendencias que modifican el escenario laboral. Este tipo de motivación rige las políticas de salarios, bonos, comisiones, beneficios y premios, y si bien es necesaria, no es en absoluto suficiente. No hay que subestimarla pero tampoco idealizarla como la solución a todos los problemas.

El riesgo de focalizarse en la motivación extrínseca es que genera resultados a corto plazo. Si no se analiza en el marco de una estrategia general, puede terminar siendo una simple fórmula atractiva, pero sólo distrae y no resuelve el problema de generar satisfacción y compromiso sostenidos.

La motivación intrínseca, por su parte, está relacionada con las fuerzas y necesidades propias de las personas; se basa en aquellas cosas que hacen sentir bien y generan emociones positivas en relación con el trabajo, equipo y la organización. Gestionar la motivación intrínseca es comprender estas fuerzas y darles respuesta. Es aquí donde fluye la satisfacción personal y laboral. Por otro lado, contribuye a obtener mayor productividad, facilita la atracción y retención de empleados y colabora con el desarrollo y realización personal y laboral de los talentos.

¿Disociación, o facetas de una motivación integral?

En los tiempos dinámicos, complejos y cambiantes que corren, no es posible pensar que la motivación responda sólo a dos tipos diferenciados de factores: intrínsecos o extrínsecos. El ser humano está inmerso en un contexto social determinado, en un marco de pautas culturales que, de alguna manera, condicionan lo que para cada uno constituye un incentivo.

En el mundo laboral, los estímulos externos e internos se conjugan. Tomando como referencia la teoría de T. Kenneth[6], la energía que moviliza a realizar un trabajo u otra actividad se basa en varios ejes, todos intrínsecos y extrínsecos, que adquieren matices y equilibrios diferentes para cada persona.

- Naturaleza del trabajo que se realiza. Se pueden alcanzar metas y obtener incentivos, y, a pesar de todo, no sentirse realizado. De aquí que sea tan importante el sentido que subyace a la realización de actividades

---

6. Thomas, Kenneth W.: *Intrinsic Motivation at Work: Building Energy & Commitment*. Berrett-Koehler Publishers, San Francisco, 2000.

diarias. No es raro encontrar detrás de la desidia e indiferencia muchas frustraciones por esta falta de sentido. Manifestaciones de la satisfacción con el tipo de tarea que se realiza son: perseguir objetivos que valen el tiempo y esfuerzo que se aplica a lograrlos; adherir a una visión estimulante; hacer tareas relevantes y contar con objetivos claros; disponer de información; identificar afinidades con colegas y supervisores; ser parte de un entorno donde se privilegien los propios valores personales.

Existe una relación directa entre altos estándares de performance y la comprensión de la estrategia de la empresa en la que se trabaja y cómo cada uno contribuye en esa dirección.

- Idoneidad: percibir que se dispone de las competencias para hacer un buen trabajo. Algunas de las variables que enriquecen la propia idoneidad son: sentir orgullo de la tarea al alcanzar o exceder los propios estándares al lograr el efecto deseado; aprender, adquirir conocimientos, recibir retroalimentación, ser reconocido por las habilidades, encontrar desafío en la tarea.

- Autonomía en el entorno de trabajo: tiene que ver con el respeto, confianza y empowerment que se recibe para usar el propio juicio y sentido crítico, sentirse dueño y responsable de la tarea, realizarla en la forma en que se considere apropiado. Lo descrito debe contextualizarse según el tipo de función y tarea: no es igual el tipo de libertad de un líder que el de un joven recién ingresado al mundo del trabajo, pero dentro de los límites de cada uno es posible ejercer un espacio de autonomía.

- Avance y crecimiento: percibir que no solamente se dan pasos concretos en la tarea propuesta y se alcanzan logros específicos, sino que además, a medida que esto sucede, se crece personal y laboralmente. Aun

en tareas que puedan parecer rutinarias, si en su ejecución se encuentra sentido y se mejora continuamente, existe una oportunidad de aprendizaje y enriquecimiento. Esta dimensión se relaciona con la
celebración de los éxitos, la medición periódica de
avances, el reconocimiento, la oferta de capacitación
formal o el puesto de trabajo.

• Pertenencia a un grupo humano, comunitario y social
que refleje y construya la identidad. Las investigaciones demuestran que cuanto más aislados se encuentran los individuos, más desmotivados y menos productivos son.

En la medida en que el talento identifique un sentido
en el puesto de trabajo, el entorno y la tarea misma, cuente con las competencias para realizarla apropiadamente y
en el marco de cierta autonomía, visualice progreso y crecimiento, y se perciba parte de un grupo estimulante, la
motivación será auténtica y sostenida.

¿Esto es independiente de la motivación extrínseca? En
realidad, las retribuciones y premios pueden ser entendidos como producto o resultado de las variables mencionadas, no se dan aisladamente sino anclados en motivadores
más profundos. Cuando se obtiene satisfacción auténtica
en la tarea, es posible que se realice mejor y en consecuencia
el reconocimiento económico se potencie.

¿Cómo motivarse y motivar?

Ya se ha mencionado que un paso inicial para ayudar a otros
a motivarse es estar motivado. La real fuerza impulsora de
tareas significativas surge del interior de la persona. ¿No es
contradictorio, entonces, pensar que unos pueden motivar
a otros? ¿La clave no estará en construir colectivamente entornos que ayuden a sus miembros a encontrar aquellas varia-

bles que los incentivan? La motivación positiva es contagiosa. Si cada talento manifiesta esa energía que conduce a acciones eficientes, productivas e innovadoras, se desencadena el efecto dominó. Ambientes positivos, optimistas y estimulantes son producto de la actitud y conducta de sus miembros y, a su vez, los moviliza en un círculo virtuoso de energía.

Conectarse: estrategia para la motivación del talento

¿Cuánto tiempo dedica el talento a conectarse consigo mismo y con los demás, y con qué frecuencia lo hace? No es un tema de horas, sino de calidad. El ritmo del día a día, la cantidad de estímulos recibidos, las crecientes demandas reducen espacios importantes para escucharse y escuchar (ver Dilema 5). La auténtica conexión no se da con los personajes o roles que enmascaran a todo ser humano. ¿Qué necesito, por qué estoy enojado o frustrado, qué está influyendo en mi estado de armonía o alegría, por qué estoy encerrado en mí mismo? Generar momentos para pensar, reflexionar, y encontrarse con otras personas significativas, renueva y energiza. No es cuestión de cargar una agenda improbable de cumplir, sino de proponerse pequeñas intervenciones: una llamada telefónica, un almuerzo relajado, una breve caminata, un desayuno más prolongado.

Si cada persona puede tomarse unos minutos para conocerse y entender sus emociones y sentimientos, y para conectarse con aquellos de su círculo más cercano, la motivación fluirá en todas direcciones.

¿Cuáles son los tipos de conexión más relevantes en las empresas?

Como consecuencia de investigar los motivadores y los generadores de desarrollo de talento, se pueden identificar dos tipos de conexiones que favorecen el compromiso y la performance.

- Personas consigo mismas para construir y mantener un sentido y propósito personal y laboral; y personas con personas con las que tienen un vínculo, privado o laboral. Esto permite cultivar redes de alta performance y desarrollar el crecimiento personal y profesional. Conectar a las personas significa construir y sostener redes de vínculos entre empleados. Décadas de investigaciones avalan que existe una relación muy estrecha entre las redes personales (ver Dilema 7) y el buen desempeño, la innovación, el aprendizaje y el crecimiento en la carrera profesional. Los líderes toman decisiones más acertadas cuando escuchan distintas opiniones, aunque a veces no son las que se desea oír; si todos perciben que son tenidos en cuenta y tratados con igualdad, las decisiones son mejor aceptadas.
- Personas con recursos: significa administrar conocimiento, tecnología, herramientas, capital, tiempo y espacio físico para lograr metas profesionales y de negocios.

El hecho de que los talentos se motiven y motiven a otros facilita que puedan elegir apropiadamente el tipo de trabajo y el ámbito adecuado (emprendimiento, empresa internacional, nacional, familiar; vocación creativa, solidaria, etc.), contribuye a que alcancen altos estándares de performance, y a que logren resultados sobre la base de su bienestar y su desarrollo laboral. El estudio constante de abordajes para generar un ambiente de motivación integral propone obstáculos pero también nuevas oportunidades.

El coaching: un proceso motivacional

El coaching es una herramienta poderosa que permite ponerse en el lugar del otro para descubrir sus áreas profundas de interés y relacionarlas con los objetivos laborales. Algunas empresas han implementado verdaderas culturas en las que el énfasis está puesto en desarrollar a las personas en su trabajo para que puedan aprovechar sus atributos y competencias, de modo de alcanzar objetivos propios, grupales y organizacionales. Estas culturas están centradas en las personas y reconocen la importancia de tratarlas bien y proveerles herramientas, capacitación y oportunidades de carrera. Una cultura de coaching implica gestionar la motivación considerando expectativas claras, brindando feedback continuo, creando planes de desarrollo, enseñando y contando con un management creíble y comprometido (Ver Dilema 6).

Los mejores coaches son aquellos que conducen a sus equipos a obtener resultados mediante una combinación de trabajo, disciplina, desafío y, por sobre todas las cosas, respeto. El proceso de identificar las motivaciones individuales supone aceptar a las personas por lo que son y lo que desean ser. Requiere una demostración de confianza en las elecciones que han hecho en sus vidas y las consecuencias que estas elecciones han tenido. ¿Cuántas veces se plantea la pregunta sobre qué motiva a los demás? La instancia de contacto con un coach o mentor se convierte en una buena oportunidad para encontrar la respuesta.

El coaching permite descubrir lo que está en la mente y el sentir de las personas y, a la vez, ofrece caminos para ligarlo con la visión y los objetivos de la empresa en la que se desempeñan.

Valores empresariales: compromiso y responsabilidad

Cada vez más las personas parecen tan interesadas en la situación de los otros como en la propia. No sorprende que la inversión global en las denominadas instituciones éticas y solidarias esté creciendo rápidamente.

El mundo empresarial actual está afrontando una verdadera crisis de sentido: las personas se preocupan por la situación del mundo, especialmente por las condiciones del ambiente y la desintegración de las instituciones, y quieren hacer algo al respecto. La idea de que el sentido y el propósito son importantes no es nueva, lo que sucede es que empieza a ser reconocida y asumida en el mundo empresarial.

Las personas buscan un sentido en su trabajo y buscarán otro si no lo encuentran. Están expresando que ya no aceptan estar al servicio de la economía, sino que la economía esté al servicio de las personas y de la comunidad, por eso están más motivadas en organizaciones que se comprometen socialmente, a través de:

- la manera de concebir y afrontar la relación con el talento;
- el cuidado responsable del ambiente;
- la asociación entre empresas ante problemáticas de interés general, pero también particular;
- el reconocimiento de los problemas acerca del descuido de la confidencialidad y privacidad de los datos, la venta desleal, y la publicidad engañosa;
- las consideraciones sobre la salud y bienestar del personal;
- la igualdad sexual, racial, cultural, étnica, religiosa, política, etc.;
- las empresas y sus directivos como modelos de ética;
- el respeto por los derechos humanos;
- el cumplimiento de protocolos, leyes y regulaciones;
- la inserción generosa en la comunidad.

¿No es de por sí motivador trabajar en un entorno u organización donde las dimensiones mencionadas son un pilar y no sólo una declamación? Seguramente, pero no es consecuencia del azar ni de las buenas intenciones, sino producto de una construcción indelegable, colectiva y solidaria de la que nadie queda ajeno. ¿Todos son realmente conscientes de esto?

Culturas motivantes

Un entorno donde cada uno de sus miembros es protagonista activo de la identificación y conservación de sus anclajes motivacionales construye una cultura motivadora. Todos la nutren y se nutren de ella. ¿Qué se descubre analizando una cultura movilizadora? ¿Qué le aporta al talento?

¿Qué caracteriza a una cultura motivante? Entre otras cosas:

- la comunicación e información fluye en todas direcciones;
- el trabajo en equipo moviliza fuerzas y nuevas opciones enriquecedoras, se pasa del Pre "Yo" al "Nosotros";
- el talento se siente seguro, estimulado a tomar riesgos controlados y a innovar;
- el empowerment predomina en la forma en que se realiza la tarea, potenciando la autonomía y la responsabilidad de los empleados;
- predomina la sensación de que cada empleado realiza un trabajo desafiante y significativo;
- el reconocimiento formal e informal, la valoración, el feedback y el agradecimiento son parte del día a día;
- el aprovechamiento de la espontaneidad, la frescura y la libertad de personas capaces e independientes;
- el respeto de las diferencias y el disenso; se estimula el juicio crítico y el pensamiento independiente y enriquecedor.

La motivación de los líderes: el gran secreto

John Baldoni describe los secretos de LA motivación de grandes líderes como Colleen Barrett, Francis Hesselbein, Sam Walton, o Pat Summitt. Disímiles en sus orígenes, campos de especialidad y estilos de liderazgo, presentan como denominador común un poder de atracción único que hace que las personas quieran estar con ellos y participar de lo que estén haciendo[7].

Los grandes líderes primero se lideran a sí mismos, con autonomía, iniciativa y responsabilidad y, desde allí, motivan a través de sus conductas.

1. Se centran en las personas: conocen sus motivaciones, deseos y cómo les está yendo, los escuchan y les dedican tiempo y esfuerzo.
2. Lideran con el ejemplo: saben que lo que hacen es observado permanentemente y son modelo de los excelentes estándares necesarios para alcanzar objetivos laborales y realizarse personalmente.
3. Se sacrifican: ponen las necesidades de los demás y de la organización por delante de las propias. La dedicación posee un alto contenido motivacional.
4. Son expertos en crear ambientes de trabajo agradables en los que las personas sienten que lo que hacen es importante y significativo para alcanzar un objetivo.
5. Comunican, informan a su equipo y lo hacen de inmediato, preferentemente cara a cara. Las personas se desalientan fácilmente si son los últimos en enterarse de las cosas, sobre todo, en decisiones que les atañen.

---

7. Baldoni, John: *Great Motivation Secrets of Great Leaders.* McGraw-Hill, New York, 2005.

6. Fomentan la creatividad y estimulan el aprendizaje para que sus colaboradores contribuyan y se alimenten de nuevas ideas y pensamientos.

7. Crean cultura e instalan una mentalidad de reconocimiento: premian el esfuerzo y celebran los éxitos demostrando así aprecio por el trabajo bien hecho.

8. Generan retos y estimulan a los demás a que lo hagan. Identifican oportunidades, suman a las personas a los desafíos y los hacen reales y alcanzables.

9. Se preparan para el mañana, están un paso adelante y poseen una visión y misión del futuro. Quienes los rodean desean saber las consecuencias de sus conductas y hacia dónde están yendo.

10. Inspiran coraje, vigor, insuflan vitalidad, dan sentido a las acciones, renuevan la percepción de un propósito y la confianza. Inspirar es despertar el deseo en el otro de mejorar su desempeño, de desplegar todas sus capacidades y potencial. La inspiración proviene del ejemplo y del valor, significa transmitir optimismo, con el que las personas pueden ver más allá de la adversidad, más allá de donde se encuentran hoy. El optimismo que comparten con sus empleados siembra el campo donde la motivación prospera y permite que las personas alcancen los máximos resultados.

¿Cómo pueden los líderes reducir las consecuencias de una fuerza laboral en la que convive un mix de generaciones con expectativas distintas? Un punto crucial y muchas veces desestimado tiene que ver con el contacto con los empleados y con la posibilidad de intentar comprender la situación y prioridades de cada uno. Cathleen Benko[8] plantea, a

---

8. Benko, Cathleen, y Weissberg, Anne: *Mass Careers Customization.* Deloitte - Harvard Business School Press, Boston, 2007.

partir de la inserción de los jóvenes en el mundo laboral, la necesidad creciente de identificar el perfil del empleado en términos de:

- ritmo de carrera que le interesa,
- elección de carga de trabajo o tiempo disponible,
- opciones de dónde ejercer su rol (casa, oficina, etc.),
- interés en realizar carrera gerencial o ser especialista.

Las posibles combinaciones de las cuatro variables anteriores definen otras tantas modalidades de compromiso con el trabajo, la organización y la sociedad.

Los líderes vislumbran que la motivación proviene del interior de la persona y por eso crean ambientes y condiciones para que quienes los rodean encuentren razones para creer en sí mismos, confíen en sus elecciones y se comprometan con el emprendimiento que se propongan. Los líderes que han vencido la prueba de afrontar complejos desafíos y han salido airosos de las dificultades que enfrentaron poseen un común denominador: hicieron sentir a sus empleados que su esfuerzo valía la pena y que su trabajo era importante.

El gran secreto de la motivación es el santo grial que todo líder desea encontrar: ¿cómo puedo motivar a los talentos, dar el ejemplo e inspirarlos para que encuentren conceptual y emocionalmente la energía vital que encarna la motivación?

Visión a futuro: motivación en la diversidad

En las diferentes generaciones

Si bien la motivación es una problemática cuya esencia es común a todos los seres humanos y abarca a todas las generaciones, es indiscutible que en los próximos años los negocios dependerán cada vez más del talento joven, y el éxito tendrá mucho que ver con entender y gestionar las características y expectativas laborales de esta nueva generación. ¿Qué es necesario saber y aprender de ella para elaborar estrategias estimulantes? Las fuentes de su energía no difieren de las ya descritas, pero sí el énfasis y las prioridades para identificar el sentido y propósito de su trabajo, tal como señalan muchos estudios sobre las generaciones jóvenes que se insertan en el mundo laboral, temática de moda en los últimos años (ver Dilema 4). Lo que los moviliza es coherente con lo que esperan y necesitan: políticas de desarrollo consistentes y flexibles; calidad de vida laboral, líderes creíbles y confiables, que los respeten y escuchen; desempeñarse en un ambiente cordial con amigos y colegas; trabajar en equipo y redes, donde la comunicación sea abierta y transparente.

Los jóvenes empiezan a abrir un camino en la concepción de la motivación centrada en el equilibrio y desarrollo integral del ser humano, la cual requerirá un tiempo para estabilizarse. Seguramente será un ejemplo de salud que ayudará a quienes han tenido una vida de dedicación absoluta y disciplinada al trabajo. El sentido profundo como energía auténtica proviene no sólo de lo laboral, y ese es el rumbo que se empieza a enfatizar.

La motivación femenina

La incursión de la mujer en el mundo laboral es una realidad creciente (ver Dilema 3). Tradicionalmente, las organizaciones han estado más vinculadas con los valores masculinos en su forma de actuar y en su cultura corporativa, pero en la actualidad se están volviendo cada vez más receptivas a reflejar la diversidad de valores y expectativas. A medida que se vislumbran en el contexto más incertidumbres y mayores complejidades, el aporte de visiones complementarias no sólo enriquece sino que además hace más competitivos a los talentos y a las empresas. En este marco, el liderazgo femenino está visto como una influencia claramente positiva. Comprender y entender las diferencias que se dan en la propia empresa, en las de clientes, en los ambientes institucionales y políticos, y en los círculos sociales permite descubrir nuevos paradigmas. Estos generan nuevas necesidades y, en consecuencia, nuevas motivaciones.

En general, ¿qué motiva a las mujeres y cómo motivan ellas? Tal como las nuevas generaciones, no presentan diferencias radicales, sino que más bien enfatizan algunos aspectos que responden a sus características biológicas y psicológicas. Estas necesidades –en especial las vinculadas con dedicar más tiempo a la familia y a la crianza de los hijos– se están expandiendo paulatinamente entre los hombres, dados los cambios domésticos y sociales.

Algunos de los anclajes motivacionales más significativos son:

- crear ambientes seguros para ellas, sus contactos, relaciones y familia;
- mejorar en forma continua el estado de las cosas y de su entorno;
- buscar empatía y armonía más que mecanismos de lucha y poder;
- equilibrar las responsabilidades laborales con las familiares y comunitarias;
- contribuir con una visión de sustentabilidad que facilite el futuro de las nuevas generaciones, de las que sus hijos son parte.

Las organizaciones que tengan en cuenta el valor de la armonía resultante de la diversidad y alienten a los personas de distintos géneros, etnias, religiones, y culturas a indagar de dónde provienen su energía y fortalezas, crearán una propuesta distinta, más competitiva y atractiva para los talentos.

En los altos talentos

Las personas con talento diferencial o alto potencial son proclives a buscar por sí mismas las fuentes de motivación que las mantengan en contacto con su proyecto y tarea, sostenidas por la energía que proviene de la adrenalina (ver Dilema 10). En general, necesitan asumir constantemente mayor responsabilidad a medida que superan obstáculos y obtienen logros.

Buscan trascender a partir de sus contribuciones, y no se quedan quietos esperando que alguien les genere las condiciones; son autónomos e independientes, y dueños de una condición natural para ejercer roles de liderazgo.

Las principales fuentes de su energía son:

- con relación a los demás: tener autoridad, poder de decisión, ser reconocidos por su liderazgo natural y su capacidad para coordinar equipos;
- con relación a su trabajo y carrera: crecer en responsabilidad, alcance del trabajo y jerarquía, planificar y realizar la tarea por objetivos y resultados;
- ser parte de un ambiente competitivo donde sea habitual trabajar bajo presión y contar con oportunidades para exponerse personal y profesionalmente.

Son emprendedores, proactivos y tienen una expresa confianza en sí mismos que les da la seguridad necesaria para ganarse un espacio y alcanzar sus metas, pero no de cualquier manera, sino desplegando y contagiando energía. Su sola presencia moviliza a quienes los rodean.

¿Y la desmotivación?

¿Es la desmotivación simplemente un estado opuesto al de la motivación? ¿Tiene condimentos propios? ¿Por qué es habitual encontrar este término en el discurso de las personas? La desmotivación es generalmente definida como un sentimiento de desesperanza ante los obstáculos, o de angustia y pérdida de entusiasmo, disposición o energía, que cuando aparece realmente preocupa a la persona y ocupa a quienes la rodean.

Todos transitan por una cuota de desmotivación en algún momento de la vida, pero varía el enfoque de cada uno para manejarla y superarla. En general, es más fácil buscar un responsable afuera, en lugar de identificar proactivamente la manera de superar este estado, reencontrándose con aquello interno que lo origina.

Aunque la desmotivación puede verse como una consecuencia normal en las personas cuando ven bloqueados o limitados sus anhelos por diversas causas, tiene consecuencias que deben prevenirse, entre ellas el contagio. La desmotivación sucede en todas las áreas de la vida: laboral, familiar, personal, social, y puede manifestarse a través de trastornos del sueño, autocomplacencia, anomia, desinterés, desgano, pensamientos negativos, temor indefinido, o inseguridad.

La desmotivación puede resultar claramente nociva si se convierte en una tendencia recurrente o estable, pues afecta la salud, limita la capacidad de vinculación y desfavorece la productividad al disminuir la confianza en sí mismo, el flujo de la creatividad, la capacidad de tomar riesgos y la fuerza de voluntad. Pero analizándola con un enfoque positivo, puede entenderse como un síntoma que dispare la gestión de un cambio.

En los ambientes laborales, ¿cuáles son los principales factores de desmotivación de los talentos? Lo que más desmotiva es aquello que no responde a las necesidades, aspiraciones y expectativas del empleado. Puede variar de una persona a otra, pero en general se debe a los siguientes factores.

- Aspectos interpersonales: críticas no constructivas, inflexibilidad de los jefes, mala relación con los colegas.
- Aspectos organizacionales: políticas inequitativas o inconsistentes, deficiente difusión de información crítica para el trabajo.
- Aspectos vinculados con la tarea: objetivos poco claros, subutilización de las habilidades, burocracia, falta de desafío.
- Aspectos vinculados con las condiciones de trabajo: ambiente insalubre, falta de herramientas, ubicación geográfica.

Esta descripción no es en absoluto novedosa, pero ¿por qué es tan habitual? Las organizaciones y los talentos con frecuencia olvidan el efecto que en el clima, la productividad y la competitividad tiene el cuidado mínimo de variables que influyen directamente en la calidad de vida laboral (ver Dilema 12). Sin duda, crearlo requiere tiempo, esfuerzo y dinero, pero no es un gasto, sino una inversión con retorno rápido y directo.

El desafío de la motivación en tiempos de cambio

Las variables disparadoras de motivación y las características de ambientes estimulantes cambian de cultura en cultura. No son iguales, por ejemplo, en Oriente que en Occidente. ¿Qué sucede entonces en contextos de cambio permanente, de crisis que fluctúan, de necesidades que evolucionan?

247

En esencia no se dan modificaciones drásticas, pues el ser humano tiene necesidades que se han mantenido a lo largo de la historia, pero las transformaciones de los modelos de convivencia y trabajo, que además se difunden rápidamente a través de los modernos medios de comunicación, impactan en las expectativas y, en consecuencia, en las motivaciones.

Encuestas recientes revelan que la fuerza laboral del mundo está desmotivada y no comprometida con sus trabajos. La forma de vincularse con la tarea y la organización es diferente de la tradicional. Hay cierta desilusión resultante de una gran esperanza depositada en las sociedades, instituciones y líderes que no demostraron consistencia entre sus causas y promesas y los resultados visibles.

Este es un gran desafío a futuro, no de simple resolución, pero de vital atención. ¿Cómo encauzar las esperanzas de jóvenes y adultos, mujeres y hombres, empleados y ejecutivos? Es una responsabilidad de todos, y empieza sin duda con una sincera y profunda reflexión, con el retorno a principios básicos, y con una motivación resultante de factores simples y valores esenciales. La educación cumple un rol fundamental, aun cuando no haya una clara conciencia ni una actitud activa y comprometida. Sin duda, se puede empezar por el entorno más cercano: la familia, el trabajo y la comunidad.

El dilema en síntesis

Hace muchos años que el fenómeno de la motivación intriga a estudiosos y curiosos. Es que claramente estar motivado es una de las claves de la satisfacción de las personas, y del logro productivo de objetivos organizacionales.

No hay diferencias significativas en las variadas teorías sobre el tema, que coinciden en que lo que motiva a las personas es indiosincrásico. Cada ser humano es único y también el motor de su energía. Siempre lo que motiva depende de las necesidades y expectativas de cada uno en las diferentes etapas de su vida.

El eje de un entorno motivador es el talento. En la medida en que este no descubra e identifique sus anclajes motivacionales, su generador de activa voluntad, difícilmente pueda motivar a otros y ser parte de un ambiente estimulante y desafiante. Este es el resultado de la sinergia de personas que encontraron el sentido de su trabajo, sentido que no responde a estímulos externos ni a motivaciones intrínsecas diferenciadas entre sí, sino a la fusión de variables provenientes del interior de la persona y de su contexto. Quien no se encuentra realizado y no disfruta de su tarea, raramente la desempeñará con un nivel y calidad que ameriten una recompensa y reconocimiento significativos.

Identificar los orígenes de la propia motivación permite disponer de herramientas para ayudar a los demás en ese camino. Pareciera que los líderes cuentan con esa divina capacidad de inspirar, estimular, energizar. ¿A todos por igual? La esencia de la motivación se ha sostenido a lo largo de la historia del ser humano, pero pueden diferir las prioridades y los enfoques. A mujeres, jóvenes, altos potenciales los mueven factores específicos que es importante respetar para beneficio de la cultura de la empresa.

El mundo ha cambiado, pero no la preocupación por cómo superar los estados de desmotivación por los que todos pueden atravesar. Personas desmotivadas se desconectan de su trabajo, contagian su actitud de desánimo, y perjudican la productividad y competitividad de una compañía. Ayudarlos es ayudarse, y esta colaboración mutua es una de las características de una cultura motivadora.

La percepción desesperanzada del devenir del mundo no es alentadora. Pareciera que la motivación entendida como esa luz que mueve a la humanidad, que predispone positivamente, se está apagando en forma paulatina como resultado de desaciertos y contrariedades en todo el globo terráqueo, que además se conocen en forma masiva e inmediata a través de los medios de comunicación. Pero esto es parte de la historia; se han superado obstáculos y tragedias, y en ello reside la condición básica de la motivación, la fuerza admirable y mágica que surge de manera inesperada para crecer personal y profesionalmente, lograr metas y sembrar la semilla en pos de la construcción de un futuro mejor.

POTENCIAL:
¿DIFERENCIAR, O NIVELAR?

Las compañías se distinguen hoy por la calidad de su talento, basada en estándares de desempeño y en el potencial de crecimiento necesario para sostener y desarrollar el negocio. Por otra parte, una buena formación universitaria sólo da un título habilitante; para destacarse, los profesionales deben continuar con su formación y desplegar competencias críticas. No hay organización sin talento, ni talento sin un ámbito de trabajo –emprendimiento personal, compañía, entorno cultural o deportivo, institución educativa– que le posibilite demostrar, expandir y fortalecer sus atributos.

¿Existe una única definición de potencial? ¿Es posible identificarlo? ¿Es un imaginario de la persona, o esconde atributos concretos?

¿Por qué hablar de potencial, por qué es importante y más aún en tiempos de crisis?

¿Identificar potencial discrimina, o permite una propuesta de valor diferenciada según el perfil y expectativas de cada persona?

¿Es realmente identificable? ¿En cualquier etapa de la vida laboral?

¿Es un concepto dinámico, o estático? ¿Cambia según las circunstancias o el contexto?

¿Es diferente el contrato con el trabajo que establecen los altos potenciales del de quienes no lo son?

¿Cuál es la relación entre potencial y performance?

¿Qué rol juegan los líderes? ¿Son formadores de altos potenciales? ¿Son ellos mismos altos potenciales?

¿De qué estamos hablando?

Para empezar, según el Diccionario de la Real Academia Española, *potencial* es aquello que puede suceder o existir, que tiene o encierra en sí potencia, o sea, que tiene capacidad para ejecutar algo o producir un efecto.

La primera conclusión entonces es que su naturaleza encierra una idea de futuro, de algo que puede llegar a ser, que se espera que eventualmente se despliegue. El horizonte de tiempo que se requiera para sembrar y la magnitud de lo que se coseche, definen el nivel de potencial al que se llegará: medio o alto, a mediano plazo o a largo plazo, según el parámetro con que se evalúe.

Por otra parte, el potencial hace referencia a la capacidad del ser humano. Capacidad viene del latín *capacitas*, "que es capaz de", "tiene la aptitud para". La aptitud (del latín *aptus*) es el conjunto de aquellas características que permiten a una persona actuar de una determinada manera. Engloba capacidades cognitivas, emocionales y físicas. Está estrechamente relacionada con la inteligencia y con la personalidad.

Hasta aquí se visualiza la bidimensionalidad del concepto de potencial: la temporal y la de complejidad, entendiendo a esta última como el nivel de desarrollo y abstracción de las variables que se ponen en juego y se expresan en el desenvolvimiento diario.

Elliott Jaques[1] diferencia tres construcciones a la hora de describir el potencial: capacidad potencial *actual* (aptitudes que existen, pero no se están poniendo de manifiesto), capacidad potencial *aplicada* (habilidades que se ejercen en la gestión diaria), y capacidad potencial *futura* (destrezas que posiblemente llegarán a dominarse, como consecuencia de las experiencias de desarrollo por las que se atraviese).

Según el nivel de evolución, lo que se considera específicamente como alto potencial es un tema de discusión y evaluación permanente, ya que no hay teorías únicas y concluyentes. Un alto talento para una organización o en una cultura determinada, bien puede no serlo para otra, es decir, su definición también depende de las competencias valoradas, enfatizadas y esperadas por cada empresa y tipo de actividad.

1. Con la perspectiva de la estructura organizacional: el potencial de un individuo es el conjunto de capacidades que le permitirán asumir mayores responsabilidades (grado superior) dentro de la estructura de una empresa. Los altos potenciales son aquellas personas percibidas en algún punto de su carrera como sucesores de otros que ocupan niveles más altos. De aquí la importancia de que la empresa no bloquee, sino que habilite a que el potencial se despliegue.

2. Con la perspectiva del talento: es la capacidad que tiene un individuo para enfrentar y resolver problemas crecientemente complejos, y que le permite seleccionar, recoger, analizar, reorganizar y razonar información, para operar con ella, juzgar, sacar conclusiones, formular planes, elegir y tomar una determinada decisión.

---

1. Jaques, Elliott: *La organización requerida*. Granica, Buenos Aires, 2000.

De todos modos el objetivo aquí no es entrar en profundidad en la definición de potencial, sino:

- dar el marco referencial para entender la ilimitada posibilidad que tiene la persona inserta en un sistema organizacional de expresar su conducta laboral y hacerla crecer en complejidad, impacto y alcance;
- resaltar que el talento de alto potencial no es producto del azar, no se obtiene mágicamente, sino que es la resultante del esfuerzo, trabajo y disciplina de la persona y su entorno;
- tener en cuenta que identificar el nivel de potencial no es clasificar o etiquetar, no es un estigma, no implica juzgar en forma apresurada, sino un compromiso y responsabilidad para la empresa que emprende este camino;
- reflexionar sobre la identificación de potencial como una manera de diferenciar la propuesta de valor que la empresa brinda a los variados niveles de perfil, desempeño y potencial que despliega su capital humano.

Potencial: ¿para qué?

En los últimos años, las empresas más que nunca se han preocupado por su competitividad en el futuro inmediato: ¿tenemos el talento y capacidad para desarrollar e implementar las estrategias que nos permitirán el éxito en este mundo de negocios cambiante y competitivo? Las actuales presiones para el cambio –desde la globalización, la irrupción de la tecnología y revolución en los modelos de negocios– no tienen precedente, lo que implica que la vida útil tanto de las estrategias como de los líderes puede ser mucho más corta.

Y esta es la real preocupación: la capacidad de los líderes, las habilidades, comportamientos y experiencias

DILEMA 10. POTENCIAL: ¿DIFERENCIAR, O IGUALAR?

requeridos para implementar un tipo de estrategia hoy quizá no sean los mismos que se necesiten para implementar la de mañana. Por ejemplo, los talentos que se necesitan para conducir una empresa que opera en un entorno tecnológico y competitivo estable difieren de aquellos apropiados para una matriz organizacional altamente globalizada que se enfrenta al rápido cambio científico y empresarial.

Algunas compañías pierden la confianza en su capacidad de predecir el tipo de talento necesario más adelante y reaccionan, ante los cambios y las crisis, eliminando o disminuyendo los programas destinados a desarrollar el potencial de su gente. Pero la experiencia indica que las organizaciones exitosas son las que pueden atender al mismo tiempo el largo y el corto plazo, formando y capacitando el talento actual, e identificando y desarrollando el talento con alto potencial crítico necesario para fortalecer el negocio. Especialmente en contextos restrictivos, contar con un mapa de talento orienta en el camino de diseñar acciones de formación más focalizadas y efectivas, y de tomar decisiones para capacitar y retener a los mejores.

Las empresas con una clara visión del futuro son conscientes del valor de invertir en el potencial de su talento y de formar profesionales para generar cuadros de reemplazo y sucesión, y superan a sus competidores.

Identificación de potencial: ¿por qué?

La identificación de potencial no es una novedad: los líderes y las organizaciones tienen una tendencia natural a destacar a aquellos que poseen algo diferencial, aun cuando se realice generalmente de manera informal.

¿Por qué hacerlo formalmente? Todos los talentos de una organización tienen el derecho y la necesidad de saber cómo se los considera, cuáles son sus perspectivas y sus oportunidades de mejora.

El conocimiento "de pasillo" de cómo es percibido cada uno por sus líderes genera incomodidad, incertidumbre, disconformidad y la sensación de que hay ciudadanos de primera y de segunda.

La claridad y transparencia no sólo es un valor, sino que además permite legitimar acciones diferenciadas según las distintas necesidades, aclarar dudas que puedan surgir sobre la iniciativa, y poner de manifiesto la preocupación de la empresa por generar espacios de diálogo y consideración personalizada.

Lo que necesita y espera una persona con alto potencial no es lo mismo que lo que pretende un especialista destacado que desea profundizar en su área de conocimiento.

- Aquellos con alto potencial demuestran ambición por acelerar su carrera, esforzarse por alcanzar ambiciosos logros, y proyectarse en un camino de dominio general de un negocio. Las empresas invierten en ellos para contar con líderes en el futuro.
- Pero aquellos con potencial esperable pero alto desempeño son también muy importantes para una empresa. Son confiables, responsables, sostienen el negocio y contribuyen a alcanzar los objetivos a partir de su experiencia y habilidades. Merecen el respeto de sus líderes, y el reconocimiento por sus realizaciones. Es necesario escucharlos, porque su opinión es muy valiosa, y confiar en ellos. No hay compañía exitosa que no se apoye en este talento que colabora pero que también espera seguir desarrollándose en lo suyo.
- Finalmente, aquellos que no pueden ajustarse a los cambios, que tienen dificultades para trabajar adecuadamente, que están desmotivados, necesitan que se los oriente, se les hable con sinceridad para darles

la oportunidad de tomar decisiones sobre su futuro, de mejorar, de cambiar de puesto o de tipo de negocio o empresa.

La franca y clara diferenciación de perfiles, es decir, la configuración del mapa de talento de una organización, habilita a brindar a todos una propuesta de valor acorde con su situación. Los planes de acción masivos o sólo dirigidos a un grupo agudizan las diferencias. La flexibilidad es una condición ineludible para adecuarse a la situación y actuación de las personas que, además, puede modificarse con el correr del tiempo.

La apreciación de cada talento permite focalizar las acciones. No se trata de juzgar, sino de valorar.

Atributos del potencial

¿Cómo reconocemos a un alto potencial? ¿Qué particularidades lo definen? ¿Cómo puede un talento identificar que es factible ser considerado un alto potencial?

En términos cotidianos, el alto potencial es aquella persona que "se lleva el mundo por delante", que claramente se destaca, brilla sobre sus pares, tiene una estrella visible por quienes lo rodean, y se vincula con la tarea y con la gente desde lo cognitivo y lo emocional.

Para caracterizarlo se suelen especificar rasgos de personalidad y atributos que en general comparten, y que definen su identidad; algo inherente al ser del sujeto. Adicionalmente, los altos potenciales poseen un nivel de inteligencia cognitiva y de conceptualización que les facilita entender y otorgar cierto orden al caos que rodea hoy a todo talento y empresa.

Sobre la base de múltiples investigaciones, los atributos subyacentes a una persona con potencial diferencial se pueden sintetizar en cinco, que serán descritos con la perspectiva de un tercero, pero que también ayudan a un alto potencial a autodiagnosticarse. Estos atributos se observan en ciertas actitudes, comportamientos y habilidades (competencias).

¿Tiene, o tengo, "hambre", interés, pasión que brota de lo más profundo? Esta actitud se manifiesta en la práctica en términos de orientación positiva al crecimiento, asunción de responsabilidades y deseo de logro, valoración de carrera y ambición de progreso a mediano/largo plazo. Demuestra:

- optimismo y confía en sus capacidades para superar problemas y obstáculos;
- interés en concretar sus aspiraciones, conseguir mayores responsabilidades;
- pasión por el trabajo, que desempeña con altos estándares, importante dosis de energía y dedicación, y suficiente autonomía para que se le deleguen responsabilidades;
- curiosidad, cuestionamiento permanente que lo lleva a estar siempre en la búsqueda de nuevas posibilidades y recursos.

¿Tiene, o me siento, con capacidad de adaptación rápida, para encarar las frustraciones, emociones, ambigüedades y presiones de manera efectiva? ¿Responde a los cambios con flexibilidad y enfrenta situaciones nuevas con versatilidad? Entonces:

- manifiesta capacidad de experimentar incertidumbre y emoción sin por ello perder predisposición a la acción y sin ceñirse a un solo camino;
- requiere retroalimentación sobre su impacto personal y actúa en consecuencia; se recupera rápidamente de los reveses;

- analiza y respeta los entornos, que incorpora como marco de referencia para la acción;
- se predispone al cambio rápidamente, y además lo busca para mejorar permanentemente.

¿Es, o soy, sociable, con efectiva inserción en nuevos entornos sociales a partir de la percepción de sus características? ¿Se interrelaciona con los demás y adquiere habilidades para desenvolverse con distintos perfiles de gente y tipos de actividad? En ese caso:

- se integra rápidamente a nuevas situaciones, buscando su lugar y rol dentro del grupo;
- conjuga equilibrada y flexiblemente su ambición de crecimiento y su integración cooperativa en un equipo de trabajo y en redes de contacto (ver Dilema 7), sin perder su identidad;
- aborda el conflicto de manera constructiva;
- está atento a las características emocionales de los demás y sabe escuchar (ver Dilema 5).

¿Tiene, o tengo, capacidad para sostener una visión estratégica y traducirla en acciones efectivas, resolviendo dilemas? Si es así:

- mira al futuro como si fuera propio, anticipándose y preparándose para responder apropiadamente; quizá se trate sólo de un segundo antes de que las cosas sucedan, pero ese segundo asegura la diferencia;
- contempla las situaciones en forma audaz e innovadora, asume riesgos y se aventura a salir de los ámbitos de comodidad; siempre está buscando la manera de hacer realidad sus ideas; es creativo y estimula a otros para que lo sean;
- cuestiona con fundamento el orden establecido; es inquisitivo, no se queda con lo que recibe y tiene;

- visualiza perspectivas a futuro y lo prueba en su actividad cotidiana, traduciendo la estrategia en planes de acción.

¿Demuestra, o demuestro, capacidad de aprendizaje de nuevos conocimientos, prácticas y destrezas, a partir de la conceptualización y de la reflexión sobre experiencias propias y ajenas? Este tipo:

- invierte en su aprendizaje continuo, se valora, reconoce la importancia de su autodesarrollo. Está rodeado de libros, herramientas tecnológicas, y otras fuentes de aprendizaje;
- se preocupa activamente por su desempeño y se hace cargo de su aprendizaje; se fija objetivos ambiciosos pero alcanzables;
- enfrenta situaciones problemáticas con ánimo desafiante y deseos de aprender;
- demuestra capacidad para capturar información de las más variadas situaciones, procesarla para decidir, conceptualizarla y operar.

La automotivación (ver Dilema 9) es idiosincrásica de estos altos talentos, siempre en procura de las condiciones que los lleven al paso siguiente en sus carreras. No se trata simplemente de dinero: disfrutan al crecer y crear cosas por el desafío en sí. Prueban diferentes medios de obtener logros y no se conforman con aprender de su propia experiencia sino que buscan la guía de personas versadas. Además, contagian entusiasmo y ayudan a motivar a sus colegas.

Es complejo el conjunto de cualidades de un alto potencial. Sin duda, estas difieren entre los distintos individuos; inteligencia cognitiva, emocional y social son necesarias pero no excluyentes. De la misma manera que el potencial se caracteriza por la flexibilidad, esta también es requisito para quienes tienen la responsabilidad o el deseo de definir el perfil de este tipo de talento que, simplemente, deslumbra.

¿Nacen, o se hacen?

Otro de los dilemas frecuentes reside en determinar si el potencial es innato o si de alguna manera se puede cultivar hasta alcanzar los niveles deseados. Este tema es objeto de debate permanente. Muchas investigaciones han encontrado un muy débil lazo entre el alto coeficiente intelectual o rasgos estructurales de personalidad, y el hecho de sobresalir en los negocios y en la actividad diaria. Esto implica que el talento del que estamos hablando no necesariamente abarca a personas que han nacido con patrones extraordinarios, pero estos constituyen sin duda un basamento importante. Las habilidades, conocimientos y, sobre todo, las actitudes que han desarrollado a lo largo de su vida les facilita escalar a grados muy altos de desempeño y competencia.

Algunos estudiosos consideran que uno de los factores críticos del alto potencial es el ejercicio deliberado: disciplina, trabajo y esfuerzo para poner en práctica y desarrollar las cualidades innatas. La actividad, la dedicación, la concentración pueden aumentar y extender las competencias para desempeñarse en forma exitosa. La clave residiría en prepararse y entrenarse para desplegar todo el talento con el que se ha nacido. Este punto de vista combina lo innato con lo adquirido con fuerte voluntad y dedicación, sumado a actividades complementarias y enriquecedoras que abran las puertas del mundo; es decir, los altos potenciales tienen un don, pero saben subirse al tren de las oportunidades, que aprovechan con pasión.

¿Cuándo y cómo detectar potencial en el ámbito laboral?

¿Es posible hacerlo durante el ingreso en niveles laborales iniciales?

En general, existe consenso acerca de que la identificación del potencial de una persona se funda en los resultados obtenidos en su interacción laboral diaria y en la evaluación de su desempeño. Ambas instancias constituyen un input importante para detectar el talento interno, armar planes de desarrollo y definir cuadros de sucesión sobre la base de las necesidades estratégicas del negocio y de las expectativas y perfiles de la gente. Este acuerdo se apoya sobre el argumento de que es en la práctica y en el desempeño donde se pueden observar, y sobre hechos concretos, los atributos de un alto potencial y su capacidad de aprendizaje, y predecir de manera bastante directa cómo estos aspectos se desplegarán en el futuro. El potencial es siempre una hipótesis a ser comprobada, de acuerdo con situaciones, oportunidades, contexto; una serie de variables externas que complejizan aún más el terreno.

Sin embargo, desde la instancia misma de selección para un empleo, también se pueden identificar indicadores de alto potencial. Además de evaluar competencias buscadas y explorar la experiencia, durante la entrevista de selección, el evaluador tiene en mente varios indicadores de potencial que pueden orientarlo: capacidad y actitud ante el aprendizaje, capacidad y modalidad de procesamiento de experiencias, flexibilidad para la adaptación y el manejo del cambio, motivaciones, manera de tomar decisiones, relacionarse y resolver problemas y desafíos.

Enmarcando estos aspectos de la inteligencia y personalidad dentro de la experiencia y formación, un entrevistador experimentado tiene una base para predecir la posible evolución de comportamientos futuros. Asimismo, existen técnicas de evaluación de diferentes aspectos de la personalidad que apoyan (o refutan) los indicadores que se detectan, y que forman parte de un proceso cabal de selección.

¿Cómo se identifica el potencial durante el desempeño laboral?

En los últimos años, las empresas han gestionado procesos y herramientas más formales y consistentes para identificar personal con alto desempeño y también de alto potencial. ¿Cómo interjuegan y se relacionan ambos conceptos? En realidad, son visiones complementarias de un mismo sujeto.

    ¿Por qué contar con un modelo de diagnóstico? ¿Acaso los líderes no conocen a partir de la experiencia quiénes son sus estrellas? ¿Para qué invertir tiempo en un proceso burocrático si la intuición de los propios altos potenciales y de sus superiores no falla? ¿Cambian estos de opinión a partir de los resultados de las evaluaciones, o estos resultados están condicionados por los preconceptos de los evaluadores? Si bien la mayoría de las compañías y de sus líderes reconocen la necesidad e importancia del descubrimiento temprano de sus altos potenciales, pocos señalan a este proceso como una práctica exitosa. La detección de potencial es difícil, compleja y se halla afectada por componentes subjetivos difíciles de despejar. Pero estrategias y herramientas especialmente diseñadas por expertos pueden contribuir mucho en su efectividad.

    Los modelos de competencias constituyen una de las bases para la identificación del nivel de potencial, complementándose con otras tácticas que varían según el tipo de actividad, y en el marco de la cultura y negocio de la empresa. Si bien no hay una receta aplicable a todas las circunstancias y contextos, y las metodologías son en general conocidas, describir las acciones más frecuentes permite reflexionar sobre riesgos y oportunidades:

- el análisis por parte del jefe directo y de su superior, del desempeño demostrado en un cierto período, y la efectividad desplegada en la resolución de problemas involucrados en el cumplimiento de metas asignadas, mediante el estudio y comparación de los resultados de las evaluaciones de desempeño recientes, propias y de sus pares;
- la evaluación de rasgos de personalidad y de inteligencia a través de instrumentos específicos, mediante evaluaciones grupales, entrevistas en profundidad, test psicológicos o instrumentos diseñados específicamente a tal fin, cada uno de los cuales provee datos complementarios; la variedad de tecnologías permite disponer de mayor diversidad y más fundamentados elementos para tomar mejores decisiones.

¿Estas entrevistas o evaluaciones grupales esconden algún misterio? ¿Por qué no realizarlas informalmente? ¿Por qué esforzarse en diseñarlas y prepararlas? ¿Son realmente efectivas? ¿Cuál es el margen de error? Depende de la profundidad y seriedad con que se quiera encarar un proyecto de identificación y desarrollo de altos potenciales. Dado que tanto el evaluado como el evaluador son seres humanos, no hay certeza absoluta acerca de los resultados. De todos modos, como ya se ha dicho, en el mundo actual de los negocios, esta es una de las prácticas que se han ubicado en la agenda de los ejecutivos. Realizarla caprichosa e improvisadamente puede maximizar los errores e incluso generar más riesgos: las expectativas o frustraciones creadas por un proceso mal implementado tienen consecuencias difíciles de remontar.

Algunas consideraciones

- Definir criterios específicos, consensuados y compatibles con la cultura organizacional.

- Entrenar a quienes realizarán esta tarea.
- Facilitar grupos de discusión que aporten información enriquecedora sobre la persona evaluada.
- Incluir a todos los niveles de la organización, ya que los afectará de uno u otro modo.
- No acelerarlo ni retrasarlo, porque se necesita tiempo para procesar la información, pero los cambios son tan rápidos que los datos pueden perder actualidad.
- Informar apropiadamente para sensibilizar sobre los objetivos y alcance del proceso.

Pueden ser detalles, pero los detalles hacen la diferencia, especialmente en iniciativas muy importantes para los talentos y su futuro.

¿Cómo identificar que uno mismo es un alto potencial?

En general los altos talentos conocen las estrategias que utilizan las empresas para evaluar potencial. ¿Quiere decir esto que pueden manipular las revisiones para mejorar los resultados? El diagnóstico de potencial es producto de un proceso, donde se analiza el desempeño sostenido combinado con una evaluación en profundidad. Si un talento busca hacer esto, ¿puede considerarse un alto potencial? Si realmente lo es, ¿para qué necesitaría hacerlo? El potencial no se "actúa", es una predisposición natural, se vive, se expresa en cada uno de los comportamientos espontáneos.

¿Por qué las personas quieren saber que son considerados altos potenciales? La transparencia sobre qué pueden esperar en su carrera y en qué actividades o proyectos deben focalizar su energía y talento constituye un valor para estos perfiles.

¿Saberlo implica relajarse porque ya tienen la estrella que los distingue? Al contrario, constituye un compromiso mayor para responder a expectativas que los demás depositan sobre ellos y para demostrarse a sí mismos que son realmente lo que se visualizaba.

¿Saberlo lleva a distanciarse de otros que, aun cuando pueden tener un excelente desempeño, no necesariamente poseen esos atributos que les permitirán seguir creciendo en la carrera? Un valor que caracteriza a los altos potenciales es la humildad y el impulso de aprender constantemente. Todos los talentos que conforman un proyecto, una organización, benefician a los demás con sus aportes de experiencia y conocimientos. El desafío es aprovechar las fortalezas ajenas que los complementan y enriquecen, y al mismo tiempo asumir la responsabilidad de formar a otros transfiriendo sus cualidades.

¿Cómo se dan cuenta de que tienen un potencial proyectable a futuro? Es difícil describir esa emoción única, ese cosquilleo que genera la adrenalina del desafío y del logro, la pasión por identificar oportunidades de crecimiento y sumarse a ellas sin titubear. Sin embargo, es posible dar nombre a algunas de esas cualidades:

- clara vocación de dirigir, liderar grupos y coordinar informalmente equipos;
- confianza y seguridad en sí mismo;
- atracción irresistible por los desafíos;
- interés por reflexionar, conocerse y entenderse a sí mismo;
- ambición y compromiso con el propio futuro, encontrando maneras de superarse y mejorar;
- espíritu emprendedor más allá del tipo de actividad y ámbito de desempeño; interés proactivo por idear proyectos y por llevar adelante propuestas propias y ajenas;
- inquietudes variadas, no sólo laborales, sino también solidarias, políticas, etc.

Los altos potenciales no son héroes ni dioses; son seres humanos con fortalezas que los distinguen en la actividad que desempeñan, pero que tienen incertidumbres, inquietudes, ansiedades, aspectos a mejorar y mucho por aprender a lo largo de su vida.

¿Cuáles son los desafíos posteriores al proceso de evaluación y diagnóstico de altos potenciales?

1. Reconocer. Si se identifica un desempeño y potencial de excelencia, hay que valorarlo y recompensarlo. No necesariamente con dinero, pero sí consideración para oportunidades de desarrollo o formación, exposición, proyectos especiales, "palmadas". Si no, ¿para qué se ha realizado el esfuerzo? ¿Para qué se ha movilizado toda la organización?

2. Comunicar. La temida lista de quiénes son y no son altos potenciales es, en la mayoría de las empresas, un tabú. No hay duda de que es complejo de comunicar, pero la transparencia es siempre el mejor de los caminos. El modo depende de los valores, culturas y estilos de liderazgo. En el mundo de los jóvenes se ha distorsionado o ha cambiado el concepto de confidencialidad (ver Dilema 4), pero no hay que subestimar su capacidad para recibir e interpretar información que les atañe personalmente. Representa más una dificultad de los líderes que de los evaluados.

¿Cuáles son los beneficios de hacer públicas las consideraciones sobre quiénes tienen alto potencial? Respeto y reconocimiento de los líderes, percepción de rigurosidad y no arbitrariedad del proceso realizado, "no hay nada que deba esconderse". La comunicación de los resultados puede estar acompañada de una clara afirmación acerca de que este análisis no compromete ninguna acción y que puede modificarse a lo largo del tiempo: las empresas cambian, las personas evolucionan. La responsabilidad es de todos: de los líderes, de comunicar de manera adecuada, de los talentos, de interpretar y manejar en forma madura la información recibida. Las claves: madurez personal y organizacional.

Es importante que aquellos que no sean considerados altos potenciales encuentren un espacio de diálogo para entender su situación, donde sean respetados y valorados por lo que son y aportan, y orientados en cuanto a su futuro, que entiendan la propuesta de valor diferencial que se les propone dados su perfil, desempeño y proyección.

3. Definir planes de acción que aseguren la consistencia y respaldo del sistema, para contribuir con la credibilidad del modelo de análisis del talento, eje fundamental para su supervivencia, ya que naturalmente se están removiendo expectativas y resistencias personales de los sujetos y de la organización, además de generar los resultados y beneficios esperados.

¿Quién diagnostica el nivel de potencial?

¿Puede una sola persona tener la capacidad, conocimientos y habilidades para, por sí misma, encabezar esta compleja odisea? Sin duda, muchos pueden sentirse aptos y con su omnipotencia creer que pueden diseñar el mapa del talento de una empresa. Pero lo más apropiado y efectivo es contar con diferentes opiniones fundamentadas, contrastarlas y validarlas.

- El talento mismo, a través de una autoevaluación: los altos potenciales tienen cierta capacidad de introspección y al mismo tiempo saben que una acabada evaluación les permitirá tener elementos para alimentar sus planes de desarrollo futuro. No puede ser esta la única evaluación, dado que el componente subjetivo es alto, pero al mismo tiempo su calidad y consistencia es en sí misma una evidencia de su potencial.

- La persona para la que trabaja, en general su supervisor directo: dispone de datos objetivos resultado de su tarea y del contacto habitual. Se puede decir que es la persona clave para evaluar una de las dimensiones predictivas del potencial: el desempeño. Si bien algunas veces el producto de su evaluación puede confirmar hipótesis previas que tenía sobre la persona, otras puede sorprenderse de lo que surge de un proceso sistematizado. Esto es parte de su faceta de coach (ver Dilema 6).

- El superior del supervisor: puede contar con una mirada más global, mayor perspectiva para contrastar los perfiles de diferentes talentos. El alto potencial es una construcción relativa, que sobresale cuando se compara con otros. Sin duda, el análisis del superior también se vincula con el desempeño pasado, pero tiene otros elementos para visualizar atributos que despegan al alto potencial del resto de sus colegas.

- Colaboradores: pueden aportar valiosa información –predictiva de la capacidad futura de liderazgo– sobre las habilidades de trabajo en equipo y liderazgo.

- Clientes y proveedores: se relacionan con los talentos desde el otro lado del mostrador. Sus intereses son distintos y por lo tanto también aquellas cosas en que se focalizan. Sus testimonios sobre capacidad de relacionamiento, flexibilidad, escucha, búsqueda de mejora continua, etc., pasan a ser de gran valor en un mundo interconectado.

- Expertos internos y/o externos de la empresa: la fuente de los datos más específicos sobre los atributos de un alto potencial. Más allá de su formación (psicólogos, sociólogos, médicos), están entrenados para este fin. Su habilidad de observación, indagación y diagnóstico, y haber atravesado muchas experiencias de este tipo en entornos disímiles, les permiten evaluar los perfiles y brindar una opinión más objetiva que la proveniente de personas emocionalmente involucradas con el evaluado.

¿Quién unifica toda esta información proveniente de las fuentes mencionadas? Sin duda, los expertos internos o externos son los más apropiados para conjugar todos estos datos y, con el acuerdo con los responsables e interesados en encarar este proceso, definir los niveles de potencial de un grupo de talentos.

Muchas empresas que no pueden o no quieren contar con expertos, encaran este tipo de iniciativa con personas designadas a tal fin, dentro del ámbito laboral, pero que tienen que ser creíbles, mostrarse focalizadas, predispuestas y con mínimas habilidades para hacerlo, producto de su experiencia y/o formación.

En general, los altos potenciales no sólo son conscientes de cuáles son las metodologías utilizadas en sus ámbitos laborales para evaluar potencia y quiénes las llevan adelante, sino que pueden ellos mismos utilizarlas para identificar talentos diferenciales dentro de sus equipos. Pero conocer dichas herramientas no significa desempeñarse mejor durante las instancias de evaluación.

Las estrategias y procesos pueden ser de mayor o menor calidad, mejor o peor implementados, pero el éxito del resultado es uno: contar con el compromiso profundo y sostenido de todos los evaluados y los designados en las distintas etapas de diagnóstico.

Relación entre desempeño y potencial

¿La diferencia es real, o simplemente académica? ¿Qué se mira cuando se analiza el desempeño y qué cuando se habla de potencial?

Desempeño y potencial son dos dimensiones diferenciadas pero altamente interrelacionadas en la gestión integral del desarrollo y la carrera. Son construcciones diferentes pero articuladas.

Según la Real Academia, desempeño es la realización de las actividades propias de un empleo, cargo o función, la disposición y aptitud para realizar distintas clases de actividades. Está focalizado en el hoy y en las tareas y cumplimiento de objetivos.

La identificación del desempeño y del potencial implica:

- miradas temporales diferentes, y
- posibilidad de realización de actividades de diferentes naturalezas y niveles.

Evaluar el desempeño requiere una mirada retrospectiva sobre la manera en que se han realizado las actividades para el cumplimiento de objetivos propuestos. Las personas con alto desempeño demuestran habilidades críticas de negocio y las aplican en su tarea diaria. Son aquellas que califican más alto en los criterios de evaluación de desempeño habituales.

Identificar el potencial, en cambio, exige una perspectiva a futuro. Tal como se ha descrito, requiere el análisis y evaluación de cualidades que habilitarán a las personas, si se dan ciertas circunstancias y dedican tiempo y esfuerzo, a crecer laboral y personalmente.

¿Cómo se vinculan? El buen desempeño es considerado predictor de futuras conductas. Para ser alto potencial, una de las variables consideradas es que se haya demostrado un desempeño diferencial. Por otra parte, para determinar el nivel de desempeño alcanzado se definen competencias valoradas o esperables que deben traducirse en conductas concretas. Pero el potencial requiere más que esto: implica desplegar los atributos que subyacen a las competencias, y que se conciben como aptitudes típicas de estos perfiles.

Mostrar potencial excede el hecho de desempeñar bien el trabajo esperado en la función o puesto actual, aun cuando el sujeto pruebe que puede llegar a desempeñarse mejor a futuro; significa sostener una forma de actuar en el tiempo, y tener la capacidad para ocupar exitosamente posiciones de distintas índoles y mayor jerarquía.

Por otra parte, muchas veces se cree que con poseer cualidades exclusivas es suficiente. No es así: para crecer se debe recorrer el camino del trabajo diario, esmerándose, superando todos los obstáculos y aprovechando las oportunidades que se presentan, de modo de poner de manifiesto el potencial subyacente.

Para las empresas, los altos potenciales no son mejores que las personas con excelente desempeño y potencial estándar, ni viceversa. Cada uno cumple su papel, como las piezas de ajedrez. Una organización debe contar con un mapeo equilibrado de talentos, no sólo de estrellas, ni de leales ejecutores; todos son valiosos en el marco de una estrategia competitiva y realista.

Alto potencial: desarrollándolo y desarrollándose

Desde el momento en que muchas organizaciones han tomado conciencia de que el *pipeline* de liderazgo no se puede dar por supuesto, han comenzado a invertir en la identificación de altos potenciales y, sobre todo, en su desarrollo y seguimiento. El desarrollo de altos talentos no se limita a la implementación de algunas actividades sino que, para ser efectivo, apunta al diseño y puesta en marcha de un sistema integrado de acciones que combine: rotación por asignaciones complejas y variadas en temática, experiencias de trabajo internacional (ver Dilema 11), instancias de aprendizaje vivencial, mentores calificados, coaching sostenido (ver Dilema 6), participación en proyectos multidimensionales, exposición y visibilidad ante autoridades y clientes, evaluaciones 360°, detallados procesos de evaluación del desempeño y retroalimentación.

Atraer, capacitar y retener altos potenciales es una necesidad básica para que las empresas sean pioneras en el mercado.

Ciertos modelos modernos plantean la necesidad de customizar las estrategias y acciones acomodándolas a las diferentes necesidades del alto potencial o de quienes cumplen una función clave en la organización. Las variantes pueden ser: hacer una carrera más lenta debido a intereses particulares o temas personales (trabajo a tiempo parcial para participar de proyectos solidarios, embarazo), ser especialista de un tema y formarse en ese camino, acelerar el crecimiento respondiendo a su ambición y capacidad, etc. Las organizaciones maduras ganan una ventaja si logran ofrecer dispositivos para acompañar estas modalidades que responden a distintos ciclos de vida personal y profesional.

Pero esto no es sólo responsabilidad de la compañía, pues es efectivo en tanto participen los líderes y los propios talentos. No hay crecimiento sin el compromiso del involucrado, en beneficio del negocio del que es parte y, principalmente, de sí mismo. Si bien aprovechar las oportunidades y propuestas que ofrece el entorno es una de las características de los altos potenciales, es importante reforzarla y mantenerla viva. Los estímulos propios de un mundo facilista y cortoplacista generan tentaciones. El desarrollo del potencial no es un proceso con resultados rápidos: requiere tiempo y esfuerzo, y es aquí donde generalmente fallan los programas, porque a las empresas muchas veces apuntan a planificar a largo plazo, y los talentos tienden a esperar logros inmediatos.

¿Liderazgo y potencial, o potencial para el liderazgo?

El liderazgo tiene un rol fundamental en la identificación y desarrollo de altos potenciales y, al mismo tiempo, el potencial alto es la semilla del liderazgo personal y laboral. Una de las tantas cosas que distingue al gerente tradicional del líder es su capacidad de visualizar el talento latente de proyección y expansión que tienen quienes lo rodean.

Los principales roles de un líder en lo que hace a los cuadros con potencial, en especial en tiempos de cambio, son:

- ser modelo estratégico;
- identificar esa línea gris que diferencia a un alto potencial del resto de los talentos;
- generar intervenciones variadas para que dichos talentos puedan desplegar sus cualidades;
- desempeñarse como un coach empático, creíble y efectivo (ver Dilema 6);
- crear un ambiente colaborativo donde se complementen las competencias de los talentos con diferentes niveles de potencial, y se tenga conciencia de que ninguno es más importante que los demás, sino que todos se necesitan y potencian mutuamente;
- rodearse de gente altamente talentosa, que lo desafíe y a la cual desafiar; un verdadero líder no teme tener colaboradores con mayor potencial que él mismo; por el contrario, los busca y aprovecha.

Existen diferencias entre la percepción de los altos potenciales y de los líderes sobre el manejo por parte de estos últimos de los temas de desarrollo, motivación y retención.

274

Esto sugiere que el rol de los líderes es crítico en empatizar y en la construcción de un ambiente que estimule y brinde oportunidades para que todos desarrollen su máximo potencial. Los altos talentos buscan ser guiados por líderes a los que respeten y de los que aprendan.

Los altos potenciales necesitan buenos líderes, pero los líderes exitosos necesitan, a su vez, talentos diferenciales. No podrían convertir en realidad su visión si no contasen con el aporte y el desafío de sus colaboradores. Por otra parte, en general los líderes son en sí mismos altos potenciales, por eso se identifican con ellos y saben qué necesitan, cómo ayudarlos a que se encuentren siempre motivados y a aprovechar los frutos de sus aspiraciones.

Cobrar relevancia en tiempos de crisis

Durante crisis económicas o en momentos de incertidumbre, transición y cambio de contexto o de la empresa, es cuando más se necesita contar con lo mejor del talento. Sin él no hay cambio, mejora, victoria por sobre las turbulencias, ni sustentabilidad de un negocio.

La rotación voluntaria no desaparece, pero se focaliza en los altos potenciales y en quienes tienen excelente desempeño. Son estos los que pueden generar la diferencia ayudando a superar los obstáculos, identificando nuevas oportunidades y motivando a los equipos. Si la empresa no da señales de preocupación y ocupación por el presente y futuro de los altos talentos, especialmente si se implementan acciones de reestructuración, seguramente otros les ofrecerán lo que están buscando (ver Dilema 1).

Es posible minimizar la rotación voluntaria, especialmente de los altos potenciales, siendo proactivo, anticipándose. Pero, ¿cómo mantener un entorno motivador, y cuándo es más necesario?

1. Reclutando a los mejores e integrándolos apropiadamente a la cultura. La primera reacción ante una crisis es no incorporar más talento. Pero puede suceder que no se cuente con los perfiles apropiados para afrontarla. Realizar un adecuado mapeo del talento permitirá identificar dónde están los espacios a llenar con altos potenciales, más fáciles de tentar en mrcados competitivos. Incorporarlos, además, da una señal de no parálisis y optimismo ante los problemas, genera confianza en la estrategia del negocio. Los líderes talentosos, por su lado, necesitan colaboradores de estas características para operar exitosamente.

2. Asignándoles tareas que vean significativas para superar los obstáculos y dificultades que generan los entornos de crisis, aprovechando sus competencias y energía.

3. Reforzando el reconocimiento del éxito, no necesariamente con recursos monetarios, escasos en escenarios de crisis. El feedback de su desempeño en un proyecto o a lo largo del año (ver Dilema 6), el agradecimiento, la exposición a clientes o directivos parecen pequeñas acciones, pero motivan y tienen alto impacto.

4. Involucrándolos en las soluciones, haciéndolos participar. Que no sólo sean parte del problema, sino también de las opciones para superarlos. Esto les permite considerarse protagonistas de la estrategia.

No invertir dinero y tiempo dedicado a incorporar y entrenar altos potenciales, generará baja de productividad, mensaje poco estimulante para la comunidad de la empresa y pérdida de capital intelectual. Las crisis requieren una mirada a corto y a largo plazo.

276

El dilema en síntesis

El desafío de identificar niveles de potencial es complejo pero importante, tanto para las organizaciones como para los talentos. Las primeras necesitan contar con talentos que las ayuden a afrontar los obstáculos y crisis del mundo de hoy, y que se desarrollen como cuadros futuros de líderes para hacer crecer y sostener exitosamente sus negocios. Para las personas, es inicio de un camino que los lleve a trabajar en su propio crecimiento, satisfaciendo su ambición natural, curiosidad e inquietud constante.

Esto implica:

- ser consciente de que desarrollar el potencial es una responsabilidad de quienes tienen funciones de liderazgo para atraer y retener perfiles clave en el cumplimiento de sus objetivos; el potencial de las personas de una empresa es la base de su fuerza en el mercado, y todos deben contribuir con ello;
- para quienes quieren crecer y desplegar su potencial, entender que requiere esfuerzo y compromiso y que el buen desempeño es un ingrediente fundamental. No hay potencial sin desempeño exitoso en la función actual, no se pueden saltear pasos, es parte de un proceso que no se construye de un día para el otro. Hay atributos estructurales con los que se nace, pero se requiere mucho más que eso. Implica conocerse a sí mismo, expandir las fortalezas y trabajar disciplinadamente sobre las debilidades con optimismo;
- saber que un programa formal de identificación de altos potenciales en una empresa es complejo pero valioso para minimizar subjetividades, obtener información legítima y minimizar frustraciones y malentendidos; muchos deben ser los involucrados en este

proceso para lo cual deben estar preparados y bien predispuestos; los resultados valen el esfuerzo;

- los altos potenciales son futuros líderes y los líderes son quienes tienen mejores herramientas para identificar y desarrollar talentos con alto potencial. Los altos potenciales tienen una fuerte responsabilidad, cuentan con un don que los hace diferentes, deben responder y aportar en consecuencia y colaborar con sus pares más allá de las características y expectativas de estos.

En un mundo incierto y competitivo, todos los talentos de una organización aportan su granito de arena al éxito del negocio. Para esto hay que ofrecerles una propuesta de valor diferenciada en función de sus necesidades, expectativas, perfil, desempeño y potencial, siempre en el marco de las posibilidades de la empresa. La diferenciación posibilita que todos tengan su oportunidad en el camino de mejorar, ser reconocidos y contribuir.

El entorno altamente cambiante de hoy exige a las empresas contar con talentos de alto potencial, con nuevas habilidades para proyectarse a futuro y para llevar a sus compañías a sobresalir en situaciones complejas. El potencial no puede dejar de estar en la agenda personal, organizacional y social. Es posible y genera valor.

UN MUNDO LABORAL GLOBAL: ¿ARRAIGO, O MOVILIDAD?

El mundo se ha globalizado y esto ha diluido las fronteras. Una economía abierta, con un flujo de recursos de capital, materias primas y servicios moviéndose libremente impulsa a las organizaciones a internacionalizar sus operaciones para competir a escala internacional. El talento constituye el recurso fundamental para manejar este desafío. Uno de los factores críticos del éxito de las compañías más competitivas consiste en poseer una fuerza laboral diferenciada, abierta a viajar y movilizarse, que les facilite un nutrido cuadro de talentos con las habilidades y los conocimientos necesarios para sostener el negocio. Muchos de los clientes son regionales o internacionales, los productos se consumen en todo el planeta, y los proyectos no tienen límites geográficos.

La comunicación ha perdido las demarcaciones temporales y espaciales, y cada vez es más fácil y rápido trasladarse de un lugar a otro. ¿Quién no tiene un amigo o colega en otro país? ¿Quién no se enriquece con el aporte de culturas diversas?

Impulsar y adecuarse a procesos de movilidad apropiados se vuelve una herramienta estratégica para las empresas y los talentos. Pero también es cierto que la tendencia se opone al instinto de arraigo, a la pertenencia a un paisaje, un idioma, una familia, una cultura, un grupo social, natural de las personas. Y, dado que es una práctica relativamente reciente, su impulso genera en las empresas algunos desafíos.

- Para retener talentos hace falta desarrollar una cultura global y contar con los profesionales con competencias clave donde se necesiten. Al mismo tiempo, la mayoría aún no está preparada para implementar estos procesos en forma efectiva. Cada caso es distinto, atañe a un ser humano con su propia perspectiva personal, y el movimiento a cada ciudad y país presenta pautas diferentes. ¿Es más engorroso que beneficioso? Por otra parte, en muchos casos los talentos dispuestos a moverse son siempre los mismos, y son además los que se necesitan tanto en el lugar de origen como en el de destino.
- Los talentos, especialmente los jóvenes, tienden a buscar experiencias fuera de su lugar de origen. Pero cuando llega la oportunidad, presentan inquietudes y preocupaciones. No siempre la realidad responde a sus fantasías, no quieren moverse a cualquier parte ni de cualquier manera. ¿Deben resignarse y acomodarse a la realidad, o continuar colaborando para que los procesos sean ventajosos para todas las partes?

Algunas de las inquietudes e incertidumbres que la decisión implica son las siguientes.

- ¿Ganaré competitividad si facilito como empresa, o acepto como talento, una propuesta de movilidad? ¿Los mejores talentos querrán irse?

- ¿Existen competencias específicas para trabajar con distintas culturas? ¿Es necesario entrenarse en ellas?
- ¿Quién tiene que adaptarse: el que ingresa a la nueva cultura, o los que ya son parte de ella?
- ¿Qué procesos y variables son críticos para facilitar un proyecto de movilidad?
- ¿La disponibilidad para mudarse o trabajar en diferentes países se da a todas las edades?
- ¿Quienes se convierten en nómades laborales pierden sus raíces?
- ¿Trabajar en distintas geografías condiciona el tipo de contrato que se genera con el empleador y las propias expectativas?
- ¿Existen herramientas específicas para afrontar y acompañar el desafío de trabajar con diferentes culturas?

Un mundo sin fronteras

Las industrias se globalizan, las economías se regionalizan, las organizaciones se expanden a otros territorios, la tecnología conecta lugares distantes. Los jóvenes comienzan su carrera en un escenario laboral dominado por el acceso virtual a la información, el trabajo por proyectos y la necesidad de cubrir brechas de aprendizaje. Las oportunidades están a un clic de sus computadoras, pueden acceder a lugares remotos, saber qué sucede, buscar oportunidades. Las empresas proponen movilidad internacional dentro de los planes de desarrollo para atraer y retener talentos. A su vez, estos necesitan desarrollar nuevas habilidades y competencias para manejarse en ambientes cosmopolitas y gestionar equipos multiculturales.

Especialmente, en contextos de crisis, las organizaciones necesitan movilizar su talento en forma efectiva y eficiente asegurándose de contar con el mejor talento en el lugar apropiado, y cumpliendo leyes y protocolos. El negocio demanda mayores opciones de movilidad que permitan el desarrollo del talento a costos más bajos, de donde surgen nuevos tipos de asignaciones internacionales más breves y flexibles. Por último, las expectativas de las nuevas generaciones que ingresan a la fuerza laboral están marcadas por la necesidad de crecimiento y experiencia internacional. La movilidad pasa a ser un tema importante en la agenda del negocio y del talento. Administrar este flujo y comprender los nuevos paradigmas de una fuerza laboral móvil se convierte en un gran reto.

El desafío de una fuerza laboral móvil y global

Los límites geográficos se vuelven más permeables y difusos con la presencia de nuevas relaciones laborales y estrategias de negocio tales como alianzas, joint ventures, servicios tercerizados, centros de servicios compartidos, locación de secciones de producción u otros procesos en lugares más económicos, proyectos con equipos regionales. Para llevar esto adelante se requieren relaciones laborales también más variadas y flexibles. Personal a tiempo parcial, empleados temporarios, teletrabajo, servicios contratados, entre otros recursos, demuestran la presencia de una fuerza laboral más diversa y compleja. Aparecen nuevas oportunidades y demandas. La movilidad y el desarrollo en asignaciones nacionales o internacionales son algunas de las prácticas necesarias para enfrentar dichos desafíos del negocio y para mantenerse competitivo en un mercado exigente.

Los talentos parecen valorar también esta opción para crecer personal y profesionalmente. La globalización ha aumentado la necesidad de que expandan sus competencias, maduren con este tipo de experiencias y las realicen como parte de su perfeccionamiento. La dirección que las personas toman en sus carreras se ha diversificado.

La estrategia de movilidad no es casual: responde a características del mercado que varían continuamente, como las que siguen.

- Clientes regionales e internacionales, con proyectos cada vez más interculturales.
- Retiro del mercado laboral de los Baby Boomers, e incursión de nuevas generaciones con mentalidad global, que desean moverse, pero no en cualquier condición.
- Rotación del talento, pues ya no contempla como única opción la carrera a largo plazo en la misma compañía.
- Brechas de habilidades y educación. Escasez de talento calificado que exige invertir en el disponible con potencial de crecimiento.
- Mercados emergentes como fuentes de talento y al mismo tiempo mercados del primer mundo que empiezan a visualizar a los países en desarrollo como una oportunidad.
- La movilidad como práctica incubadora de talento.
- Mayor cantidad de personas consideradas y/o deseosas de aceptar asignaciones internacionales.

Nada es para siempre: movimiento permanente

Generalmente, cuando se habla de movilidad, se piensa en las tradicionales experiencias internacionales de asignaciones que implican la reubicación, prolongada, del candidato con su familia en otro país para luego regresar a la oficina de origen. Si bien estas experiencias continúan siendo frecuentes para impulsar el desarrollo, también, con los cambios y desafíos que presenta el escenario actual de negocios, es preciso extender la mirada a más opciones, combinando las dimensiones internacionales con las domésticas, viajes cortos y mudanzas, trabajo virtual y flexible.

¿De qué estamos hablando?

Las experiencias de movilidad pueden implicar:

1. el traslado prolongado, solo o con familia, especialmente a un país diferente del nativo, y que puede o no tener una fecha definida de retorno; se suele llamar *expatriación*;
2. traslados periódicos, en general sin mudanza completa; por ejemplo, una asignación que implique viajar unas semanas por mes, durante un tiempo definido, por un proyecto específico;
3. experiencias cortas, en el propio país o en otro, que no implican una mudanza, pero requieren el esfuerzo de permanecer cierto tiempo en un ambiente que no es el habitual;
4. iniciativas personales de irse a otro país en búsqueda de desafíos, experiencias, desarrollo de un negocio propio, oportunidades de trabajo o capacitación; no constituyen el tema de este libro, aun cuando muchas de las problemáticas, consideraciones y pautas que se plantean son sin duda aplicables a tales iniciativas.

Excepto estas últimas, todas incluyen la relación entre un profesional y una organización. Son parte de un contrato laboral y psicológico, que se va modificando. Esta clase de experiencias puede surgir de una iniciativa de la empresa para desarrollar a una persona, de una estrategia corporativa para cubrir una posición crítica con un talento clave, o por iniciativa del mismo talento. En general, las más complejas, para la persona, la empresa y la familia, son las primeras (expatriación), y si bien el foco de este capítulo estará mayormente puesto en ella, todas las modalidades de movilidad comparten desafíos, obstáculos y ventajas comunes.

¿El resultado compensa el esfuerzo necesario? ¿Realmente son valiosas para la persona, la familia y la empresa? ¿Tiene retorno la inversión realizada por la empresa? ¿Fortalece la empleabilidad del talento?

Un expatriado es una persona que reside en forma temporaria o permanente en un territorio y/o cultura distinta de la del país donde se educó, creció, trabaja o posee residencia legal. La palabra proviene del latín *ex* ("fuera") y *patria* ("lugar de nacimiento"). Este término puede parecer exagerado para muchos de los casos habituales de movilidad (viajes periódicos, mudanzas por proyectos cortos, alternancia entre dos ciudades), pero todos tienen connotaciones similares: generan sensaciones contradictorias, entre otras: fascinación, temor, expectativas, cautela, ansiedad, estrés, angustia e interés.

La movilidad laboral es un proceso que requiere una detenida gestión por parte de la empresa y un fuerte compromiso de los participantes, puesto que deben tenerse en cuenta los factores económicos, legales, políticos, migratorios, laborales, psicológicos, familiares y socioculturales que configuran las distintas realidades de las personas implicadas, y de los lugares de origen y de destino.

¿Idealismo, o realismo?

Mercer Recursos Humanos[1], a través de una investigación hecha en 2006 con 50 mil ejecutivos de todo el mundo, identifica algunas dificultades que aparecen en el proceso:

---

1. Mercer. www.mercer.com: *Encuesta de asignaciones internacionales*, 2005/2006.

- problemas de adaptación de la persona y su familia, ya sea que lo acompañe o no;
- alta de planificación para la repatriación;
- falta de valorización cuando se vuelve a al país de origen;
- estrés cultural que afecta a todos los implicados.

Algunos estudios definen como causa principal del retorno precoz los problemas familiares, la mala adaptación de las esposas, hijos y/o padres, los problemas matrimoniales, la carencia de amistades profundas, nostalgia de las costumbres del propio país, brechas culturales, dificultades idiomáticas y soledad. Estos emergentes repercuten en el estado emocional y en la productividad del expatriado. La familia tiene un rol fundamental en el fracaso o éxito de la movilidad de un profesional, tanto si viaja con él como si no lo hace. El retorno al país de origen después de vivir en el exterior por un tiempo considerable es también un desafío. De aquí la importancia del rol activo de la empresa y de la persona. Cuanto más detallada y anticipada la gestión, mejores los resultados.

Moverse laboralmente no es un sueño, pero tampoco una pesadilla. No es fácil dar el salto y tampoco muchos talentos están dispuestos a hacerlo. La diversidad cultural y el acceso al conocimiento disponible en todas partes del mundo enriquecen a la persona y a la empresa. Esta decisión requiere coraje, compromiso y capacidad para superar obstáculos, pero permite madurar y abrir nuevos paradigmas.

El rol de la gestión del talento para administrar la movilidad

La movilidad es parte del ciclo de vida laboral y, como tal, constituye una labor estratégica de quienes gestionan el talento de una empresa. Como decisión de negocio, también se extiende a todos los líderes que tienen a su cargo responsabilidades de atracción y retención de empleados con habilidades críticas.

La movilidad es un tema del negocio, contribuye con la competitividad, innovación, interdisciplinariedad, calidad y servicio al cliente. Complementa las competencias requeridas para satisfacer operaciones cada vez más globalizadas, contribuye con el desarrollo estratégico en mercados cada vez más demandantes y resulta un recurso valioso para atraer y desarrollar talentos diferenciales.

Desde el punto de vista del talento, la movilidad es fundamental para cubrir expectativas y necesidades, como:

* construcción de redes más amplias, que pueden a su vez generar mayores oportunidades (ver Dilema 7);
* una perspectiva más acabada de los temas de negocio;
* mayor comprensión de la diversidad, y habilidad para manejarse con clientes y equipos diferentes;
* mayor fortaleza para lidiar con el cambio y administrarlo;
* exposición, conocimiento y experiencia en otros servicios, industrias y funciones;
* contacto con empleadores y clientes de renombre en el mercado.

Las generaciones jóvenes (ver Dilema 4) continuarán cultivando su empleabilidad, buscando espacios que brinden la oportunidad de viajar, de enfrentar desafíos laborales, de desarrollo y de aprendizaje. Al talento pueden no parecerle igualmente atractivas todas las opciones de movilidad, ya que no es lo mismo tener una asignación en una gran ciudad cosmopolita que en un pueblo. A veces resulta tedioso para la empresa convencerlos, pero en todo caso, con el tiempo, tanto la empresa como la persona cosechan los beneficios del tiempo y esfuerzo invertidos.

Sugerencias para abordar más efectivamente el desafío

No es una tarea sencilla, puesto que muchas piedras aparecen en el camino. No todas las empresas tienen aceitado un proceso relativamente nuevo en el mercado laboral. Algunas posibles sugerencias son:

1. definir si la asignación o proyecto realmente amerita el esfuerzo y costo del traslado, o si se puede realizar mediante teletrabajo y viajes frecuentes;
2. invertir en las personas con las competencias requeridas, ubicarlas en el lugar apropiado para que aporten al negocio y al mismo tiempo se desarrollen, y analizar si es el momento adecuado para el talento, en lo personal y profesional, y para la organización;
3. identificar líderes con visión e influyentes que estimulen y guíen idóneamente el proceso;
4. organizar los trámites, infraestructura y procedimientos; asegurarse de que estén claros los roles y responsabilidades;
5. armar un plan de movilidad detallado y alineado con la estrategia del negocio y el perfil del involucrado mediante:
   a. enmarcar las prioridades de movilizar empleados en la estrategia, objetivos y negocio de la compañía;
   b. establecer objetivos e indicadores para evaluar el proceso y resultados;
   c. compatibilizar los lugares y puestos clave con las personas con habilidades requeridas;
   d. establecer un plan de comunicación que contemple la difusión a los distintos públicos de interés, los líderes, los clientes, las ciudades y países

involucrados y los candidatos a trasladarse y sus familias; definir qué canales de comunicación se mantendrán con los talentos movilizados;

e. incursionar en actividades de integración del equipo multigeográfico y cultural;

f. realizar prácticas de reconocimiento con los profesionales dispersos geográficamente en términos de beneficios, desarrollo, carrera, y logros.

En síntesis, la complejidad de gestionar la movilidad reside en compatibilizar los intereses de la empresa con las necesidades resultantes del ciclo vital y laboral de los talentos, y en administrar un proceso que implica variables muy diferentes entre sí.

¿Vale la pena? No hay aún mucho recorrido, el tiempo lo dirá, pero hoy es una clara necesidad y una demanda natural, dados los cambios del mundo laboral y de los negocios.

Nuevas y flexibles estrategias de asignaciones internacionales

¿Se pueden flexibilizar las prácticas de movilidad para bajar costos, mejorar resultados y facilitar la experiencia a los profesionales?

Ha surgido en los últimos años un tipo de práctica más breve y flexible que permite a las empresas ahorrar costos, acortar tiempos y, a su vez, alcanzar los objetivos del negocio; y a los talentos, optimizar la calidad de vida laboral en el marco del creciente interés por equilibrar los intereses profesionales con los familiares (ver Dilema 12), y de las responsabilidades de la mujer para con sus hijos (ver Dilema 3). Estos acuerdos temporarios también se ven facilitados por los continuos avances en las telecomunicaciones, tecnologías y transportes.

Tales prácticas pueden adquirir uno o varios de los siguientes formatos.

1. Uso de herramientas tecnológicas como e-mails, foros, webinars, videoconferencias, teleconferencias (ver Dilema 8), combinadas o no con visitas o reuniones en las operaciones internacionales.
2. Viajes de corta duración, donde se combinen las visitas cruzadas de los talentos de todas las ciudades comprometidas.
3. Asignaciones más extensas pero que permitan volver regularmente, por ejemplo los fines de semana, al lugar de origen.

Cualquiera sea el tipo de acuerdo presenta varios requisitos.

• Habilidad para administrar y participar en equipos globales y diversos caracterizados por el trabajo y la interacción virtual. Las diferencias de horario requieren conciencia y disciplina para coordinar reuniones, agendas, urgencias, y equilibrar cuestiones profesionales y personales.
• Costumbre de viajar con frecuencia y adaptación a distintos usos horarios, hábitos alimenticios, jet-lag, estrés, armado y desarmado de maletas, etc.
• Concientización intercultural, especialmente cuando el contacto no es tan frecuente y profundo como cuando se vive en forma permanente en otro país o ciudad.
• Gestión del cambio constante del equipo con el que se trabaja, con distintas culturas e idiomas.

La innovación, la apertura a nuevas opciones y la flexibilidad permiten a las empresas y a los talentos encontrar, diseñar y combinar nuevas estrategias y tecnologías de trabajo. Lograr los objetivos de negocio en forma eficiente no implica ignorar las necesidades de las personas.

Algunas consideraciones acerca de los viajeros frecuentes

Los viajes frecuentes requieren consideraciones para preservar la salud, seguridad y efectividad de los talentos y, por lo tanto, de la empresa. Por más obvio que parezca, muchas veces se generan problemas debido a que se prepara mucho la tarea que se va a desempeñar en el exterior y se otorga muy poca atención al viaje en sí mismo. Si bien este aspecto no es el objeto de este libro, su mención permite analizar los dilemas que se plantean.

Algunas pautas útiles para optimizar el éxito de los viajes de negocio, ya sean por asignaciones cortas o por mudanzas de expatriados, son las que siguen.

- Gestión de los aspectos administrativos de manera que no impliquen molestias a la persona y la familia que se mudan. Este componente es engorroso, lleva tiempo y estresa.
- Conocimiento previo del lugar de destino: información sobre precauciones a tomar, potenciales riesgos y peligros, condiciones climáticas y geográficas, hábitos alimenticios, aspectos sanitarios (enfermedades, disponibilidad de medicación, efectos del cansancio y fatiga).
- Establecimiento de horarios laborales, teniendo en cuenta que los días se prolongan con compromisos nocturnos y reuniones sociales que se suelen aprovechar para compensar la soledad, especialmente si la persona se traslada sola.

Estas consideraciones son habitualmente vistas como triviales por los jóvenes, y las generaciones adultas, exigentes con su trabajo, muchas veces las entienden como una pérdida de tiempo. ¿Es descuido, ignorancia o subestimación? ¿La movilidad temporal o permanente es sólo un tema laboral y emocional, o también operativo y logístico? ¿Es posible poner foco en ambos aspectos? Lo es, y también una demostración de responsabilidad por parte de la persona y de la empresa. Ambas deben comprometerse: moverse hoy por el mundo es atractivo y desafiante, pero también riesgoso, enmarañado y nada simple. No es irse de vacaciones, sino asumir un compromiso con el propio desarrollo y con los resultados de la empresa.

¿De quién es la responsabilidad de facilitar el proceso de movilidad?

Se trata de una pregunta clásica: ¿cuánto esfuerzo tiene que hacer la persona para acomodarse a la nueva situación, y cuánto se debe esperar que los demás colaboren en su adaptación? El ajuste al nuevo proyecto, la nueva ubicación geográfica, en definitiva, la nueva vida, son responsabilidad de todos: los que viajan, los que reciben al nuevo colaborador, y la empresa. Si el profesional logra una exitosa adaptación, su desempeño y productividad mejoran, y la empresa se beneficia.

¿Azar o previsión?

Las asignaciones internacionales o en otra ciudad del propio país representan una costosa inversión que, como tal, conlleva riesgos. Un regreso prematuro debido a la imposibilidad del talento o la familia que lo acompaña de adaptarse al nuevo contexto, problemas con quienes no se movilizan (por ejemplo, padres o abuelos), una asignación que no alcanzó los objetivos en tiempo y forma, un desempeño

no esperado, la insatisfacción del cliente y tiempo impro-
ductivo en mudanzas, traslados, etc., generan costos financieros y emocionales. Una efectiva administración de los
procesos de movilidad implica el cuidado de cada una de
las etapas y la contemplación de la mayoría de las variables
en juego. ¿Cuáles son las etapas de este complejo proceso?

La fase de preparación

¿Representa una pérdida de tiempo dedicar esfuerzo a los
preparativos? ¿Basta con hacer los trámites básicos y ejecutar la mudanza? ¿Qué información debe tener quien se
moviliza? Esta etapa es una instancia importante para la persona que emprende el desafío de trasladarse por motivos
laborales y para la empresa que decide enviarlo. Es habitual que se le dedique poco tiempo; en general, la decisión
se toma muy cerca de la fecha de la mudanza, y el talento,
agobiado por tantos cambios, tiende a focalizarse sólo en
el aspecto laboral. Es el momento de revisar expectativas,
evaluar condiciones y entrenarse en habilidades interculturales. Los costos pueden parecer significativos, pero en
realidad representan una inversión para minimizar riesgos
y problemas posteriores.

¿Qué variables se han de tener en cuenta?

¿Se ha realizado un serio diagnóstico de la personalidad del
candidato? ¿Este ha hecho un análisis orientado a identificar si sus valores y aspiraciones son compatibles con el proyecto? Se puede ser un excelente negociador y vendedor
dentro del propio marco cultural, pero no necesariamente en cualquier contexto. La capacidad de relacionamiento y la de liderazgo son situacionales, se deben acomodar
al entorno. Cuando se sale del propio palco monocultural,
todo toma otras dimensiones. La habilidad intercultural

tiene que ver con el estilo personal, con una disposición auténtica para el cambio: de casa, de lugar, de idioma, de país, de alimentación y, principalmente, de uno mismo. Esta puede ser una ilusión sostenida durante años, pero cuando se concreta, hay que contemplarla con realismo.

- La revisión de las expectativas sobre la asignación y las condiciones del país de destino es una forma de "período de preadaptación"; reduce ansiedades del profesional y le permite a la empresa ajustar los detalles finales del proceso.
- Es natural que tanto el talento como la empresa se pregunten qué pasará cuando llegue el momento de regreso al país de origen. Es muy complejo en un mundo en constante cambio definir con certeza este punto. Es importante conversarlo, analizar alternativas y asumir compromisos, al menos estimativos, de las potenciales opciones. Permite a la empresa ir planificando, y a la persona terminar de convencerse de avanzar en el proyecto, y focalizarse en la etapa siguiente. Puede parecer innecesario tomarse cierto tiempo para decidir, sin embargo fortalece y ordena el proceso.
- Una variable importante es participar de un entrenamiento en habilidades interculturales e idioma del país de destino. ¿Para qué esta capacitación de la que además se beneficiaría la familia si acompañase al talento en este desafío? Para sensibilizarlos sobre la importancia de respetar la diversidad, conocer el comportamiento de sus anfitriones, pulir sus capacidades sociales, conocer valores, costumbres y hasta giros idiomáticos extraños, y facilitar la convivencia desde el inicio. Profundizar sobre la propia cultura también contribuye a compatibilizar pautas sociales divergentes.

¿Cómo trabajar sobre la preparación emocional inicial? Es indispensable hacer una pausa en el ritmo habitual para volcarse a una valiosa introspección, formular y formularse algunas preguntas pertinentes, como: ¿cuán motivado se está para partir? ¿Cómo resultaron experiencias anteriores en otras ciudades o países? Las respuestas ayudarán a la empresa y a la persona a progresar efectivamente en la adaptación. ¿Qué puede contribuir en esta dimensión emocional?: las reuniones informales con otros expatriados y personas que hayan trabajado en diferentes entornos, y la asignación de mentores en el país de origen pueden ser una fuente de apoyo y guía durante la asignación.

- Desde un punto de vista operativo, negociar apropiadamente las condiciones de la asignación –compensación, beneficios adicionales, categoría, costos cubiertos–, que deben ser comunicadas y acordadas con el trabajador con antelación suficiente para que pueda planificar sus necesidades y gastos financieros.

¿No pasa entonces a ser una responsabilidad de la persona y de la empresa darse el tiempo para trabajar en la preparación no sólo operativa sino también emocional?

La fase de adaptación

En esta fase, inmediata al arribo al país de destino, tanto la persona como la organización pueden influir para asegurar el éxito de la asignación.

Según Black y Gregersen, *por adaptación internacional se entiende el grado de bienestar psicológico que alcanza una persona con relación a varios aspectos de la experiencia de movilidad y la percepción por parte de la empresa de que se empiezan a alcanzar los objetivos esperados*[2]. En la bibliografía sobre el tema, la

---

2. Black, J. S.; Grebersen, H. B.: "The right way to manage expats". En *Harvard Business Review*, marzo de 1999.

adaptación a una nueva cultura se compone de tres dimensiones: adaptación al trabajo, a los individuos y al entorno general, y supone ajustes físicos, sociales y emocionales, que pueden pasar por varios ciclos.

- Una ambigua sensación de entusiasmo y euforia por un lado, y de angustia e incertidumbre por otro, que surgen luego de haber tomado la decisión y haber encaminado los aspectos operativos del proceso.
- Una vez en el lugar de destino, y ante el agobio producido por tantos cambios, exigencias personales, profesionales y familiares, puede darse un tiempo de estrés que debilite el desempeño.
- Transcurridos los momentos iniciales, comienza un período de extrañación familiar y cultural. Esta es una etapa significativa, ya que es la instancia en la que muchas personas piensan en regresar pues visualizan numerosas dificultades en acomodarse.
- La adaptación de alguna manera entra en su instancia final cuando empieza a aparecer cierta sensación general de bienestar vinculada con la construcción y sostenimiento de actitudes de aceptación y de asumir protagonismo en la construcción de una nueva realidad. El ajuste psicológico se concreta cuando los expatriados son capaces de considerar las dificultades que enfrentan como desafíos y oportunidades de crecimiento personal, en lugar de trabas u obstáculos a su desempeño y funcionamiento en el nuevo entorno. Todo el apoyo que el expatriado reciba y perciba por parte de la organización será visto como una influencia importante y ayudará a reforzar su compromiso con esta.

El talento que acepta y decide movilizarse, ya sea por tiempos prolongados como por períodos cortos, es un ser humano con valores, personalidad, sentimientos y sensaciones. Estas variables muchas veces son relegadas en un mundo con un ritmo vertiginoso, hiperactivo, inundado de estímulos, donde la competencia es parte de toda actividad, aun cuando la calidad de vida laboral pareciera ser una nueva tendencia (ver Dilema 11). ¿Reconocer la importancia de dedicarse a esta dimensión psicológica de la adaptación es una debilidad, o una fortaleza? ¿La persona es omnipotente y puede superar todo lo que se le ponga en el camino? Depende: si reconoce sus necesidades y es capaz de solicitar ayuda, seguramente dará un largo paso en el proceso de movilidad.

La fase de retorno

En general, no se presta demasiada atención a cómo gestionar la última fase del proceso de movilidad: la vuelta a casa. Cuando se trata de asignaciones internacionales, se denomina *repatriación* y se señala cada vez más su importancia. ¿Por qué? En general, aquellos talentos que participan en asignaciones que implican movilidad son muy valiosos para la empresa por la experiencia que adquieren durante su misión.

Sin embargo, ni los talentos ni las empresas son necesariamente conscientes de esto. Adicionalmente, la experiencia muestra que son muchos los casos de fracaso asociado a la fase de la repatriación del trabajador, como consecuencia de los desafíos que experimentan él y la propia empresa, que pueden afectar el desempeño y compromiso del primero e incluso llevarlo a abandonar la compañía.

Gestionar en forma adecuada el regreso constituye un antecedente que permite conseguir candidatos para futuras asignaciones que requieran movilizarse. Esto depende en gran medida de que los ya repatriados se muestren satisfechos con la forma en que la empresa administra su carrera profesional y valora la experiencia que han adquirido.

Según R. Tung y D. Thomas, el regreso del expatriado puede ser una experiencia traumática y llena de dificultades[3]. Incluso puede tratarse de un proceso más complicado que el de la adaptación a un país extranjero, debido en gran medida a que ni siquiera los propios trabajadores suelen estar preparados para enfrentarlo. En la bibliografía se utiliza la expresión "choque cultural inverso" para definir esta situación. De aquí que mucho se ha estudiado sobre los factores que facilitan la adaptación del repatriado a su retorno tales como las competencias requeridas (flexibilidad, tolerancia a la frustración, confianza en sí mismo), la duración y características de la asignación y el esfuerzo que requirió la adaptación inicial. Es una realidad innegable que en un mundo en constante cambio las empresas tienen dificultades para mantener el mismo tipo de función, categoría, compensación y puesto cuando llega el momento de retorno del talento. Esto genera ciertas ansiedades y preocupaciones, especialmente cuando las raíces son fuertes y la necesidad de regresar una premisa siempre presente durante la asignación.

Cuando la experiencia internacional no se valora como criterio de promoción laboral, cuando no se reconoce el esfuerzo y compromiso, o cuando la compensación recibida por el empleado se ve reducida al regresar, produce un efecto negativo en la motivación, la satisfacción laboral y el consecuente rendimiento del repatriado. Algunas empresas incluso no pueden garantizarle un puesto en la compañía. El talento percibe que muchos de sus compañeros han sido promocionados más rápidamente por el hecho de haber permanecido en el país, es decir que la misión internacional parece haberle causado un perjuicio.

3. Tung, R. L., y Thomas, D. C.: "Human Resource Management in a Global World: The Contingency Framework Extended". En Tjosvold, D., y Leung, K. (Eds.): *Cross-Cultural Management.* Ashgate Publishing Co., Burlington, 2003.

¿Cómo facilitar la readaptación en esta retadora y, a su vez, fundamental fase de retorno?

Entre los mecanismos de apoyo existen diversas prácticas organizacionales que pueden facilitar la readaptación.

- Acciones que se pueden llevar a cabo cuando la persona está de regreso, como la información sobre los cambios que el negocio de origen ha sufrido durante su ausencia, la asignación de un tutor o mentor, y el acompañamiento por parte de sus excolegas.

- La comunicación fluida entre la empresa y el trabajador mientras este permanece fuera de su ciudad influye de manera muy positiva en la motivación y productividad. En cierta medida, lo ayuda a mantener contacto con sus raíces y no sentir que se han olvidado de él. Cuanto más frecuente es la comunicación durante el tiempo que está alejado, mejor es su adaptación cuando vuelve a su país, porque conocerá de antemano la situación organizativa a la que se va a reincorporar[4].

La comunicación, además, ayuda a acomodar las expectativas sobre los requerimientos del puesto de trabajo que tendrá tras la repatriación y sobre cómo se acostumbrarán nuevamente, él y su familia, a la cultura y costumbres de origen. Actitud positiva y optimista, empeño y vitalidad serán atributos que impactarán en él y quienes lo rodean.

Todas las etapas de este complejo proceso son importantes, llevan tiempo y requieren un gran esfuerzo de parte de todos los participantes. ¿Cuáles son las consecuencias de

---

4. Peltenon, T.: "Facing rankings from the past. A tournament perspective on repatriate career mobility". En *The International Journal of Human Resources Management*, London, Vol. 8, 1997.

una cuidadosa gestión?: satisfacción, enriquecimiento y bienestar personal y familiar, buen desempeño y productividad, deseos de permanecer en la empresa, ganancia profesional personal y para todo el entorno de trabajo. Una adaptación inadecuada al salir hacia la asignación o al regresar genera costos importantes pues se pierden dinero, competencias, conocimientos adquiridos, la experiencia laboral previa y el rol como modelo organizacional.

Competencia cultural: ¿innata, o adquirida?

Cuando las personas interactúan con culturas, costumbres y comportamientos de distintas regiones y países, se potencia su habilidad para comprender las diferencias y manejarse efectivamente en un mundo globalizado. ¿Se pueden entrenar en competencias de gestión intercultural? ¿Son habilidades innatas o estructurales sobre las que poco se puede hacer para desarrollarlas? ¿Por qué las nuevas generaciones parecen haber nacido con esta capacidad?

P. Christopher Early y Elaine Mosakowski introdujeron el concepto de inteligencia cultural, que definen como *la habilidad natural de un, aparentemente, forastero para comprender a alguien no familiar y entender los gestos ambiguos de la misma manera que los propios compatriotas lo desearían*[5].

Identifican tres fuentes de esta inteligencia:

- la mente o lo cognitivo permite tener el conocimiento para entender las diferencias culturales. Se aprende incorporando el significado de algunas creencias, costumbres y tabúes de las culturas foráneas, fundamentalmente, a través de la observación. La capacitación ayuda a las personas que inician negocios o

---

5. Early, P. Christopher, y Mosakowski, Elaine: *Cultural Intelligence*. Harvard Review. Massachusetts, octubre de 2004.

relaciones con culturas diferentes, pero ningún programa de formación puede cubrir todas las situaciones particulares;

- el cuerpo o lo físico permite mostrar gestos, hábitos y actitudes, como la manera de saludarse o abordar cuestiones personales o de negocios;
- el corazón condiciona la motivación y la confianza, es la fuente que mantiene la fuerza emotiva.

Según Martha Maznevski, profesora en el IMD, el componente más importante de este tipo de inteligencia es la habilidad de seguir aprendiendo[6]. En este abordaje, la inteligencia cultural tendría tres componentes: el conocimiento (sobre cómo funcionan otras culturas), las habilidades interpersonales e interculturales, y la conciencia cultural, que tiene que ver con prestar atención a las reacciones que provocan las propias conductas y aprender de los errores. La inteligencia cultural facilita anticiparse y accionar apropiadamente. Una persona con buen grado de inteligencia cultural capta, interpreta y empatiza con otros que pertenecen a un ambiente cultural diferente. Prestar atención, poner foco, escuchar (ver Dilema 5) son elementos clave que ayudan a reconocer y comprender las diferencias entre culturas.

¿Este tipo de inteligencia difiere de la inteligencia emocional, o se superpone con ella? ¿Son inseparables, o independientes? Más bien podría decirse que esta última incluye características que de alguna manera se despliegan o se requieren en la inteligencia cultural. La inteligencia cultural es la inteligencia emocional aplicada a los distintos contextos, lo que hace de la inteligencia emocional un prerrequisito de la cultural. Mientras que algunas personas

---

6. Maznevski, Martha: *Developing Global Teams*. Human Capital deBriefings, IMD, Lausanne, Suiza, 2009.

pueden ser muy inteligentes emocionalmente en su propia cultura, pueden no serlo ante un cambio de contexto geográfico donde las normas y presunciones funcionan de otra manera. Pero, por otra parte, las personas que tienen alta inteligencia emocional son más proclives a aprender y adaptarse a las diferencias culturales.

¿Es tan sencillo como suena? En realidad, requiere tener en cuenta todas las variables implicadas en el complejo proceso de integración cultural:

- prepararse, planificar y organizar;
- tener la motivación y el interés, tanto la empresa como la persona que se compromete a experimentar esta aventura;
- poseer condiciones personales innatas y adquiridas, intelectuales, emocionales pero también físicas como la salud.

Los tres factores interactúan en un círculo virtuoso: en la medida en que una variable interviene, se desarrollan y mejoran las otras, y se crean condiciones más favorables para una movilidad exitosa.

La globalización y el desarrollo de las comunicaciones permiten conocer las manifestaciones culturales de los diferentes pueblos del mundo, pero esto no es suficiente para comprender y distinguir los comportamientos de las personas provenientes de diferentes grupos. Precisamente es este uno de los aspectos más valiosos de viajar y participar en asignaciones regionales o internacionales por corto o largo tiempo, y trabajar con personas de los más variados orígenes. El desarrollo de la inteligencia cultural facilita adaptarse efectivamente a nuevos contextos, y así genera condiciones más favorables para una movilidad exitosa.

Donde fueres, conserva las raíces

Aunque tratar de adaptarse copiando las conductas y comportamientos locales es la respuesta automática más frecuente, no necesariamente es la mejor. Presumir de local puede ser percibido por los demás como poco auténtico e irrespetuoso. Hace falta mostrar interés por integrarse y asimilarse a la cultura, pero sin perder el sentido personal y el valor de las propias raíces.

Es muy difícil, aun cuando se quiera, olvidar o desaprender los valores, hábitos, ritos, estilos personales y sociales del lugar de origen. El ser humano es producto y a su vez protagonista de su propia cultura. La educación a lo largo de la vida deja una huella indeleble. En la medida en que se respete y valore el propio origen, seguramente será más sencillo valorar el de otros. La movilidad, cualquiera sea la modalidad que adopte, enriquece y permite abrirse a otros paradigmas. Pero dejar de cultivar las propias raíces inhibirá el éxito de la incursión en distintos horizontes.

El dilema en síntesis

Una de las dimensiones que aparece en los nuevos escenarios resultantes de los cambios permanentes es el interés, necesidad y posibilidad de abrir fronteras para mover talentos a lo largo del planeta. Los profesionales y sus familias lo demandan, ya sea por inquietudes de desarrollo o por necesidades de otra índole. Las empresas no siempre cuentan con los recursos donde los necesitan, y mover personas entre distintas oficinas o locaciones fortalece la cultura regional o internacional.

Desearlo o requerirlo no necesariamente evita preocupaciones y problemas, incertidumbres e inquietudes.

- Para el talento, lo engorroso de viajar permanentemente o de mudar a una familia entera con los costos emocionales que esto implica; sumado a las incógnitas que generan la ida y la vuelta.
- Para la empresa, prescindir de un valioso talento en determinado lugar, el costo económico-financiero y de clima que genera la movida, y la incertidumbre sobre si la persona volverá, aportará mayor valor, y permanecerá.

El proceso es complejo, porque tanto si se trata de movilizarse por un tiempo prolongado o por tiempo corto, parcial o sostenido, a otra ciudad del propio país o al extranjero, siempre implica un cambio cultural y el ajuste a un estilo de vida diferente. Fortalecer y acompañar todas las fases y cuidar aspectos a veces obvios minimizará riesgos, pero la principal variable reside en la decisión real de ambas partes de afrontar el desafío y considerar las consecuencias emocionales inevitables. Pasa a ser muy importante aprender, desarrollar y/o poner en juego competencias clave tales como flexibilidad, sensibilidad cultural, escucha activa, humildad, tolerancia a la ambigüedad y a la frustración. Pero además, aun cuando pueda parecer una pérdida de tiempo y dinero, la implementación de aspectos operativos, administrativos y logísticos disminuye la aparición de imprevistos y potencia la eficiencia.

Preguntas habituales de toda persona dispuesta a aceptar asignaciones, especialmente internacionales, son: ¿quiero realmente cambiar y crecer como persona y profesional a costa de un esfuerzo mayor que el habitual? ¿Podré resignar cosas valiosas para recibir otras? El gran dilema es que las respuestas sólo se tendrán si se asume el riesgo de vivir la experiencia. Lo mismo le sucede a la empresa. Los proyectos regionales y asignaciones internacionales tienden a multiplicarse diariamente, pero pareciera que aún la gestión debe ser artesanal, caso por caso, ya que afecta a un ser humano y, como tal, único en sus valores, características, entorno familiar y social, necesidades y expectativas. De aquí que conocerse, comprender sus necesidades, asumir lo que se valora y aprecia, cuidar lo que se ha construido a lo largo de la vida, componen el pilar del éxito en el desafío de cambiar de lugar de trabajo y de vida. Las raíces son la base de la identidad de la persona, y lo acompañarán a donde sea que se traslade.

Es cierto que hay un antes y un después; ni el talento y su entorno cercano, ni la empresa serán iguales luego de esta apuesta a cultivar el capital intelectual y social.

¿Estaremos en camino de una ciudadanía internacional? Ya se ha cruzado la señal de largada, pero el ser humano seguirá teniendo las innegables raíces que lo definen y enriquecen.

CALIDAD DE VIDA LABORAL: ¿BENEFICIO PERSONAL, U OBJETIVO ORGANIZACIONAL?

Los ritmos de trabajo son cada vez más acelerados, el día no parece alcanzar para todas las responsabilidad que se asumen, el tiempo es cada vez más tirano, las tareas se complejizan, las presiones se multiplican, y se diversifican las opciones de actividad personal, familiar y social. Por otra parte la rentabilidad de las empresas disminuye, los costos laborales aumentan y se requiere una fuerza laboral efectiva y competente. Estas variables influyen en el estrés y salud de los talentos y, por ende, de las organizaciones. Las diferentes dimensiones que hacen al ambiente de trabajo afectan la calidad de vida laboral y, al mismo tiempo, constituyen su esencia.

Los que siguen son algunos de los cuestionamientos que se les presentan a los profesionales y a las organizaciones en el mundo laboral de hoy.

¿La calidad de vida laboral es sólo una moda? ¿Es compatible con la consecución de resultados por parte de la empresa? ¿Se traduce en eficacia y rentabilidad?

¿Qué significa tener calidad de vida laboral hoy?

¿Qué aspectos del ámbito laboral tienen mayor efecto en la percepción de la calidad de vida?

¿De quién y de qué depende la calidad de vida laboral?
¿Los factores que influyen son iguales para todos?
¿La calidad de vida laboral afecta la salud?
¿Son compatibles la calidad de vida laboral y una carrera exitosa?
¿Vida laboral y vida personal son facetas de una misma realidad?

Antes que nada: ¿qué es el trabajo?

¿Por qué enmarcar la problemática de la calidad de vida en el concepto de trabajo? No hay duda de que a los adultos les preocupa el trabajo, cualquiera sea el motivo: satisfacción personal y profesional, sensación de logro, necesidad de afiliación a un grupo, interés por mantenerse ocupados o fuera del hogar, ambición, necesidades económicas, o una combinación de cualesquiera de ellas. El trabajo mismo constituye un dilema, ya que, en general, cuando lo tenemos nos quejamos, y cuando lo perdemos nos preocupamos. Es una obligación y también en muchos casos una satisfacción, aun cuando la primera sensación que nos genera no es justamente de placer. Esto responde en parte a que pertenecemos a una sociedad donde el paradigma es que necesitamos aceptar el trabajo como algo inevitable, cuando en realidad contribuye con la dignidad humana y social. La vivencia y condiciones del trabajo a lo largo de la historia, y aspectos ajenos a lo laboral, como las diferencias sociales, la situación económica, el contexto político, las instituciones en general, etc., condicionan una mirada negativa.

Desde la Biblia ("Ganarás el pan con el sudor de tu frente") hasta en la historia lingüística, la palabra trabajo está lejos de evocar los aspectos dignificantes y gratificantes de la vida laboral. En la Grecia clásica se decía *ponos*, literalmente, "pena". En latín, *labor* significaba "esfuerzo extremo que conlleva dolor". El francés antiguo *labourer*, "una pesada y fatigosa tarea", y el inglés *job*, proviene de *gobbe*, "aguantar", "soportar".

En síntesis, al trabajo se lo asocia con obligación, exigencia, esfuerzo, ocupación no elegida; en oposición a diversión y ocio, relacionada con libertad, dedicación voluntaria, falta de rutina, descanso, placer.

Sin embargo con el tiempo, especialmente en culturas desarrolladas o en ciertos grupos sociales, la ética del trabajo duro, sacrificado y hasta tortuoso ha ido cambiando. Las nuevas generaciones empiezan a enseñar que se pueden sustentar otras prioridades y combinar diferentes intereses y actividades: trabajar sin dejar de disfrutar de la familia y los amigos, cuidar la salud, recreación y actividades sociales. La tradicional lealtad a largo plazo con el empleador se sustituye por el trabajo para uno mismo, y el compromiso con el propio desarrollo.

En definitiva, la definición del trabajo mantiene componentes comunes a lo largo de la historia en los diferentes grupos sociales, generacionales, en las distintas culturas, religiones y creencias. Constituye un aspecto muy importante del ser humano, contribuye a madurar, construir la personalidad, comprender de qué se es capaz y de qué no, cómo se es visto por los demás, recibir reconocimiento, desarrollar nuevas destrezas, incursionar en variados grupos de pertenencia, aprender. Más allá del tipo de trabajo, es una condición necesaria para vivir, crecer, relacionarse y colaborar con la sociedad.

En este sentido ha ayudado la introducción del concepto de calidad de vida en el mundo laboral.

Un poco de historia

¿El concepto de calidad de vida laboral ha evolucionado a lo largo de los años? ¿Entender esta historia facilita su abordaje en el contexto actual? La calidad de vida laboral surgió como un paradigma diferenciado respecto del diseño tradicional del trabajo. Este se centraba en la especialización para la realización de una tarea acotada en una cadena de producción o de servicio, en una jerarquía rígida, políticas y procedimientos preestablecidos, y la dependencia excesiva de los controles. Se esperaba disminuir los costos por medio de empleados que seguían normas, realizaban tareas repetitivas, rutinarias y no calificadas. La innovación, no necesaria en un contexto poco competitivo, era vista como distracción. Muchos trabajadores estaban tan poco preparados, que no tenían ninguna satisfacción y se deshumanizaba su tarea. Pero en un momento el mercado se volvió más competitivo, las empresas revisaron su estrategia, pero empezaron a visualizar que mientras sus empleados más trabajaban y la participación disminuía, menos comprometidos y eficientes eran.

Entonces apareció la intención de reducir la jornada laboral, otorgar al trabajador más desafíos, mayor oportunidad de utilizar técnicas avanzadas, de crecimiento, y más espacios para aportar sus ideas. En definitiva, una iniciativa de las empresas para ser más efectivas y eficientes pero con beneficios para el empleado.

¿Qué ha llevado a que hoy el tema tenga tanta relevancia?

En los últimos años, la calidad de vida laboral ha pasado a tomar una connotación de movimiento por parte de los empleados, especialmente de las jóvenes generaciones que se insertan en el mercado laboral y que buscan equilibrar sus responsabilidades y encontrar un balance entre el tiempo dedicado a su trabajo y a sus intereses personales.

Muchos son los factores que han influido en que la calidad de vida laboral pasara a ser una preocupación habitual en las organizaciones y, especialmente, entre los profesionales y trabajadores.

- Acceso a la tecnología que despierta otros intereses y nuevos conocimientos que facilitan el trabajo en cualquier lugar físico y en cualquier momento, y que hacen que siempre se esté disponible.
- Nuevos perfiles y especialistas que se incorporan al mercado laboral.
- Inserción creciente de la mujer y otros grupos incluso en los niveles jerárquicos, con sus necesidades y responsabilidades diversas.
- Aparición de nuevas generaciones con paradigmas de trabajo diferentes que comienzan su etapa productiva y para los cuales el tiempo libre constituye un valor.
- Cambios geográficos y urbanísticos que implican distancias importantes entre el lugar de trabajo y el hogar.
- Amenaza del desempleo en el marco de crisis económicas cíclicas.
- Aumento de la esperanza de vida y cambios en las tasas de natalidad que cambian la estructura de edades de la población. Envejecimiento de la población en los países desarrollados con incremento de la cantidad de trabajadores con buena experiencia pero edad avanzada y, en países en desarrollo, población muy joven y falta de personal calificado.
- Nuevo entorno familiar:
  - disminución de la cantidad de hijos y mayor distancia de edad entre ellos,
  - descenso y retraso de la nupcialidad,
  - mayor amplitud de edad en la que las mujeres inician la maternidad,
  - aumento de las rupturas conyugales,
  - menor disponibilidad de abuelos para ocuparse de los nietos y las tareas domésticas,

- necesidad de la familia como contención ante los cambios del contexto social.
- Preocupaciones marcadas por el cuidado del ambiente y la salud física y psicológica.

¿Qué se entiende por *calidad de vida laboral*?

En general, asociamos calidad de vida laboral con pocas presiones y bajo estrés en el trabajo, o disposición de tiempo libre conservando un buen nivel económico. Pero la investigación y la experiencia demuestran que es más que eso.

Muchas y variadas son las definiciones de la calidad de vida laboral surgidas en los últimos años que apuntan, con diferentes énfasis según el caso, a la satisfacción y salud mental de los individuos, mejoras organizacionales, enriquecimiento y humanización del trabajo con su consecuencia en la eficiencia, efectividad y resultados.

- David Nadler y Edward Lawler definen la calidad de vida como *la forma de pensar sobre las personas, el trabajo y las organizaciones. Sus elementos distintivos tienen que ver con (1) el impacto del trabajo sobre las personas y sobre la eficacia organizacional, y (2) la participación en la solución de problemas y toma de decisiones organizacionales*[1].
- Para Melchor Mateu, es *la oportunidad para todos los empleados, a todos los niveles de la organización, de influir eficazmente sobre su propio ambiente de trabajo, a través de la participación en las decisiones que lo afectan, logrando así una mayor autoestima, realización personal y satisfacción*[2].

---

1. Nadler, David, y Lawler, Edward: "Factors influencing the success of labor management quality of work life projects". En *Journal of Occupational Behavior*, 1983.
2. Mateu, Melchor: *La nueva organización del trabajo: alternativas empresariales desde una óptica psicosociológica.* Hispano Europa, Barcelona, 1984.

- Según Davis Keith y John Newstron *la calidad de vida laboral produce un ambiente de trabajo más humano. Trata de cubrir tanto las necesidades prioritarias de los trabajadores como las de otro nivel. Busca emplear las habilidades más avanzadas de estos y ofrecer un ambiente que los aliente a mejorar sus habilidades. Finalmente, debe contribuir a que el trabajador se desempeñe en otros roles vitales, como los de ciudadano, cónyuge o padre. Esto es, el trabajo debe contribuir al progreso de toda la sociedad*[3].
- Para González, Peiró y Bravo, la calidad de vida laboral *desde la perspectiva personal, puede ser definida como la estimación o la apreciación subjetiva del conjunto de compensaciones que se obtienen del entorno y de la actividad y que responden, en niveles satisfactorios, a las demandas, expectativas, deseos y necesidades de esa persona en el propio trabajo y fuera de él*[4].

Tal como se observa en las diversas definiciones, se distinguen tres perspectivas generales que se vinculan y gestionan dinámicamente. Una se relaciona con las personas, la otra, con la organización, y la tercera, con el contexto.

En la primera dimensión, más psicológica, aparecen aspectos tales como satisfacción, calidad de las relaciones interpersonales, mejora de competencias, motivación, compromiso, orgullo de pertenencia, bienestar. Cubre tanto las necesidades y motivaciones básicas como las de otro nivel (ver Dilema 9): emplear habilidades calificadas, participar y alentar al desarrollo personal y profesional. A partir de brindar un apropiado estándar económico, apunta al cumplimiento de las aspiraciones y anhelos de las personas, que se traduce en la realización integral del ser humano, y en

---

3. Keith, Davis, y Newstron, John: *Comportamiento humano en el trabajo*. McGraw-Hill, México, 1999.
4. González, P.; Peiró, J. M., y Bravo, M. J.: *Tratado de Psicología del Trabajo: aspectos psicosociales del trabajo*. Síntesis, Madrid, 1996.

cierta trascendencia. Está relacionada con la vida creativa y abarca factores vitales tales como la cultura, la religión, el deporte y el tiempo libre.

En la segunda dimensión se hallan los aspectos vinculados con las condiciones laborales: ubicación geográfica, beneficios, seguridad, disponibilidad de recursos, iluminación, ergonomía, tecnología, etc. Incluye las características de la empresa, el puesto de trabajo y los sistemas de gestión y procesos organizacionales.

Finalmente, la dimensión contextual hace referencia al entorno social, institucional, económico y político en el que se encuentra la organización. En sus características de funcionamiento influye el afuera, y la persona no puede abstraerse de lo que trae de allí cuando ingresa en el trabajo.

Pero, en definitiva, la calidad de vida laboral concilia tanto los aspectos organizacionales objetivables y conectadas con el contexto, como los personales. Es la relación entre las expectativas que los individuos depositan en el empleo, y las realizaciones y condiciones concretas que ofrecen los entornos de trabajo. Cuanto más altas las expectativas y más bajos los logros, mayor la frustración y por lo tanto menor la percepción de calidad de vida.

La calidad de vida laboral no es sólo producto de lo que la organización ofrece, sino también de cómo gestionan las personas sus expectativas y qué hacen ellas mismas en relación con sus condiciones de trabajo. No son víctimas, sino protagonistas de cómo viven o perciben el trabajo y su entorno.

La calidad de vida laboral es un concepto complejo y multidimensional que ha evolucionado y evoluciona a través del tiempo. Hay diferencias de percepción: entre los trabajadores, según su edad, escolaridad, tipo de tarea, tiempo en la empresa y jerarquía; entre las empresas, según el tipo de negocio, tamaño y estado financiero. Es una filosofía, una modalidad de gestión y un proceso, que mejora la dignidad del empleado y los resultados de las empresas, pero en el marco del contexto cultural, político, histórico y social.

En diferentes ámbitos de trabajo

Muchos piensan, especialmente aquellos que inician su carrera profesional, que es distinta la calidad de vida si se trabaja por cuenta propia que si, en cambio, se es empleado.

En el primer caso pareciera más fácil conciliar tiempos laborales con responsabilidades o intereses personales, ya que se puede flexibilizar la tarea y disponer mejor del lugar físico de trabajo. Pero se tienen otros compromisos laborales. Que no existe un jefe es sólo una fantasía: siempre hay una persona o institución ante la cual se debe responder, que tiene expectativas sobre los servicios o productos y, en muchas ocasiones, este cliente es mucho más demandante que un supervisor jerárquico. Adicionalmente, los tiempos esperados de respuesta pueden ser menores, sin contar con la disponibilidad –a veces más reducida– de recursos. Se piensa que la agenda y la dedicación son más manejables pero, como en otras modalidades laborales, existen demandas domésticas, familiares o personales, no menos exigentes, que muchas veces se superponen por no contar con un horario fijo y exclusivo de trabajo. De aquí la importancia, en vistas a la calidad de vida laboral, de poner foco en:

- organización personal y del trabajo,
- planificación en función de objetivos y métricas específicas,
- capacidad de definición de prioridades laborales y personales, y acciones consiguientes,
- equilibrio, conciliación del trabajo con la familia, recreación y otras actividades, sin estresarse en el intento,

que supone un fuerte equilibro físico y mental, capacidad resolutiva y mucha disciplina,
* constante puesta en acción de la habilidad emprendedora y de gestión efectiva.

En contraposición, cuando se es empleado, en general hay un horario definido, es decir, se sabe cuándo termina la jornada. Sin embargo, es necesario tener flexibilidad y estar dispuesto a dedicarle más tiempo cuando se requiere completar un trabajo o cumplir un compromiso, sobre todo, si se espera crecer profesionalmente. Por otra parte, contar con colegas o compañeros de diferentes disciplinas, con oportunidades de proyectarse en la carrera, con un marco empresario del que se aprende, también genera satisfacción.

No hay una opción o solución ideal; es cuestión de perfil, interés y estilo personal. En ambos casos se espera una dedicación suficiente como para alcanzar resultados y proyectarse laboralmente. Pueden variar aspectos del día a día, pero no la necesidad de coordinar variables para ser productivo, tener compromiso y, al mismo tiempo, sentir satisfacción en el espacio laboral

Factores que influyen en la calidad de vida laboral

Hoy en día se suele asociar calidad de vida laboral con disponer de tiempo fuera del trabajo o disfrutar de tiempo libre. En este sentido se escucha hablar de equilibrio entre la vida personal y laboral. Pero, ¿existe una vida personal y otra laboral?

Este es uno de los grandes mitos: pensar que separando la vida personal de la laboral –como si el ser humano pudiera disociarse y no ser el mismo en un ámbito que en el otro–, se logra una satisfactoria calidad de vida laboral. Los aspectos personales influyen en el trabajo y viceversa.

Si se logra un equilibrio en los aspectos personales y familiares, si se cuenta con salud, si se logra disfrutar del trabajo y el esparcimiento, si es posible mantener pequeños espacios para intereses personales, es probable que la calidad de vida en el trabajo sea más satisfactoria.

Por otra parte la calidad de vida laboral no está vinculada exclusivamente con el horario. Se puede tener una jornada acotada y sin embargo no ser de calidad, y, por el contrario, se puede estar en un ámbito laboral muchas horas y sin embargo ser ameno, estimulante, de calidad, y productivo.

Muchos estudios en los últimos años, así como testimonios habituales de quienes trabajan sea en su propio emprendimiento o en una organización ajena, demuestran que la calidad de vida laboral requiere muchos factores. Con el fin de comprenderlos mejor, se han ordenado en cuatro grandes grupos.

En relación con la tarea

1. Autonomía (control, delegación, independencia).
2. Satisfacción con la tarea, desafío, enriquecimiento del puesto o posición.
3. Participación en diferentes ámbitos.
4. Responsabilidad y libertad para decidir.
5. Recepción de retroalimentación oportuna y precisa sobre los resultados del trabajo.

En relación con el ambiente

6. Satisfacción de necesidades sociales: sentido de pertenencia y afiliación.
7. Comunicación entre grupos y organizacional.
8. Contacto interpersonal con otros: clientes, compañeros y jefes.
9. Liderazgo-supervisión legítimo y creíble.
10. Respeto y colaboración.

En relación con las condiciones

11. Seguridad del ambiente físico, cuidado de la salud y minimización de riesgos laborales.
12. Remuneración, beneficios y recompensas.
13. Estabilidad en el empleo.
14. Diseño de los sistemas y estructuras de modo de contar con jornadas apropiadas que no consuman toda la energía.

En relación con la proyección a futuro

15. Oportunidad de promoción y crecimiento.
16. Desarrollo personal y profesional. Formación continua.
17. Empleabilidad.
18. Proyección en la comunidad.

Recordemos que la búsqueda de una mejor calidad de vida en el trabajo conlleva el intento de hacer compatibles los intereses y objetivos de la organización con las demandas y expectativas de sus miembros que, como seres humanos insertos en una sociedad, tienen necesidades e intereses particulares. Los factores mencionados para responder a las expectativas de los trabajadores dependen de cada caso y de la cultura. Pero los estudios de clima, satisfacción y compromiso (ver Dilema 2) reflejan que esas variables interdependientes son las que con mayor frecuencia se presentan en un ambiente con calidad de vida laboral.

En síntesis, la calidad de vida laboral va más allá de trabajar poco, implica: desarrollo profesional, enriquecimiento de la tarea, inserción en un ambiente apropiado de trabajo y contribución con la comunidad.

¿Se puede gestionar y mejorar la calidad de vida laboral?

Los factores enunciados constituyen la base para diseñar programas que apunten a mejorar la calidad de vida laboral en una organización.

Estos programas deben partir de un cuidadoso diagnóstico que permita poner foco en las brechas identificadas y definir prioridades sobre la base de los valores, las políticas y la situación de la empresa.

Los programas de trabajo sobre la calidad laboral dependerán del tipo de empresa, negocio, cultura y perfil de los empleados. Son a largo plazo y resultan más efectivos si se comprometen y participan todos, desde los líderes hasta los empleados.

¿Existen distintos tipos de programas o acciones para mejorar la calidad de vida?

Simplemente a efectos de ayudar a describirlos, podrían clasificarse en tres grupos.

1. Aquellos que apuntan a hacer más desafiantes y motivadores los puestos con enriquecimiento de las tareas en sí mismas o a través de proyectos especiales, variedad, participación en el diseño de los cargos, refuerzo del significado e identidad de la tarea, autonomía y retroalimentación, todo lo cual facilita el desarrollo de habilidades y el consecuente crecimiento profesional.

2. Los que apuntan a actividades que mejoran aspectos más intangibles: comunicación, vínculos interpersonales, relaciones cooperativas entre la dirección y los empleados. Existen varias formas de tratar estos temas: implementación de actividades de integración y canales de comunicación, acciones antiestrés o extralaborales,

deportes, actividades recreativas y otras, vinculadas con la salud y el bienestar psicológico y social.

3. Los dirigidos a mejorar las estructuras, procesos y condiciones de una organización, como sistemas de disciplina y reconocimiento, cantidad de niveles jerárquicos, características edilicias y recursos disponibles.

Por supuesto, los proyectos más efectivos incluyen la planificación de acciones mencionadas en los tres tipos de programa; lo fundamental, como se ha dicho, es partir de un buen diagnóstico, analizar su viabilidad, asegurarse de que sea sostenible en el tiempo y hacer un seguimiento de los resultados con indicadores específicos.

Los líderes no pueden permanecer ajenos a la gestión de la calidad de vida laboral. Son modelos y protagonistas de la ejecución de aquellas dimensiones que aseguren que los talentos puedan desempeñarse equilibradamente sin descuidar los objetivos del negocio. Los líderes genuinos son quienes logran un adecuado equilibrio entre sus intereses y las necesidades laborales, personales, familiares y sociales.

Calidad de vida laboral y logro de resultados: ¿es posible?

No hay duda de que muchos experimentan contradicciones entre prioridades de diferentes públicos: accionistas, empleados, comunidad, gobiernos, etc. Con frecuencia parece que el interés de los accionistas de ser rentables y crecer es incompatible con las necesidades de los empleados y de la comunidad. Entre las dudas al respecto, pueden citarse: ¿cómo sostener un negocio con personas que perciban la calidad de su entorno laboral? ¿Cómo reducir el estrés de los trabajadores al menor costo posible para la empresa? ¿Cómo no sobrepasarse en las exigencias al personal sin sacrificar los resultados a que aspira la organización? ¿Cómo generar calidad de vida laboral y que esto redunde en creatividad e innovación? ¿Cómo hacer que los empleados se sientan como socios del negocio? ¿Cómo coordinar intereses productivos con intereses personales y sociales?

Para conciliar lo que esperan los distintos públicos la identidad misma de la organización debe facilitar la convivencia entre intereses de negocio y rentabilidad, y los individuales y sociales.

Diferentes estudios a lo largo de los últimos años indican que cuanto mejor satisfagan los empleados sus necesidades básicas, sociales y de desarrollo, estarán más motivados e identificados con la organización, más racionales serán sus esfuerzos y más energía pondrán en su trabajo (ver Dilema 9). La percepción por parte del empleado respecto de las condiciones del entorno, la satisfacción con las relaciones interpersonales, el compromiso e identificación con la marca, el bienestar subjetivo, etc., consideradas como dimensiones de la calidad de vida laboral, influyen en el desempeño, tanto a nivel individual como grupal y, finalmente, también en los resultados organizacionales. Esta percepción satisfactoria por parte de los empleados repercute positivamente en su salud física, psíquica y emocional, y en el desempeño de la empresa.

La calidad de vida en el trabajo actúa sobre aspectos importantes del desenvolvimiento psicológico y socio-profesional del individuo y produce motivación, capacidad de adaptación a los cambios en el ambiente de trabajo, creatividad y voluntad para innovar, y genera un clima de confianza y respeto mutuo en el que el individuo tiende a aumentar sus contribuciones.

La mejora en la calidad de vida laboral de los empleados tiene ventajas tangibles e intangibles para la organización en términos de mayor identificación, compromiso y, por ende, reducción de costos en tiempo y recursos, y creación de mayor valor.

Calidad de vida laboral, estrés y salud

La calidad de vida laboral está vinculada con la salud, entendida, en palabras de la Organización Mundial de la Salud, como *un completo estado de bienestar en los aspectos físicos, mentales y sociales.*

Es habitual asociar la falta o deficiencia en la calidad de vida laboral con problemas de salud, con el estrés negativo, aquel que genera agotamiento emocional, apatía, sensación de incapacidad para desempeñar la tarea y alcanzar los objetivos.

El estrés laboral es un fenómeno personal y social cada vez más frecuente. A nivel individual, puede afectar el bienestar físico y psicológico, la salud de las personas. A nivel colectivo, puede deteriorar la salud organizacional.

A partir del análisis de definiciones varias, podemos entender el estrés como una condición o estado que permite a la persona adaptarse mediante procesos neurológicos, cognitivos y psicológicos, a una acción o suceso del entorno que deposita en ella excesivas demandas emocionales, intelectuales, y/o físicas. Que un individuo sienta o experimente estrés depende, entre otras cosas, de sus características personales y de las del ambiente en el que se desenvuelve personal, social y profesionalmente.

Sin embargo se debe tener en cuenta que algunas situaciones típicas presentes en las organizaciones producen un elevado nivel de estrés laboral.

- Estresantes individuales: la exigencia vivida en el trabajo, la ambigüedad de roles o las discrepancias de estos con las metas de la carrera profesional. La incertidumbre y falta de comunicación, el temor, las divergencias en valores y principios éticos.
- Estresantes relacionales: vínculos con el supervisor, choques de estilos, diferencias con colegas, roces con clientes o proveedores.

- Estresantes grupales: falta de cohesión en conflictos grupales, malos climas de equipo de trabajo o presiones de grupo.
- Estresantes organizacionales: el ambiente físico, la adecuación entre las exigencias del cargo y las capacidades de la persona que lo desempeña, la remuneración y la seguridad física.

Es difícil identificar un solo factor como causa del estrés. Por otro lado, el estrés no es intrínsecamente negativo: el estrés positivo es el que moviliza y permite adaptarse al entorno. Es deseable un cierto nivel que proporciona el mejor equilibrio entre retos, responsabilidades y recompensas.

El estrés excesivo se suele denominar *burnout* (algo así como "cerebro quemado") y, según Maslach y Jackson[5], puede manifestarse de tres maneras:

- agotamiento emocional o pérdida de energía y de recursos emocionales, sentimientos de estar sobrecargado psicológicamente; genera distracción, falta de atención, tensión, disminución de la autoestima y sensación de amenaza, entre otros problemas;
- despersonalización o manera insensible y deshumanizada de tratar al cliente, paciente, estudiante, etc., a quien se le proporciona un servicio;
- baja realización personal, sentimiento de que se está perdiendo el éxito y que no se está correctamente calificado en el trabajo.

Más allá de los beneficios concretos que para una compañía puede implicar no tener casos de burnout entre sus empleados, en vistas de la productividad y rentabilidad, evitarlo forma parte de su responsabilidad social.

---

4. Maslach, C., y Jackson, S. E.: *Maslach Burnout Inventory.* Consulting Psychologist Press, Palo Alto, CA. 2ª ed., 1981.

En muchas ocasiones, este estado es resultado de la adicción al trabajo. La excesiva dedicación a lo laboral no necesariamente es consecuencia de un inapropiado diseño de la calidad de vida por parte de las organizaciones, sino el efecto de las mismas personas prisioneras del trabajo. El "trabajolismo" no tiene que ver con el cumplimiento de las responsabilidades, sino más bien de una actitud ante el mundo en general y el laboral en particular, en la cual el trabajo es la clave de la vida, es el camino y la respuesta a todas las necesidades y preocupaciones. Las personas altamente talentosas (ver Dilema 10) no son necesariamente aquellas que trabajan más, sino las que trabajan mejor, y que logran diferenciarse en los estándares de su trabajo sin descuidar su salud, la de sus colegas y la de la empresa.

Una organización orientada a la calidad de vida debe contemplar y anticiparse a situaciones de estrés extremo en el ámbito laboral, pero al mismo tiempo cada uno de los que desempeñan un trabajo, cualquiera sea, debe asumir su responsabilidad, proteger su salud, y administrar su tiempo sin descuidar las responsabilidades y compromisos.

A partir de la inclusión del estudio de la salud en el trabajo, y de la evolución de investigaciones sobre la relación entre el trabajador, su tarea y el entorno, el concepto de calidad de vida laboral ha caído en desuso y fue remplazado por otros más actuales, como bienestar subjetivo y salud organizacional. El objetivo básico de la calidad de vida hoy en día es integrar el desarrollo personal, el bienestar, y los resultados de la empresa.

El dilema en síntesis

El dilema que plantea la calidad de vida laboral en cuanto a la posibilidad de alcanzarla, su compatibilidad con los resultados de una empresa, y la percepción de su significado, lleva mucho tiempo, no es sólo una moda. Empieza más como un interés de las organizaciones por revisar sus modelos productivos ante cambios en el entorno. Con el tiempo se transforma en un valor y necesidad de los trabajadores de equilibrar diferentes intereses individuales, familiares, laborales y sociales.

Para las organizaciones, el abordaje de este fenómeno tiene como fin ser más eficientes y optimizar sus resultados; responde a una visión de optimización en la gestión del talento y al abordaje de uno de los componentes de su responsabilidad social. Para los individuos es el cuestionamiento de un diseño tradicional del trabajo que no contribuye con su satisfacción con la tarea ni con el equilibrio entre diferentes facetas integrales de su vida.

La calidad de vida laboral no depende de la empresa ni puramente de sus miembros: es una responsabilidad compartida y los líderes tienen un rol protagónico. No se refiere sólo a las políticas y prácticas relacionadas con el trabajo ni tampoco a la subjetividad de un grupo de empleados. Se materializa en la relación dialéctica que el individuo mantiene con su entorno laboral. Fruto de esta interacción, cada persona optimiza su desempeño y al tornarse más productiva se generan recursos y condiciones que permiten propiciar entornos laborales de calidad; estos entornos a su vez estimulan un trabajo más efectivo.

Implica esfuerzo, tiempo, disciplina y participación de todos en tanto objetivo compartido, de la empresa que trabaja sobre las diferentes variables que influyen en la calidad de vida (en relación con la tarea, ambiente, condiciones, y desarrollo y carrera de las personas), y de los talentos, que aportan creativa y proactivamente, y revisan su propia modalidad de trabajo.

La calidad de vida laboral puede convertirse en una utopía, ya que no existe el entorno laboral ideal. En la medida en que se disfrute del trabajo que se tiene en lugar de buscar el trabajo perfecto, se contribuye con la satisfacción y con el manejo del estrés.

Una gestión exhaustiva de la calidad de vida laboral debe contemplar los intereses de todos los actores. No podría hablarse de calidad de vida laboral si los accionistas no alcanzaran resultados, o si no se cumplieran las normas de los entes regulatorios, si no se cuidase el entorno social, o si los empleados no estuvieran satisfechos.

No se puede desconocer que el abordaje de la calidad de vida laboral por parte de las organizaciones no tiene fines filantrópicos. Optimizando las condiciones de trabajo se cuenta con talentos más motivados y formados. Sus niveles de productividad crecen a medida que la empresa se muestra sensible a sus expectativas y necesidades. La mejora de la calidad de vida laboral sin duda beneficia a las personas y a las organizaciones. Los empleados se encuentran más saludables, desafiados y reconocidos, trabajan orientados a los objetivos y estrategia del negocio, asumen errores y tratan de solucionarlos, toman riesgos y se comprometen consigo mismos, con la empresa y con su entorno.

IV. MIRANDO A FUTURO

La menor parte de lo que ignoramos, es mayor
que todo cuanto sabemos.
Platón

El mundo más que nunca se caracteriza hoy por lo cambiante, complejo, incierto e imprevisible; y el ser humano, en su rol familiar, social y laboral, se encuentra en el ojo de la tormenta.

La globalización, los cambios demográficos, las crisis institucionales y políticas, los problemas climáticos y ambientales, la diversificación de las enfermedades y epidemias, las diferencias socioculturales cada vez más marcadas, la predominancia del consumismo,el facilismo y la inmediatez, las crecientes rivalidades étnicas, económicas, políticas y religiosas, las innovaciones tecnológicas constantes y el acceso masivo a ellas, el impacto de los medios de comunicación, la complejidad de las empresas, los negocios y las economías, pasaron a ser parte de la vida diaria. Asimismo, la incorporación al mundo laboral de generaciones y grupos culturales diversos y con paradigmas particulares respecto de su vínculo con la tarea, y la diversificación de los esquemas y modalidades de trabajo, están revolucionando la gestión de los recursos humanos y los estilos de conducción.

Los talentos, entendidos como la gente que aporta valor y contribuye con su tarea, al igual que los líderes, deben gestionar su trabajo y su propio desarrollo, acomodándose y protagonizando dichos cambios del entorno y laborales.

La combinación del cambio con la complejidad del ser humano genera disyuntivas, problemáticas y dudas que no tienen una respuesta única o certera. No es posible solucionarlas totalmente y menos con recetas, fórmulas, o prácticas predeterminadas.

En este libro se han analizado algunos temas habituales en el mundo laboral de hoy, que comúnmente se plantean como dilemas, como cuestiones que podrían resolverse tomando un camino u otro. Pero se ha dilucidado que no tiene sentido presentarlos como disparadores de opciones contrapuestas, que generan estrés, preocupación, inseguridades, resistencia, presión, incluso hasta ansiedad, pánico y parálisis. En general los más efectivos en la vida real terminan siendo los enfoques integradores: escuchar y hablar, mujeres y hombres, jóvenes y mayores, talentos con más y con menos potencial, cuidado del clima laboral, de la salud y al mismo tiempo orientación a resultados, mundo virtual y presencial, privacidad y exposición, ser parte y también preservarse de las redes crecientes, coaching y gerenciamiento, motivarse y motivar a los otros, moverse alrededor del mundo y conservar las raíces.

Son hoy –y serán– la manera en que la realidad se presenta a las empresas y a los talentos. El primer paso para minimizar el efecto que producen es aceptar nuestras incapacidades e ignorancias, asumir que siempre habrá grises, abordajes de los más variados y opciones disímiles. En la medida en que se reflexione, se dialogue, se respeten y acepten las diferencias, y se analicen posibles alternativas de trabajo, se habrá iniciado el camino.

Por otra parte, en el futuro surgirán nuevas problemáticas y disyuntivas incluso inimaginadas e ininteligibles a través de los paradigmas laborales vigentes. Hoy no hay manera de resolverlos. Ni siquiera será el objetivo hacerlo, sino sólo estar atentos y abiertos a incorporar distintas dimensiones viables y apropiadas para administrar la incertidumbre que generarán y tomar mejores decisiones. Al anticiparse a posibles situaciones del mañana se estará en mejores condiciones de actuar en el presente. Dado que no habrá respuestas ciertas, lo más apropiado es plantearlas como preguntas. La pregunta, utilizada en cada capítulo de este libro, es el mejor inicio para entender situaciones. No es posible ser exhaustivo, pero he aquí algunas de las preguntas que nos tendremos que hacer para gestionar la dimensión humana del mundo del trabajo.

- ¿Cómo funcionarán ls empresas cuando los jóvenes de las nuevas generaciones ocupen las funciones directivas?
- ¿Cómo será el trabajo en empresas y negocios que realmente no tendrán fronteras geográficas?
- ¿Qué sucederá con los innumerables emprendimientos que surgirán a raíz de la disolución de las grandes corporaciones y del descreimiento en ellas?
- ¿Cómo se integrarán en el trabajo personas de grupos minoritarios hoy desconocidos?
- ¿Cómo se podrá establecer sinergia entre la alta natalidad de ciertas regiones, el crecimiento de la tercera edad en otras, y la prolongación de la esperanza de vida para capitalizarla en el mundo laboral?
- ¿Cómo se podrán incorporar los conocimientos y los avances tecnológicos cuyo dinamismo será más rápido que la capacidad humana de aprendizaje y procesamiento? ¿Cómo impactará la creciente "virtualidad"?
- ¿Cómo estimular la cooperación política, empresaria y social para enfrentar la pobreza y la falta de educación que afectará la disponibilidad de trabajadores capacitados y motivados?

- ¿El progreso económico estará a la par del crecimiento de la población, de manera de generar suficientes fuentes de trabajo digno?
- ¿Podrán las compañías incorporar genuinamente a su gestión diaria la problemática del cuidado del ambiente y de la salud, y la responsabilidad social, abarcando a los empleados, sus familias y la comunidad?
- Las instituciones públicas, junto con las empresas, ¿estarán en condiciones de formar y preparar a los jóvenes en disciplinas hoy impensadas pero que serán requeridas?
- ¿Habrá alternativas viables de carrera y desarrollo para la creciente cantidad de jóvenes con empuje, inquietudes y potencial?
- ¿Cómo se administrará productiva y sanamente la viabilidad de trabajar a toda hora y en todo lugar?

Todas son fuentes de dudas, pero la duda puede ser creativa y positiva, permite crecer. No hay manera de anticipar todo lo que vendrá, pero seguramente para enfrentarlo se requerirá agilidad, dado que los tiempos serán cada vez más estrechos para madurar e implementar las estrategias.

- Las organizaciones, ya sean instituciones o empresas grandes, pymes y familiares, deberán ser flexibles, innovadoras y abiertas a salir de su zona de confort. Deberán poder diseñar ingenierías de trabajo e incorporar tecnologías sociales y de gestión hoy impensadas.
- Sus líderes deberán seguir cultivando esa divina capacidad de inspirar, movilizar, energizar a través de una actitud optimista y proactiva. Despertar el compromiso que necesitarán las empresas, a través de identificar, vivir y contagiar creencias, valores y destrezas. Estar abiertos a desarrollar las nuevas modalidades de

liderazgo que requerirán los negocios y los talentos del futuro.

- Los talentos deberán seguir perfeccionando las competencias clave que harán posible avanzar y crecer: capacidad de aprendizaje, confianza en sí mismos y en los demás, disposición a asumir riesgos, tolerancia a la frustración, aceptación de la diversidad, capacidad de trabajo, flexibilidad, humildad para recibir aportes y mejorar, creatividad y flexibilidad, manejo de la ambigüedad, capacidad de relacionamiento. No todos podrán disponer del espectro de atributos mencionados, pero deberán poder trabajar en equipo para complementarse y potenciarse.

Esto confirma que los talentos son un valor intangible fundamental, son quienes protagonizan el abordaje de las situaciones impredecibles que se presentan. Es imposible que puedan resolver mecánicamente todas las problemáticas que surjan de la relación que tienen consigo mismos y con los demás, de su inserción en equipos y de su vínculo con el entorno laboral. Pero podrán reflexionar, analizar y proponer salidas.

La resiliencia, entendida como la capacidad de sobreponerse, seguir proyectándose en el futuro y enriquecerse a pesar de acontecimientos desestabilizadores y condiciones de vida difíciles, será una herramienta necesaria. Anticiparse, acomodarse y responder requieren madurez emocional, inteligencia, imaginación, ilusión e intuición.

Identificar y afrontar dilemas constantes es un arte que se cultiva con apertura, interés real, pasión, actitud proactiva, responsabilidad y generosidad para educar a los futuros talentos. Los líderes y los talentos saben que no habrá otro camino, pero, ¿será posible? Sin duda, es cuestión de tomar la decisión. No sólo es beneficioso, factible y realista sino, además, fascinante y enriquecedor. Valdrá la pena intentarlo.

BIBLIOGRAFÍA

Altilio, Alejandro, y Van den Heuvel, John: *Coaching con pasión*. Ed. Dunken, Buenos Aires, 2004.

Angel, Pierre, y Amar, Patrick: *Guía práctica del coaching*. Paidós, Barcelona, 2007.

Athey, Robin: "It's 2008: Do you know where your talent is? Connecting people to what matters". En *Deloitte Research*, Deloitte Services LP, Deloitte Development LLC, 2004.

Baldoni, John: *Great Motivation Secrets of Great Leaders*. McGraw-Hill, New York, 2005.

Bancroft, Nancy H.: *Feminine Quest for Success*. Barret-Koehler Publishers. San Francisco, 1995.

Beckhard, Richard, y Harris, Reuben T.: *Organizational Transitions, Managing Complex Change*. Addison-Wesley Publishing Company, Boston, 1987.

Bell, Chip R.: *Managers as Mentors*. Barrett-Koeehler Publishers, San Francisco, 1998.

Benko, Cathleen y Weissberg, Anne: *Mass Careers Customization*. Deloitte - Harvard Business School Press, Boston, 2007.

Bing, Catherine, y Laroche, Lionel: *Communication Technologies for global teams*. OD Practitioner (Vol. 34 N° 2), South Orange (http://www.odnetwork. org), 2002.

Black, J. S., y Grebersen, H. B.: "The right way to manage expats". En, *Harvard Business Review*, marzo 1999.

Buckingham, Marcus, y Coffman, Curt: *First Breack all Rules: what the world's greatest managers do differently.* Simon & Schuster. New York, 1999.

Carli, Linda L., y Eagly, Alice H.: "Carli. Women and the Labyrinth of Leadership". En *Harvard Business Review,* Harvard Business School Publishing Corporation, Boston, September 2007.

Catalyst, *The Bottom Line: Corporate performance and women's representation on boards,* Catalyst, New York, 2007 www.catalystCatalyst.com

Catalyst, *Women 'Take Care', Men 'Take Charge'" – Stereotyping of U.S. Business Leaders Exposed,* Catalyst, New York, 2005, www.catalystCatalyst.com

Chester, Eric: *Employing Generation Why?* Tucker House Books, New York, 2002.

Cortese, Horacio Eduardo: *Coaching & aprendizaje organizacional.* Temas Grupo Editorial, Buenos Aires, 2007.

Covey, Stephen: *Los 7 hábitos de la gente altamente efectiva.* Paidós, Buenos Aires, 1996.

Cross, Rob, y Parker, Andrew: *The Hidden Power of Social Networks. Understanding How Work Really Gets Done in Organizations.* Harvard Business School Press, Boston, 2004.

Cunningham, Jane, y Roberts, Philippa: *Inside her pretty little head: A New Theory of Female Motivation and What it Means for Marketing.* Marshall Cavendish Limited & Cyan Communications Limited, Books, London, 2006.

Da Silva, Marinalva: *Nuevas Perspectivas de la CVL y sus relaciones con la EFO.* Tesis doctoral, Universidad de Barcelona, 2006.

Deal, Jennifer J.: *Retiring the Generation Gap: How Employees Young and Old can Find Common Ground.* Jossey-Bass, San Francisco, 2007.

Deloitte Research: *It's 2008: Do You Know Where Your Talent is?* Deloitte Development LLC, 2004.

Dembkowski, Sabine; Eldridge, Fiona, y Hunter, Ian: *The Seven Steps of Effective Executive Coaching.* Thorogood, London, 2006.

Dolan, Simon L., y Valle Cabrera, Ramón: *Cómo atraer, retener y desarrollar con éxito el capital humano en tiempos de transformación.* McGraw-Hill, Madrid, 2007.

Early, P. Christopher, y Mosakowski, Melaine: "Cultural Intelligence", *Harvard Review.* Oct. 2004.

Echeverría, Rafael: *Ontología del lenguaje.* Granica, Buenos Aires, 1997.

Efrón, David: *Gesto, raza y cultura.* Nueva Visión, Buenos Aires, 1970.

Encuesta de Asignaciones Internacionales 2005/2006 de Mercer. www.mercer.com

Etkin, Jorge: *Capital social y valores en la organización sustentable.* Granica, Buenos Aires, 2007.

Fernández-Aráoz, Claudio: *Rodéate de los mejores.* Editorial LID, Madrid, 2008.

Flower, Joe: "Differences that Make a Difference, Excerpts from a conversation with Judy B. Rosener". En *The Healthcare Forum Journal,* Vol 35, N° 5, sept./oct. 1992.

Fourgous, Jean-Michel, y Lambert, Hervé-Pierre: *Evaluar a las personas. Inteligencia y personalidad, eficacia, clima social y motivación.* Ediciones Deusto, Bilbao, 1993.

Freemantle, David: *The Biz: 50 Little Things That Make a Big Difference To Team Motivation and Leadership.* Nicholas Brealey Publishing, London, 2004.

French, Wendell, y Dell, Cecil: *"Desarrollo organizacional: aportaciones de las ciencias de la conducta para el mejoramiento de la organización.* Prentice Hall Hispanoamericana, México, 1996.

Gellerman, Saul W.: *Motivation in the Real World.* Dutton, New York, 1992.

Gini, Al: *Mi trabajo, mi vida.* Prentice Hall Hispanoamericana, México. 2001.

Giovagnoli, Melissa, y Carter-Miller, Jocelyn: *Networlding. Building Relationships and Opportunities for Success.* Jossey-Bass, San Francisco, 2000.

Global Deloitte Consulting HC, Diverstiy & Inclusion: "Best Practices Report", www.deloitte.com, March 2008.

Goldsmith, Marshall; Lyons, Laurence, y Freas Alyssa: *Coaching for Leadership.* Jossey-Bass Pfeiffer, San Francisco, 2000.

Goleman, Daniel: *La inteligencia emocional.* Javier Vergara, Buenos Aires, 1997.

Goncalves, Alexis: *Fundamentos del clima organizacional.* Sociedad Latinoamericana para la Calidad (SLC), 2000.

González, Enrique: *Ademanes.* Documento de cátedra, Facultad de Ciencias Políticas y Sociales, UNC, Mendoza, 1994.

González, P.; Peiró, J. M., y Bravo, M. J.: *Tratado de Psicología del Trabajo: aspectos psicosociales del trabajo.* Síntesis, Madrid, 1996.

Gray, Roderic: *A climate of success: Creating the Right Organizational Climate For High Performance.* Butterworth-Heinemann, Oxford, 2007.

Grayson, Curt, y Baldwin David: *Leadership Networking: Connect Collaborate, Create. Center for Creative Leadership,* Greensboro, 2007.

Hampton, R. David: *Administración.* McGraw-Hill, México, 1989.

Harris, Jim; Brannick, Joan: *Finding and Keeping Great Employees.* Amacom, New York, 1999.

Harris, Richard M.: *The Listening Leader: Powerful New Strategies for Becoming an Influential Communicator.* Praeger Publishers, Westport, 2006.

Harvard Business Review on Women in Business. Harvard Business School Publishing Corporation, Boston, 2005. www.hbral.com

Harvard Business Review on Managing Diversity. Harvard Business School Press (compiler), Boston, 2001.

Harvard Business Review on Women in Business. Harvard Business School Press (compiler), Boston, 2005.

Hay Group Insight Connections, Volume 6, Issue 2, December 2007.

Heller, Lidia: "Mujeres ejecutivas en Argentina". Resumen de la investigación realizada para el Proyecto "Women Business Leaders in Latin America", auspiciado por el Center for Gender in Organizations, Simmon School of Management. Boston, 2002.

Heller, Lidia: "Efecto Femme". En *MassNegocios 52,* febrero/marzo 2008.

Herzberg, F.: *One More Time: How Do You Motivate Employees?* Harvard Business Press. Harvard Business Review Classics. Boston, 2008.

Hindle, Tim: *La presentación convincente.* Biblioteca Esencial del Ejecutivo, Grijalbo, Barcelona, 1998.

Hoppe, Michael H.: *Active Listening. Improve Your Ability to Listen and Lead.* Center for Creative Leadership, Greensboro, 2006.

Institute for the Future. Palo Alto. www.ifti.org, 2007.

Jaques, Elliott: *La organización requerida.* Granica, Buenos Aires, 2000.

Katz, Daniel, y Kahn, Robert: *Psicología Social de las organizaciones.* Trillas, México, 1986.

Keith, Davis, y Newstron, John: *Comportamiento humano en el trabajo.* McGraw-Hill, México, 1999.

Kinlaw, Dennis C.: *Coaching for Commitment.* Pfeiffer & Company, San Diego, 1993.

Koontz, Harold, y Wihrich, Heinz: *Administración, una perspectiva global.* McGraw-Hill, México, 1988.

Lasorda, Tommy: *The Tao of Coaching.* Knowledge Exchange LLC, Santa Mónica, 1997.

Lazzati, Santiago: *Cambio de comportamiento en el trabajo.* Granica, Buenos Aires, 2008.

Lévy, Pierre: *¿Qué es lo virtual?* Paidós, Barcelona, 1999.

Lombardo, Michael M., y Eichinger, Robert W.: *Preventing Derailement: what to do before it's too late.* Center of Creative Leadership. Greensboro, 1995.

Luecke, Richard: *Coaching and Mentoring. How to Develop Talent and Achieve Stronger Performance.* Harvard Business School Publishing, Boston, 2004.

Mainiero, Lisa A., y Sullivan, Sherry E.: *The Opt-Out Revolt: Why people are Leaving Companies to Create Kaleidoscope Careers*. Davies-Black Publishing, Mountain View, 2006.

Maristany, Jaime: *Motivación. Claves para una empresa exitosa*. Cayetana Ediciones - McGraw-Hill, Buenos Aires, 1994.

Martin, Carolyn, y Tulgan, Bruce: *Managing Generation Y*. Harvard Business Review Press, Boston, 2001.

Maslach, C., y Jackson, S.E.: *Maslach Burnout Inventory*. Consulting Psychologist Press, Palo Alto, CA, 2ª ed., 1981.

Maslow, A. H.: *Motivation and Personality*. Harper & Row, New York, 1954.

Mateu, Melchor: *La nueva organización del trabajo: alternativas empresariales desde una óptica psicosociológica*. Hispano Europa, Barcelona 1984.

Maznevski, Martha: "Human Capital Briefings". En *Developing Global Teams*. IMD, Lausanne, Suiza, 2009.

McClelland, D. C.: *The Achieving Society*. Irvington Publishers, New York, 1976.

McKinsey & Company: *Women Matter: Gender diversity, a corporate performance drive*. McKinsey & Company, France, 2007, www.mckinsey.com

Michaels, Ed; Handfield-Jones, Helen, y Axelford, Beth (Ed:): *La guerra por el talento*. Grupo Norma, Bogotá, 2003.

Miner, John B.: *Organizational Behavior 1: Essential Theories of Motivation and Leadership*. M. E. Sharpe Inc., New York, 2005.

Mitroff, Ian: "Why Some Companies Emerge Stronger and Better from a Crisis: Seven Essential Lessons for Surviving Disasters by 'File Liderazgo'". En revista *Gestión*, V. 13, pág. 67-106, nov.-dic. 2008. www.gestion.com.ar

Murray, Margo: *Beyond the Myths and Magic of Mentoring*. Jossey-Bass, San Francisco, 2001.

Nadler, D. A., y Lawler, E. E.: "Factors influencing the success of labor-management quality of work life projects". En *Journal of Occcupational Behavior*, *1(1)*, 53-67, www.jstor.org/journals, Ithaka, 1983.

New York Times, 9 de julio 2006. www.nytimes.com

Oblinger, Diane G., y Oblinger, James L: *Educating the Net Generation*. Educase, Boulder, 2005.

Oficina Regional para América Latina y el Caribe: *Panorama laboral 2008: América Latina y el Caribe*. OIT, Lima, 2009.

Organización Internacional del Trabajo - Oficina Regional para América Latina y el Caribe: *Panorama laboral 2008: América Latina y el Caribe*. OIT Lima, 2009. www.ilo.org/public/spanish

Peltenon, T: "Facing Rankings from the past. A tournament perspective on repatriate career mobility". En *The International Journal of Human Resources Management*, Vol. 8, London, 1997.

Peters, Tom: *Triunfar en un mundo sin reglas*. Nowtilus Gestión, Madrid, 2002.

Peters, Tom: *Las mujeres arrasan en el mundo empresarial*. Manifiesto, Madrid, 2002.

Raines, Claire, y Ewing, Lara: *The Art of Connecting. How to Overcome Differences, Build Rapport and Communicate Effectively with Anyone*. Amacom, New York, 2006.

Reynolds, Leah A.: *Communicating Total Rewards to the Generations*. Benefits Quarterly Publication, second quarter 2005.

Ribeiro, Lair: *La comunicación eficaz*. Urano, Madrid, 1999.

Rifkin, Jeremy: *La era del acceso. La revolución de la nueva economía*. Paidós, Buenos Aires, 2000.

Robbins, Stephen: *Comportamiento organizacional*. Prentice Hall, New Jersey, 1998.

Robbins, Stephen: *Fundamentos del comportamiento organizacional*. Prentice Hall, New Jersey, 1999.

Robinson, D.; Perryman, S., y Hayday, S.: *Report 408 The Drivers of Employee Engagement*. Institute for Employment Studies, Brighton, abril de 2004.

Rosinski, Philippe: *Coaching Across Cultures: New Tools for Leveraging National, Corporate and Professional Differences*. Nicholas Brealey Publishing, London, 2003.

Saint-Onge, Hubert, y Armstrong, Charles: *The Conductive Organization. Building Beyond Sustainability*. Butterworth-Heinemann, San Francisco, 2004.

Sánchez Vidal, María Eugenia; Sanz Valle, Raquel, y Barba Aragón, María Isabel: "Factores que influyen en la adaptación del repatriado". En *Revista Europea de Dirección y Economía de la Empresa*, Vol. 16, Nº 1, Madrid, 2007.

Schein, Edgar H.: *Career Dynamics: Matching Individual and Organizational Needs*. Addison Wesley Publishing, Boston, 1978.

Schein, Edgar H.: *Psicología de la organización*. Prentice Hall Hispanoamericana, México, 1996.

Schlemenson, Aldo: *La estrategia del talento*. Paidós, Buenos Aires, 2002.

Scott, Michael, y Powers, William: *La comunicación interpersonal como necesidad*. Narcea, Madrid, 1985.

Segurado Torres, Almudena, y Agulló Tomás, Esteban: *Calidad de vida laboral: hacia un enfoque integrador desde la Psicología Social*. Universidad de Oviedo, 2002.

Sheahan, Peter: *Thriving (and Surviving) with Gen Y at Work*. Hardie Grant Books, Victoria, Australia, 2006.

Sheppell, Warren: Warren Shepell Consultants, en www.warrenshepell.com. Toronto-Ontario, 2009.

Shuen, Amy: *Web 2.0: A strategy guide*. O'Reilly, Sebastopol, 2008.

Smith, Stanton, W.: *Connecting Across Generations in the Workplace*. Deloitte Talent Market Series, New York, 2005.

Smith, Stanton W. (ed.): "Talent Market Series: Connecting Across the Generations in the Workplace". En *Talent Market Series*, Volume 1, Deloitte USA LLP, 2007.

Tapscoot, Don, y William, Anthoy D.: *Wikinomics: How Mass Collaboration Changes Everything*. Portfolio, New York, 2008.

Thomas, Kenneth W.: *Intrinsic Motivation at Work: Building Energy & Commitment*. Berrett-Koehler Publishers Inc., San Francisco, 2000.

Thomson, Peter: *Los secretos de la comunicación*. Granica, Barcelona, 1999.

Trechera, J. L.: *Introducción a la Psicología del Trabajo*. Desclée de Brouwer, Bilbao, 2000.

Tucker, Elissa, Kao Tina, y Verma, Nidhi: "Next-Generation Talent Management. Insights on How Workforce Trends are Changing the Face of Talent Management". Hewitt Associates, 2005 . www.hewitt.com

Tung, R. L., y Thomas, D. C.: "Human Resource Management in a Global World: The Contingency Framework Extended". En Tjosvold, D., y Leung, K. (eds.): *Cross-Cultural Management*. Burlington, VT: Ashgate Publishing Co., Burlington, 2003.

Van lennep, D.J.: *The forgotten time in applied psichology*. Universidad de Utrech, Utrech, 1968.

Vance, Charles M., y Paik, Yongsun: *Managing a Global Workforce: Challenges and Opportunities in International Human Resource Management*. M. E. Sharpe, Inc., Armonk, NY, 2006.

Varela, Mariano: *Todo es personal*. Norma, Buenos Aires, 2006.

Villafañe, Justo: La *gestión profesional de la imagen corporativa*. Pirámide, Madrid, 1999.

Vroom, V. H.: *Manage People, Not Personnel: Motivation and Performance Appraisal*. Harvard Business Press, Harvard Business Review Classics, Boston, 1990.

Watzlawick, J.; Beavin Babéelas, J. y Jackson, D. D: *Teoría de la comunicación humana*. Herder, Barcelona, 1997.

Wenger, Etienne; McDermott, Richard, y Snydern, William M.: *Cultivating Communities of Practice*. Harvard Business School Press, Boston, 2002.

Whitmore, John: *Coaching. El método para mejorar el rendimiento de las personas.* Paidós Empresa, Buenos Aires, 2006.

www.wikipedia.com

www.google.com

www.twitter.com

www.youtube.com

Zanoni, Leandro: *El imperio digital.* Ediciones B Argentina, Buenos Aires, 2008.